安徽高校人文社会科学研究重点项目：社会治理视域下的安徽省政府运作与能力研究（1927—1949），项目编号：SK2018A0504；安徽省高校思想政治工作领军人才队伍建设项目，项目编号：sztsjh－2020－6－4；阜阳师范大学马克思主义理论一流建设学科，项目编号：19XJS0305；阜阳师范大学博士科研启动项目，项目编号：2020KYQD0036

梁华玮 著

国民政府时期
省制及其运作研究（1925—1937）

——以长江中下游省份为中心

中国社会科学出版社

图书在版编目（CIP）数据

国民政府时期省制及其运作研究：以长江中下游省份为中心：
1925—1937 / 梁华玮著 . —北京：中国社会科学出版社，2021.6
ISBN 978 - 7 - 5203 - 8252 - 6

Ⅰ.①国… Ⅱ.①梁… Ⅲ.①省—政治制度史—研究—华东
地区—1925 - 1937 Ⅳ.①D693.2

中国版本图书馆 CIP 数据核字（2021）第 072894 号

出 版 人	赵剑英
责任编辑	安　芳
特约编辑	梁　钰
责任校对	张爱华
责任印制	李寡寡

出　　版	中国社会科学出版社
社　　址	北京鼓楼西大街甲 158 号
邮　　编	100720
网　　址	http://www.csspw.cn
发 行 部	010 - 84083685
门 市 部	010 - 84029450
经　　销	新华书店及其他书店

印　　刷	北京明恒达印务有限公司
装　　订	廊坊市广阳区广增装订厂
版　　次	2021 年 6 月第 1 版
印　　次	2021 年 6 月第 1 次印刷

开　　本	710 × 1000 1/16
印　　张	20.5
插　　页	2
字　　数	296 千字
定　　价	98.00 元

凡购买中国社会科学出版社图书，如有质量问题请与本社营销中心联系调换
电话：010 - 84083683

序 一

迟云飞

我自 20 世纪 80 年代开始治学，一直研究政治史，中国历史上的省及省制，是我长期观察及思考的问题，其间也曾得到同事好友魏光奇教授的鼓励，然而一直未有时间做深入研究。2013 年，梁华玮开始在我指导下攻读博士学位。华玮硕士阶段就研究县级政治制度问题，听我说起对省及省制的兴趣，表示愿意就民国的省制问题做专题研究并作为博士论文选题。鉴于此课题的难度和复杂性，且前人关注甚少，华玮选取国民政府能较好控制的几省作为主要研究对象。华玮搜集大量资料，用心思考和研究，几经寒暑，完成博士论文。毕业后，复又精心修改，即将呈现给学界。我作为指导老师和第一个读者，愿意就一篇小序，将华玮的成果略作介绍。

研究历史上省及省制，具有极重要的、特别的意义和学术价值。

中国幅员辽阔，人口众多，如何控制和管理地方，是自古至今各代统治者极为重视的问题。周代实行分封制，周王室与各诸侯国互相维系，周朝得延续号称八百年。周末封建制解体，秦不复分封而设郡县，郡县官员出中央任命，地方在中央的有效控制之下。以后历代相因，名称虽多变，而其实质则大体相同。县为亲民之官，郡（州）则控御地方。及至元代，于地方设行省，明清因袭，奠定了今日省的区域格局。

在传统人治政治条件下，地方一级，设置多大地域，尤其给予地方长官多大权力，是极难处理的问题，尤其是处于中央和县之间、可控御地方这一层级。从而郡或后来的州、省级机构如何设置，也即省制，可谓涉及政治稳定，甚至一代兴亡的大事。地方权力过大，容易对中央造成威胁，也极容易发生地方割据，唐代藩镇便是如此。但若给予地方权力过小，地方官在处理重大突发事件时，难以有效调动人力物力财力应付，又会造成治理危机，或不能有效防范周边部族侵袭，宋代便有这种情况。中国缺少地方自治传统，郡、州、省之权限大小，全在各朝代的"朝情"和中央地方的博弈。而无论何种办法，皆为统治者乃至皇帝一家一姓利益，不是为有效管理地方和人民的福祉。

近世宋、明两朝，均倾向于将地方行政权及财权、司法权、军权分属不同官员掌管。清朝于地方设总督巡抚，名义上为中央派出官员，但实行既久，实际已成地方官员。到晚清太平天国造反，湘淮军崛起，督抚权力渐增，原可监督督抚的布政使、按察使、提督，均事实上成为督抚属官。1912 年王朝结束，民国建立，以后历经北京政府及南京国民政府时期，省域基本沿袭前代，而设官、权限及组织，也即省制，则前后变动极大，亦极不稳定。中华人民共和国成立，曾一度设大区制、大区中央局，以后逐渐撤销，最终省（自治区、直辖市）确定为地方一级建制。

华玮研究的国民政府时期，省制格外复杂。包括省制的演变、省职能机构的设置实行、省运作机制、省政府履行的职能，等等。

华玮深入考察国民政府省制的来源和建立过程，指出国民政府省制受多重影响，其中有孙中山的建国理论和设想，有国民党在广东的施政经验，有鉴于民国以来的军阀割据而设计的防止措施，显示国民政府省制的建立及实施，比较以往任何一个朝代都更为复杂。从北伐开始，国民政府颁布多个省政府组织法，直到全面抗战爆发前夕，国民政府的省制才稳定下来。

老实说，在华玮研究国民政府时期省制之前，我没有料到其时的省制如此复杂，变动又如此频繁。因此，即使仅就初步的系统整理来说，华玮的研究既有意义，也极不容易。

　　要了解省制，其要者一为法律规章，一为实际运行。而当国民政府建政之初，局势有待稳定，规章亦变动频繁，故省制的实际运行更为重要。华玮没有停留于章程文本的解读，而是更深入省制的实际运行。以省政府职能为例，国民政府对省政府的职责作了较明确的规定，但如果仅是停留在这制度规定层面，或不作具体深入研究，简单加以否定之，则人们还是对此不甚了了。华玮深入考察了省政府职能的制度设计，实际履行的职能，产生了什么样效能，以及为什么产生低效的原因等等。这样就使我们对省政府职能有了比较全面的、清晰的了解。

　　概而言之，我读华玮书稿的感觉，1937 年以前国民政府的省制运行，虽有很多问题和弊病，但大体是成功的。国民政府逐渐削平各路军阀，建立起中央集权，国家趋向统一，经济建设也有一定成效。晚清以来的省自为政（或地方各自为政），中央孱弱无力的情况得到一定改善。只是日本的全面侵华，打乱了这一进程。

　　关于近代中国的省制，远不是一部著作能解决的，甚至对于究竟何为省制，学界尚有不同的理解。从更广的角度而言，晚清以迄今日中国地方制度的演变，还需要学界下大力气研究。而今后中国地方制度的改革和完善，也需要借鉴历史的经验教训。所以，在祝贺华玮著作出版的同时，深望华玮以及学界同行有更多的成果问世。是为序。

迟云飞　2020 年 10 月

于北京花园村之陋室

序 二

刘维开

梁华玮博士就读于首都师范大学时，为了搜集博士论文资料，曾经向台湾政治大学人文中心提出申请，于2014年9月至政大访学研究，中心要我担任他在台北期间的指导教授，因此结识。当时我正好学术休假一学期，大多在外地访学，留在台北的时间不多，对华玮没有提供什么"指导"的协助。但是华玮从硕士论文的民国时期"县制"研究到博士论文的"省制"研究，都是制度史的范围，和我的研究领域相同，因此当华玮回到北京之后，一直保持联系，就相关问题进行讨论。2020年年中，华玮告知其博士论文《国民政府时期省制及其运作研究（1925—1937）——以长江中下游省份为中心》即将出版，要我写几句话。我对于制度的研究主要在中央层级，但是因为曾经在2017年、2018年连续两年主持过两个关于台湾省政府及其所属机关档案调查的研究案，透过这两个研究案对于省政府及其所属机关的运作多少有一些了解，而且台湾省政府成立的法源就是华玮论文所探讨的《省政府组织法》，因此答应。

华玮的博士论文主题在以国民政府所能掌控的长江中下游省份为中心探讨国民政府的省制及其运作，时间断限在1925年广州国民政府成立，至1937年全面抗战发生前。这段期间是国民政府"省制"的奠基期，省的法律依据《省政府组织法》从1925年7月制定后，进行过三次修正，代表从军政时期至训政时期"省制"的演变；到抗战期间的 1944 年,《省政府组织法》再度进行修正,但是不在这篇论文的论述范围内。华玮为什么要从 1925 年开始讨论? 如果我们查阅法规的数据库,对于《省政府组织法》的制定时间,通常标注"1927 年 7 月 8 日国民政府制定公布",但是查看国民政府 1927 年 7 月 8 日的命令却是"兹修正《省政府组织法》公布之",也就是说 1927 年的《省政府组织法》是对于 1925 年 7 月 1 日所制定《省政府组织法》的修正,就此而言,华玮将国民政府时期省制的讨论起始点订在 1925 年而非1927 年,是有其道理与眼光独到之处的。

华玮在论文中对于国民政府在全面抗战发生前的省制发展、省的治理结构、运作机制,以及省政府的职能,有相当仔细与清楚的分析,而且有相当部分会溯及北京政府,说明其根源,以呈现制度的延续性,具有相当学术贡献。特别是在资料上的运用,以省政府公报所刊载会议纪录,作为省政运作机制的例证,确实有相当说服力。当然在省政府决策机制的实际运作上,究竟是否确实为委员制,还是名为委员制,实为主席制,可以有进一步讨论的空间,但是就文中所提出弊病,确实点出省政府委员制运作上的问题。另一方面,对于"省"的定位,在国民政府的地方制度,并非一成不变,但是这个变化发生在华玮论文的时间断限之后。国民政府于 1925 年在广州成立时,虽然处于军政时期,而且当时所统辖区域也只有广东一省,但是"省"的定位在《省政府组织法》说得很清楚,是"受国民政府命令处理全省政务",这个定位虽然在 1930 年 2 月的修正,文字改为"省政府依国民政府建国大纲及中央法令综理全省政务",但是实质精神并没有改变,一直到 1944 年修正《省政府组织法》,改为"省设省政府综理全省行政事务,并监督地方自治",省政府的定位出现变化。而在抗战胜利后,1946 年 1 月政治协商会议提出的宪草修改原则,将"省"定为地方自治最高单位,尔后在 1946 年 12 月通过的《中华民国宪法》明文规定:"省得召集省民代表大会,依据省县自治通则,制定省自治法,但不得与宪法抵触。"是将"省"由中央政府所属的地方行政机关改为地方自治单位,性质上有了根本的变化,省在政府体制内的意义也与以往不同。

华玮的省制研究目前只进行了全面抗战之前的部分，抗战发生之后，省制的变化，以及前述政协会议对于宪法草案中对省地位的修改，都是需要进一步探讨的问题，其中还有相当大的讨论空间。期望华玮能在"省制"这个主题上继续发展，产出更多的研究成果，也为地方制度史的研究开辟一条新的途径。

刘维开

2021 年 4 月序于台北乐学斋

目　　录

绪　　论

19世纪中叶以来，中外众多思想家对于中国政治社会进行过深刻思考和研究。例如，社会体制方面，梁启超、严复、黑格尔等人认为传统君主专制下人民无自由，但孙中山、钱穆等人则认为民众自由太多，犹如一盘散沙。这一悖论现象其实并不矛盾，恰恰是中国社会的两个基本特征，即国家权力专制的范围宽泛与国家治理社会的能力软弱。① 换言之，尽管国家（君主）专制权力强大，但国家（君主）治理能力却不足。再如，官僚体制方面，美国学者孔飞力认为，帝制时期君主专制权力和官僚体制权力之间"陷入了一种两难境地"："君主不得不用成文法规来约束成千上万为他服务的官僚，以确保他们每个人都按照体现他的利益与安全的行政程序行事"，而官僚身处体制，"始终受到琐细的规章条例的制约，包括形式、时效、文牍、财政和司法上的限期，以及上司和下属之间的关系"，"这些繁琐的规章条例至少也为他们的职责划定了某种边界，从而为他们提供了一定的保护，使他们得以对抗来自上司或君主本人的专制要求"。② 简言之，君主虽握有至高无上的专制权力，却无法消除官僚体制的消极对抗和牵制，管控官僚体制的能力不足。英国学者约翰·豪评述帝制时代的国家时说："那些描述传统帝国的著作或者倾向于强调它们的强大，或者强

---

① 朱旭东：《现代国家与公安创新》，中国人民公安大学出版社2008年版，第69—70页。
② ［美］孔飞力：《叫魂：1768年中国妖术大恐慌》，陈兼、刘昶译，上海三联书店1999年版，第249—250页。

调它们的软弱。但是,这两者都是现实的存在。帝国的悖论(而不是自相矛盾)是它们的强大,即它们的宏伟遗址、它们的专断、它们对人的生命的轻蔑,掩蔽了它们的社会软弱性。这种强大恰恰建立在并反映了其社会软弱性。这些帝国无力深入渗透、改变并动员的社会秩序。"① 也就是说,帝国权力的强大与社会能力的软弱是对立统一的,是一体两面的表现。

那么,为什么权力专制的国家(政府),其国家(政府)能力不一定强?国家(政府)怎样才能做到既能贯彻自己的权力意志,又能提升自己的能力?国家(政府)权力与能力之间到底是一种怎样的博弈和互动关系?近代以来,国家(政府)的权力与能力呈现出一种怎样的关系?

一 选题缘起

学者孔飞力研究指出,因幅员辽阔,多元化的人口、文化,加上地区性的差异以及社会结构上的复杂性,近代中国历届政府面临的最大挑战之一,就是如何在保持"中国"存在的前提下,使之既成为一个统一、强大和有效率的国家,又成为一个在宪政建制及公民参与的基本问题上具有现代意义上的合法性的国家。② 笔者由此想到,国民政府面临同样的问题,即国家(政府)制度的建构与国家(政府)治理能力的提高。因此,本书以"国民政府时期省制及其运作研究"为题,主要基于以下几个方面的缘由:

第一,关注近代中国地方主义的兴起。古代中国家庭和家族观念极为浓厚,以至于近代地方主义兴盛。"由乡推到县,由县推到省。在本县别个乡村的时候,则以同乡村的人为同乡。……推而至于在别

---

① John A. Hall, *State and Societies: the Miracle in Comparative Perspective*, Jean Baechletaled, *Europe and the Rise of Capitalism*, Oxford: Blackwell, 1988, pp. 20 – 21;转引自张静主编《国家与社会》,浙江人民出版社 1988 年版,第18—19 页。

② 陈兼、陈之宏:《孔飞力与〈中国现代国家的起源〉》,《开放时代》2012 年第 7 期,第157 页。

省的时候，则当然认本省的人为同乡。这种地方主义的色彩，真是染满了社会生活的各方面"。"地方观念愈强，则国家观念愈弱"，以至于地方主义盛行，"上而至于中央政府，下而至于地方政府，各个衙门，差不多成了同乡会馆。什么叫廉洁政治；什么叫做文官考试制度，都是这种地方主义底下不能容忍的东西"。① 晚清以来，欧风美雨东渐，加之中央权威衰落，中国政治社会原有的基本秩序受到严重挑战，由此进入一个新的中央集权与地方主义互动的周期。清末民初，"'省'已经成为牢不可破之地域意识"，地方主义意识不断增强。② 直至国民政府时期，"一方面是脱去了王朝政治的外壳而一步步建立起一个主权国家的景观，但另一方面却又在党治国家的新外壳之下毁坏了主权国家的实质"。但从本质上来看，当今所面临的问题与近代中国所面临的问题一样，依然是建设现代民族国家这一根本性问题。③ 可以说，20 世纪上半期是中国社会由任人宰割到民族复兴的转折时期，在这一时期由于地方意识和势力的持续强化，传统的社会管理调控体系受到了严峻挑战，建构新的政治制度成为历史的需要。

第二，学界对包括省制在内的地方政治重视不够。钱穆先生指出，相对于中央政府不断集权的趋向，地方政治则呈不断弱化之势。"自汉迄唐，就已有过于集权之势。到宋、明、清三朝，尤其是逐步集权，结果使地方政治一天天地衰落。直到今天，成为中国政治上极大一问题"。因此，他强调，"对于新的县政，我们该如何建设，旧的省区制度，又该如何改进，实在值得我们再细来研究"。④ 黄仁宇把中国社会结构比喻为"潜水艇夹肉面包"，从"技术的角度"来看，传统中国缺乏"以数目字管理"的行政体系，而是以无形的、软约束的、不凭借技术手段的、不能量化的道德来整合国家与社会。这种所谓"礼治"或"德治"体系形成的"政教合一"、以道德代替法律、行政，

---

① 王造时：《中国问题的背景》，新月书店，[出版时间不详]，第 12—13 页。
② 胡春惠：《民初的地方主义与联省自治》，中国社会科学出版社 2001 年版，第 31 页。
③ 高全喜：《现代政制五论》，法律出版社 2008 年版，第 234—235 页。
④ 钱穆：《中国历代政治得失》，生活·读书·新知三联书店 2001 年版，第 170—171 页。

不可能使得地方完全听命于中央。[①] 近代以来,地方政治社会的日趋衰落,严重阻碍了中国现代化的进程,时至今日,地方政治制度问题仍是当前中国社会发展不得不面对的一个重大的理论和现实问题,即如何在地方层面保证执政党能够始终领导并掌握国家政权,实现对国家和社会的"善治"。民国学者也认为:"地方政府是国家政治的下层机构,是支持中央政府的基础,是推行中央法令的工具。假如大家的视线关注于中央政府,而忽略地方政府,人才经费都集中于中央政府,而不注意地方政府,结果必将使政治的发展陷于失衡的状态。"[②] 因此,地方政治问题具有较强的理论性、实践性、思想性,这既来源于中国近现代历史经验,又将服务于中国现代化长期的实践。

第三,研究视角的调整以便重新审视。以往政治制度的研究大致分成不同的两种趋向:一是中央层面的研究,关注重大的政治事件、主要政治人物等;二是关注乡村社会和县制的研究,但恰恰忽略或淡化了处于中央与乡村、县政之间,沟通中央与基层的中间一级——省制的研究。当下史学研究明显的两个热点就是"向上看"和"朝下看",即对中央政府和乡村社会的研究,成为研究的时尚和时髦,这里面隐约带有一种功利色彩,而往往忽略的却是"中层领域"看上下的研究。有很多学者自上而下来阐释,主要研究了中央与地方的关系如何;有的学者从乡村政权的自下而上角度来加以证实,而很少有学者采取"中层分析"角度来看待中央与县政、乡村,即从省级视角分别从自下而上看待省与中央关系,自上而下看待省与县政、乡村关系。实际上,从省在近代中国的地位演变来看,省地位之尊崇,实非我们想象中的那样简单和低下。民国学者沈乃正曾深刻指出近代"省"之特别之处:一方面,近代中国的中央政府权势衰落,权力重心在各省,中央要提高权威,统一全国,需要各省的臣服和支持;另一方面,省对县则是尽量控制之,使之完全臣服于己,尽其最大可能地加以控制

① 黄仁宇:《万历十五年》(增订本),中华书局2007年版,第19、243页。
② 陈柏心:《中国的地方制度及其改革》,广西建设研究会1939年版,"序",第1页。

和操纵之。① 对省制的研究，意义就在于沟通中央和地方社会，将上层和下层联系起来，构成一个完整的体系研究。

第四，个人阅历和学习研究的选择。一是与笔者的硕士学位论文研究主题相符。笔者的硕士学位论文是关于国民政府时期县基层政治的研究，本课题与此类似，均属国民政府时期地方政制的运作研究，只是层级不同而已。二是与以往学习生活工作的阅历有关。笔者上大学之前一直生活在安徽南部的农村，生活主食基本以大米为主；大学时期则在安徽北部阜阳地区度过，主食以面条和馒头为主，语言风俗更是不同；工作时期去了山西东南部的运城，生活习惯与之前大相径庭。这使得笔者深深感受到地方意识、地域文化、风俗观念差异极大。细心的人会发现，来自不同地方的人第一次会面往往会问：您哪儿的？一般答复说：来自哪个省，后再具体到哪个市县。其实，类似的记载早就有了。20世纪30年代学者王造时曾敏锐发现，"要是有客人来见你，客人的名片上大概刻着安徽合肥或四川成都等等的籍贯。要是客人没有带名片，而又是初次见面，你第一句话必定是问他'贵姓大名'，第二句话必定问他'贵省贵县'。"② 美国学者施坚雅也认为："大部分中国人想到中国的疆域时，是从省、府和县这一行政等级区划出发。根据行政区域来认知空间在明清时期更为显著。那时，人们不可避免地用行政地域来描述一个人的本籍——表示其身份的关键因素。"③ 这恰恰表明地方观念根深蒂固，人们往往脱口而出，并认为理所当然。这也是笔者好奇并尝试研究的一个缘由。

二　研究概念与价值

（一）概念的界定

法国历史学家马克·布洛赫曾指出，对于历史术语需要简明扼要。

---

① 沈乃正：《中国地方政府之特质与中央政府之控制权》，《社会科学》1936年第1卷第2期，第342—343页。

② 王造时：《中国问题的背景》，新月书店，［出版时间不详］，第11页。

③ ［美］施坚雅主编：《中华帝国晚期的城市》，叶光庭等译，中华书局2000年版，"中文版前言"，第1页。

他说:"分析首先需要适当的语言作为工具,这种语言能简明地表述事实的概要,同时又保持必要的弹性,以便在进一步有所发现时仍能调整适应。总而言之,术语应当简明扼要。这正是使历史学感到棘手的地方。"[①] 在历史研究分析中,需要用简单扼要的概念术语作为分析工具,因而界定概念术语的适当含义成为必需。

第一,"国民政府"。国民政府原本是指 1925 年 7 月 1 日中国国民党在广州成立的地方性政府,以便区别于以往革命政府、大元帅营等地方政权性质,此时其统治区域仅为广东省一省。1927 年 4 月 18 日定都南京之后,中央政府仍称为国民政府。抗战期间国民政府迁都重庆,抗战胜利后又还都南京,1949 年在国共决战失败后,又迁都广州、成都,最后退出大陆。在此过程中,作为国民党的中央政府,国民政府出现了诸多替代性名称,如武汉国民政府、广州国民政府、南京国民政府、北平国民政府、总统府。曾景忠明确指出:"有些民国史论著中不使用国民政府的原名,而改用别的名称:有以地点称之者—南京政府;有以主要领袖人物称之者—蒋介石政府;有以执政的政党称之者—国民党政府,甚至以'国民党'取代'国民党政府'的称谓;还有称之为'南京当局''重庆当局'者。诸如此类,这些称谓虽然在一些特定场合使用未尝不可(称当局者除外),但总体来说,还是以国民政府原名准确科学。"这其实基于两个方面的考虑:一方面,用一个地名指称政府,那么多少含有对这个政府只具有地区性而不具全国性的保留态度,正如称北洋军阀政权为北京政府一样。在北伐战争前,国民政府成立于广州,通常称广州国民政府,北伐战争中迁武汉,称武汉国民政府。这皆因当时国民政府只统治部分地区,而非全国性政权。国民政府在南京成立初期,北伐尚未完成,北京政府尚存在,此时把南京的国民政府简称作南京政府尚有一定道理。但在东北易帜、国民政府统一全国后,再以"南京政府"称国民政府就无必要了。另

① [法] 马克·布洛赫:《历史学家的技艺》,张和声、程郁译,上海社会科学院出版社 1992 年版,第 114 页。

一方面，"国民政府为历史上客观存在的全国性政权，为当时中国合法的政府"，对它的历史客观地记述时应还原其历史客观性。① 本书为了便于对这一时段作整体性研究分析，除特别强调和免予产生歧义具体所指外，一般所称之"国民政府"，乃是对广州国民政府、武汉国民政府、南京国民政府及国民政府"行宪"后的"总统府"等政府之泛称或统称。②

第二，"省"字概念的界定。从汉字演变来看，"省"乃是会意兼形声字，"甲骨文从目，从生"，篆文深受"眉"字影响一分为二形，"隶变后楷书分别写作省"和上生下目之字。③ 该字具体包括以下几种含义：一是监察、视察之意。《尔雅·释诂下》中曰："省，察也。"孔颖达疏："先王以省方观民设教者，以省视万方，观看民之风俗以设于教。"二是检查、审查之意。《论语·学而》："吾日三省吾身。"三属官名，即王宫禁署，禁中。《篇海类编·身体类·目部》："省，禁署也。汉以禁中为省，言入此中者皆当察视不可妄也。"《资治通鉴·汉和帝永元四年》："时清河王庆恩遇尤渥，常入省宿止。"胡三省注："省，禁中也。"从政治制度角度来看，"省"乃属行政区域名。《元史·世祖纪一》："故内立都省，以总宏纲；外设总司，以平庶政。"元时中央设置中书省，于地方设行中书省，简称为行省，明代改为布政使司，自此之后，省就成为地方行政及其区域的通称。④ 本书主要是从政治制度角度来阐述"省"之含义。

第三，研究时段的界定。国民政府时期作为一个变动的概念，为便于课题研究分析，笔者认为不必拘泥于某个时间点的始终，毕竟历史在无形之中是互相承继的。本课题暂将国民政府时期概括在这样一

---

① 曾景忠：《对中华民国史研究中一些称谓的研讨》，《民国档案》1994 年第 4 期，第104—105 页。

② 此处对"国民政府"的界定承蒙我国台湾政治大学历史学系刘维开教授建议而得出的启发，在此表示感谢。

③ 谷衍奎编：《汉字源流字典》，华夏出版社 2003 年版，第 448 页。

④ 《汉语大字典》编辑委员会编著：《汉语大字典》，四川辞书出版社、湖北辞书出版社1995 年版，第 2473—2474 页。

个较为宽泛的时期内，即1925年7月至1937年12月。诚如1936年时任国民政府主席林森总结说："国民政府在我国历史上是独创的名词，当然有它特殊的意义，负有历史上特殊的使命。第一，国民政府时继承总理遗志，结束了中国二千年来帝王一姓专制制度，与民元以来军阀纷争割据过渡之局。第二，国民政府是有主义为国民服务的政府，国民政府的军政，完成统治全国，可以说是有主义的胜利，是主义政策合乎全国人心，所以得到民众全体的拥护。第三，国民政府时实行训政，开始宪政，并为中华民国完成了一部民有、民治、民享的三民主义新宪法，奠定了中华民国万年不朽的基础。"① 这三个"特色"可成为国民政府区别于以前的王朝政府、北洋政府和其后的人民政府的重要标准。同时，这一阶段正是国民政府统一全国、实行训政的时期，是从军政混乱到统一规划的阶段，因而有别于抗战时期及其战后。

第四，研究区域的界定。葛兆光强调："中国的中心区域很清楚，但边界边地是经常移动的。不仅各个王朝的分分合合是常有的事情，历代王朝中央政府所控制的空间边界，更是常常变化的。"② 这段话给我们一个重要启示：历届中央政府所控制的中心区域是处于"移动"状态之中，我们不能用固定或旧有的视角来考察历史区域。国民政府自广东省建立后，1926年开始进行军事北伐，其统治区域扩张到长江中下游地区，之后又以此区域为中心，继续北伐，直至1928年年底统一全国。抗战全面爆发前，国民政府的统治核心领域乃是以长江中下游为中心、抗战时期则是以长江上游为中心的区域；抗战胜利后，国民政府随着军事斗争形势的变化，其统治核心领域也是以长江流域区域为中心发生变化。因而，从1925年到1937年，国民政府的统治核心领域基本上都是以长江流域区域为中心。结合研究的地方政治制度主题，本书将历史考察的区域定位于长江中下游的六省，即湖南、湖

---

① 朱汇森主编：《中华民国史事纪要（初稿）》（民国二十五年七至十二月份），台北"国史馆"1988年版，第18—19页。

② 葛兆光：《宅兹中国——重建有关中国的历史论述》，《贵州文史丛刊》2012年第1期，第7页。

北、江西、江苏、浙江、安徽。当然，本书以长江流域六省为中心，同时兼顾广东和福建等省，并不完全排除他省。

（二）学术价值

省制是地方最高一级的行政制度，一直延续至今，且变得越来越重要。本课题对国民政府时期的省制进行系统研究，具有以下四个方面的学术价值和现实意义：

第一，省制研究是系统厘清和完整记录民国时期地方制度不可或缺的重要组成部分。尽管对民国时期地方制度的研究论著非常之多，但对国民政府时期省制的系统整理和研究还极为缺乏，其中的一些重要问题还有待于学术研究的进一步深入。若能对这一时期省制进行全面而系统的学术研究，为后人在历史进程上提供一项重要的地方制度研究的记录，有助于加深地方政治的研究，进一步丰富地方政治制度史研究的内容，具有重要的研究补白意义。

第二，本研究可为当今国家治理的现代化提供些许借鉴。2013年11月习近平在中共十八届三中全会上将全面深化改革总目标设定为"推进国家治理体系和治理能力现代化"，号称是继工业、农业、国防、科学技术现代化后的"第五个现代化"，这将是使中国共产党成为全面现代化执政党的关键所在。本研究中的中心内容就是国民政府时期省行政治理状况的历史经验记载和研究分析，深入总结省政在地方治理历史进程中的良好经验和利弊得失，这将为中国共产党完成执政党现代化的转型，为实现当今国家治理现代化提供一定的历史经验和教训。

第三，总结国民政府时期的行政运作机制经验及教训。这一时期的地方行政运作机制内容丰富，包括决策执行、公文传递、人事制度、财政管理、党政军关系等。这种党治下的行政运作机制乃是当今国家的起源，有着既不同于中国古代王朝国家的行政，也不同于西方国家的行政的特别之处，总结其历史状况和运作特点，探讨其利弊得失，为当今地方各级组织的行政运作提供良好的借鉴。

第四，为当前地方行政改革的争论提供一些历史和理论借鉴。自秦汉以来，地方行政层级长期处于二级制、三级制、四级制中反反复复。自民国以来，缩小省区运动也成为学界、政界热议的重要论题之一，当前又有很多关于是否实行"省管县"改革等现实性很强的问题讨论。这些话题的讨论中，既有利于总结出地方行政制度的利弊得失，又有缺乏历史经验的理论探讨的盲目性。因而，本课题在总结国民政府时期省制及其运作的历史经验基础上，为减少上述问题讨论的盲目性，为推动地方行政进一步改革与发展，提供一些借鉴。

总而言之，认识和了解省制乃至地方行政制度的演变历程，分析省制运作机制，对于推动学术研究发展，对于我们今天认识独特的国情，探讨国家政治体制改革与建设，尤其是地方政治体制，提供一定建设性和启发性的意见和建议。

三　研究状况

（一）民国时期的研究

就目前所掌握的资料和论著来看，民国时期学界对国民政府省制的研究成果主要体现在三个方面：一是专题研究，学者们从多种理论、不同角度对此形成的著作；二是围绕国民政府政治和地方政制的研究而涉及这个问题，或就此展开论述的；三是大量时事评论、言论和文章中就此问题的论述。

从专门研究国民政府省制的角度来看，施养成的《中国省行政制度》算是唯一的一本专著了。该著是作者花费五年时间写成的，其特点在于：内容丰富，资料翔实，观点独特，尤其是对省制法规的梳理和省财政的阐述非常具有参考价值。[①] 正如钱端升评价道："就材料的丰富、牵涉的广到、立论的用心数者而言，本著盖远出一般论省制的著作之上，或者在一切论省政的著作之上。"[②] 今天看来，此著有几个

[①] 施养成：《中国省行政制度》，商务印书馆 1947 年版，民国丛书第 4 编 22 册，上海书店1992 年影印本。

[②] 施养成：《中国省行政制度》，商务印书馆 1947 年版，民国丛书第 4 编 22 册，上海书店1992 年影印本，"钱序"，第 1 页。

不足之处：一是所引用资料截至 1946 年 2 月，未将国民政府时期省制作一个整体性考察和研究；二是所引用资料大多是官方出版的年鉴、统计、法规等，未能考察其制度实施和运作状况；三是未能引入新视角，主要从法学角度对省行政作一法规制度方面的梳理和比较，并没有探究省制与政党组织、社会的关系。故有学者评议指出："这本书有甚多可以讨论、非议、甚或指摘的地方。如果要对原则有所讨论，则讨论的立脚又嫌太狭，致使所持的原则不易站稳。若干冗长的附注多半可从年鉴及法规汇编一类书中觅得，也没有附在这本书中的必要。至就本质而言，若干施君新创的名词及敷陈的理论，亦尚须斟酌推毂。经过斟酌推毂，不少的名词及论研势必在修正之列。又施君有时引用不正常的事件作为分类或分析的材料，由此而获得的分类或分析自然可以缺乏任何意义。"①

　　众多学者又分别从各个不同角度对省制展开了间接性的相关研究，主要分为以下四个方面：

　　第一，政治学的角度：李剑农在《政治学概论》中比较了西方国家和中国的政治异同，并指出了中国地方政治的历时性特征，即"自秦汉以来到晚清，中国地方区域的名目上，虽经过许多次的改变，但其根本的性质精神，却异常简单：即二千余年以来，所有地方区域的名目，都只能算作重要的行政区域，绝无所谓地方自治团体的性质"。②此类的著作很多，再如朱采真的《政治学通论》中的第七章第二节内容主要谈到中央集权制与地方分权制的区别，他认为地方分权制并不是一定走向西方的联邦制，同时也指出根据建国大纲第 17 条的要求，国民政府在以党建国的程序上，军政时期实行中央集权制，"集权于党治的政府，以便扫除一切反动势力"，训政时期仍采用集权制来训练民众为四权之使用，宪政时期才真正实行分权制度。③桂崇

---

　　① 施养成：《中国省行政制度》，商务印书馆 1947 年版，民国丛书第 4 编 22 册，上海书店 1992 年影印本，"钱序"，第 1 页。

　　② 李剑农：《政治学概论》，商务印书馆 1934 年版，第 374 页。

　　③ 朱采真：《政治学通论》，世界书局 1932 年版，第 154—155 页。

基在《政治学原理》第十章中，从比较英法德美国家的中央集权与地方分权分析开始，得出集权、分权与专制民主、自治都无关，而中国实行集权则会产生诸多弊端的结论。① 陈之迈在其著作《政治学》第十四章中谈到了地方制度与地方自治的关系，并指出了省在地方自治中的重要地位。② 杨幼炯在《当代中国政治学》中以均权制度为视角，着重分析了省的地位、职权及功用等。③ 黄之华的《政治学荟要》第二十四章主要阐述了国民党训政时期的政治制度，其中简单概述了国民政府前期的省制等。④

第二，政府学的角度：樊希智编纂的《政府论》中第五章专门叙述了地方政府情况，并在第三节中对民国建立以来的省制做了一个简略的概述。⑤ 吴裕后在《改革地方政府的理论及实施办法纲要》中主要梳理出地方政治及政府改革的解决办法和意见，同时也分析了造成中国地方政治不良的原因所在。⑥ 陈柏心的《地方政府总论》共八章内容，主要从地方制度的理论方面对地方政府的区划、组织、权限、控制、财政及地方公民团体等问题进行了深刻的研究分析，构成了一个完整的地方政府研究体系。该著"对于各级地方政府之改革，又旁证各地方制度演进之实例"，"适于实际工作者参考之用"。⑦ 孔大充的著作《比较地方政府图表》比较特别，以图表和文字的表述方式分析了国民政府统治时期省政府组织系统在实行合署办公改革前后的异同比较。⑧ 1946 年由商务印书馆出版的陈之迈的《中国政府》一书利用翔实的政府法令规章、文书档案以及各种政府报告及改革拟议对国民政府时期的党治理论与制度、国民党组织、国民政府与五权宪法、地

---

① 桂崇基：《政治学原理》，商务印书馆 1933 年版。
② 陈之迈：《政治学》，正中书局 1944 年版。
③ 杨幼炯：《当代中国政治学》，胜利出版公司 1947 年版。
④ 黄之华：《政治学荟要》下册，商务印书馆 1947 年版，第 395 页。
⑤ 樊希智编纂：《政府论》，商务印书馆 1926 年版。
⑥ 吴裕后：《改革地方政府的理论及实施办法纲要》，[出版情况不详]，1937 年。
⑦ 陈柏心：《地方政府总论》，广西建设研究会 1940 年版。
⑧ 孔大充：《比较地方政府图表》，战地图书出版社 1942 年版。

方制度等方面内容，进行了系统且详尽的叙述和分析。其中第五编地方制度内容中用了四章篇幅分别对省制沿革、现行省政组织、有关省制的问题、省的地位作了深刻的阐述和分析，对研究民国时期政府地方政治制度具有直接的参考价值。①

　　第三，政治制度史的角度：1939年春，由上海商务印书馆出版了钱端升、萨师炯等六人合著的《民国政制史》，之后于1945年出版了重庆、上海增订版，1946年又出版了上海增订二版。该书注重于各级政府机关之法定组织及其法定权力，从静态法制的角度详细介绍了民国以来至1936年政治制度的设置和沿革，书中序言就谈道："就范围而言，本书中央与地方并重，举凡民国二十五年来中央及地方各种制度，无论合法非法，俱当有所述及。"作者在增订版序中表明了严谨的学术研究的立场："只客观地叙述变迁经过，分析法制要点，而不参以赞否之意见"，资料系统、翔实，具有很高的学术价值，历来被学者们认为是这个领域的一部力作。对我国政治制度史的研究，尤其是对中华民国史和中华民国政治制度的研究，产生过很大影响。② 陈柏心在《中国的地方制度及其改革》中指出："数千年来中国的地方制度，虽然历经变迁，但其性质终跳不出所谓官治行政的范围，国家在地方区域内设官分治，并没有地方自治团体的存在，但是这种状态，现在已为世界潮流所冲毁了，以后的地方制度，必须根据地方自治的原则谋根本改造。"③ 在中央训练团党政训练班出版的《现行行政制度》中，作者从战时角度来谈省制的变迁，认为有两点值得注意：一是沦陷区行政统一问题；二是兵役法的实施。④ 罗志渊在《中国地方行政制度》中第十一章就专门梳理了历代地方省制沿革情况。⑤

　　第四，行政学的角度：据笔者考察，1925年邵元冲所著的《训政

---

①　陈之迈：《中国政府》（3册），商务印书馆1946年版。

②　钱端升、萨师炯等：《民国政制史》，商务印书馆1946年版。

③　陈柏心：《中国的地方制度及其改革》，广西建设研究会1939年版，第1—2页。

④　《现行行政制度》（中央训练团党政训练班讲演录），［出版情况不详］，1939年3月印，第26—27页。

⑤　罗志渊：《中国地方行政制度》，独立出版社1943年版。

时期地方行政计划》是研究国民政府地方行政最早的著作。作者主要根据建国大纲、中国国民党党纲和孙中山的论著等，结合当时的政治原理所完成的一部为地方行政工作提供参考性依据的著作，希望能为以后的地方行政提供一个实施标准。① 抗战时期重庆独立出版社编辑的《战时地方行政工作》中，收录了包括汪精卫在内的党政官员、学者等的演讲稿、论文等，主要谈了地方行政的重要性及其改革的必要性，其中涉及省级人事、财政、管理等多方面内容。② 1943 年黄伦编著的《地方行政论》初版之后，又再版三版。此著分别阐述了中央与地方行政职权关系、地方制度的沿革、现代地方行政区划、省行政机构的调整与缩小省区以及与省行政相关的行政督察专员制度的改善问题等内容。③ 萧文哲的《行政效率研究》主要从行政效率角度分别叙述了省行政组织、行政区域、人事管理等内容。④ 与此类同的著作还有刘佐人的《行政权责划分论》⑤ 和杨幼炯编著的《权能划分及均权政制》⑥ 等。

（二）时评和论文

国民政府时期各类报纸杂志上刊登了大量关于省制的时评，同时也有很多抨击政治制度时弊的妙文，以及针对具体行政问题和论述行政之改革等的论文。这类文章有比较强的针对性，且观点倾向鲜明，大致可归纳为四类：

第一类：关于省制问题的针砭时弊、评判时政的文章，如张景云的《省制刍议》（《行健月刊》1935 年第 6 卷第 1 期）、《省制问题》（《行政评论》1940 年第 1 卷第 1 期），亢真化的《省制问题之历史教训》（《建设研究》1942 年第 8 卷第 4 期），萨师炯的《省制问题之再检讨》（《东方杂志》1944 年第 40 卷第 19 号），霁明的《中国省制问

---

① 邵元冲：《训政时期地方行政计划》，民智书局 1925 年版，第 2 页。
② 独立出版社编：《战时地方行政工作》，独立出版社 1938 年版。
③ 黄伦编著：《地方行政论》，正中书局 1944 年版。
④ 萧文哲：《行政效率研究》，商务印书馆 1942 年版。
⑤ 刘佐人：《行政权责划分论》，民族文化出版社 1944 年版。
⑥ 杨幼炯编著：《权能划分及均权政制》，正中书局 1944 年版。

题》（《新西康》1946 年第 4 卷第 1—2 期）等。

第二类：为省制改革献计献策、提供建设性意见和解决方案的文章，如陈之迈的《省制改革的一端》（《今日评论》1939 年第 1 卷第 2 期）、程方的《改革省制刍议》（《服务月刊》1942 年第 6 卷第 1 期）、许凝生的《省制改革之研议》（《新中华》1944 年第 2 卷第 5 期）等。

第三类：论述关于省法制沿革、制度设计的文章：瞿兑之《省制论》（《国闻周报》1933 年第 10 卷第 30 期）、陈以令的《省制之设计》（《中国新论》1937 年第 3 卷第 1 期）、刘乃诚的《近代吾国省制之演化及今后实施之创议》（《地方自治》1947 年第 1 卷第 9 期）等。

第四类：其他相关的时评、文章，如甘乃光的《中国地方行政之新趋势》（《时事月报》1933 年第 9 卷第 4 期）、何国祥的《中国地方政制之史评及今后改革之路线》（《大夏》1934 年第 1 卷第 9 期）、雷锡龄的《改革地方政制刍议》（《国衡半月刊》1935 年第 1 卷第 12 期）、黄哲真的《我国地方政制的改进及其展望》（《文化建设月刊》1936 年第 2 卷第 8 期）、周宪民的《近年改革地方政制之得失》（《国闻周报》1936 年第 13 卷第 2 期）等。

如上所述，这一时期关于国民政府省制研究的时评和论文，无论是研究成果数量还是探讨角度，都要比著作要丰富得多，且启发性、针对性、设问性更强。由于战乱和社会动荡，这个时期专门研究国民政府省制只有一本专著问世，且论述主要集中于省制的制度设计方面，至于省制实施运作过程、机构运作状况及效能如何等均未涉及。其他相关的研究全都散落在政治制度史、行政学、法学、政治学等著作中，而且大都以法律制度为出发点，研究基本上仅以介绍性、梳理性为主，其阐述观点的倾向性不明显，或者较为模糊，没有形成系统的研究。

（二）中华人民共和国成立后的研究

1949 年中华人民共和国成立后的国民政府省制研究大致可分为两个阶段：其一，20 世纪 50 年代至 70 年代的封闭时代，由于中国大陆地区处于特定的阶级斗争时代，学术研究无法得到正常开展，偶尔流露出一些零星的相关研究。而大陆以外地区的相关研究却呈现出繁盛景象，研究成果急剧增多，主要是我国台湾地区。其二，1978 年之后的改革开放时代，随着大陆学界恢复正常研究状态，关于国民政府省制的研究便寓其于政治史、制度史及其他与之有关的"历史性"研究当中。大陆以外的学者们则对此研究呈现出选题更细化、视角更多元状态。

1. 直接性的专题研究。尽管关于国民政府时期省制全面而系统的研究著作至今还没有，但已有一些与此相关的学术研究论著陆续呈现。专著方面，2011 年陈小京出版著作《湖北现代化进程中的记忆：民国时期湖北省地方政府的体制变革》，该著主要从现代化的角度论述民国时期湖北一省在现代化进程中的历史地位，探讨了湖北省制在民国时期的演变。[①] 学术论文方面，1957 年赵希鼎发表《第二次国内革命战争时期反动派对地方政制的变更及其作用》一文，属于 1949 年中华人民共和国成立后学者发表的第一篇关于国民政府地方政治制度研究的专题论文。该文以阶级史观分析了国民政府的地方行政制度改革，内容包括阐述了省政府合署办公制度、行政督察专员制度实行、县政府裁局改科和乡村推行保甲制度。[②] 1990 年谢国富发表的《抗战胜利后国民政府划东北为九省述评》，从行政区划角度分析了东北划分为九省的概况。他认为国民政府将东北划为九省是抗战胜利后厘定行政区域的最重要的变更。它的划分，消除了日伪省制划分的严重混乱，缓解了满蒙、满汉之间的民族矛盾，具有积极意义。同时，也为国民党统治东北奠定了一定的政治舆论影响，使得东北问题在国共之间及在野党之间的争论中更加具有复杂性。[③] 同年，陈小京发表了《国民政府时期省级行政体制的演变》一文，认为国民政府的省级行政体制乃是统治阶级统治和奴役人民的工具，同时也认为国民政府省级行政体制的改革，"既承袭了中国历史上设置省一级行政建制的许多做法，

<hr>

① 陈小京：《民国时期湖北省地方政府的体制变革》，湖北人民出版社 2011 年版。
② 赵希鼎：《第二次国内革命战争时期反动派对地方政制的变更及其作用》，《史学月刊》1957 年第 4 期。
③ 谢国富：《抗战胜利后国民政府划东北为九省述评》，《民国档案》1990 年第 4 期。

又吸收了西方地方制度的某些经验"，具有由传统向现代过渡的时代色彩。其中对广州国民政府时期的省制演变和国民政府省制改革背离孙中山省自治思想的论述，颇具深度。① 省制改革方面的学术论文，如招宗劲的《国民政府省政府合署办公制度概述》主要是对国民政府实行省政府合署办公制度的缘起和几个问题作了概述，但未能全面探讨其起源、原因和过程。② 林绪武、奚先来的《南京国民政府的省政府合署办公问题探析》主要就这一制度实施后的效能作了阐述，但未分析此项制度的历史渊源和实施后暴露出来的缺陷等。③ 白贵一的《论 20 世纪 30 年代南京国民政府的省制改革》④ 和黄雪垠、符建周的《民国时期省制改革过程及动因研究》⑤ 都对国民政府时期的省制改革作了概括性的阐述，分析了其改革的原因、争论和内容等。其他相关的省制研究如王海兵的《西康省制化进程中的权力博弈（1927—1939）》⑥ 和肖高华的《"废盟"与"废省"：国民政府时期知识界的内蒙古省制化之争》⑦ 等，都有一定的参考价值。

自 20 世纪 80 年代开始，我国台湾地区的学者在区域现代化研究中有涉及国民政府时期省制的研究。李国祁在其论文《闽浙两省制度、行政与人事的革新（1927—1937 年）》中运用现代化的理论着重分析了闽浙两省在 1927—1937 年十年中的政治、制度和人事等情况。他认为，国民政府成功北伐后，政治上与过去最大的不同在于"全国

---

① 陈小京：《国民政府时期省级行政体制的演变》，《江汉论坛》1990 年第 9 期。

② 招宗劲：《国民政府省政府合署办公制度概述》，《中山大学研究生学刊》（社会科学版）2003 年第 3 期。

③ 林绪武、奚先来：《南京国民政府的省政府合署办公问题探析》，《南开学报》（哲学社会科学版）2008 年第 6 期。

④ 白贵一：《论 20 世纪 30 年代南京国民政府的省制改革》，《河南师范大学学报》（哲学社会科学版）2008 年第 5 期。

⑤ 黄雪垠、符建周：《民国时期省制改革过程及动因研究》，《学术探索》2012 年第 8 期。

⑥ 王海兵：《西康省制化进程中的权力博弈（1927—1939）》，《中国边疆史地研究》2008 年第 3 期。

⑦ 肖高华：《"废盟"与"废省"：国民政府时期知识界的内蒙古省制化之争》，《北方民族大学学报》（哲学社会科学版）2014 年第 1 期。

统一，政令贯彻，各省无论制度行政与人事均走上整齐划一之道路"，闽浙两省"政治近代化方面之最大进步，是制度、行政与人事的革新"。最后作者认为：北伐之后闽浙两省贯彻中央政府政令是"深入民间，可及于每个人民的"，因而认为这一时期的地方政治改革"具有极深且巨的划时代意义"。最具有参考价值的地方在于作者分别详细论述了两省省制的确立，省组织的运行及人事结构的分析。① 张玉法在 1992 年发表的论文《民国初年山东省行政制度的变革（1912—1937）》以山东省各级主管机构及其功能的兴废作为个案，着力探讨了省级行政制度的演变、当时中央政令贯彻的程度及中央与地方的关系，他认为，"国民政府时期省采合议制，以代替以前的独裁制"，"民国初年，不论北京政府还是国民政府时期，在人事上省与中央、或省与省以下，容有冲突；在制度上，国家的行政体系大体完整"，"检讨民国初年的地方行政制度，无论从制度化的观点，还是从专业化的观点，国民政府时期均较北京政府时期为进步"。②

学位论文方面，我国台湾地区学者的研究走在前列。1974 年台湾政治大学杨光中完成了硕士学位论文《中华民国省制之研究》，该文是 1949 年后最早关于国民政府省制研究的学位论文。此文时间跨度很大，从民国建立一直到台湾现行省制，以时间先后为经，以区划、组织与职掌为纬。主要参考价值在于该文基本上在法制规章方面厘清了民国以来的省制规章演变，分别阐述了各时期省制之区划，行政机关、议事机关之组织与职掌，及其调整、变革之经过与内容等，同时对孙中山的省制主张和各时期省制施行之弊病、遭遇之问题与调整改革之建议作了叙述与检讨等。③ 崔夏英的硕士学位论文《训政时期河南省政之研究》主要探讨了 1928 年至 1937 年河南省的省政运作情况，分

---

① 李国祁：《闽浙两省制度、行政与人事的革新（1927—1937 年）》，《"中央研究院"近代史研究所集刊》（台北）1980 年第 9 期。

② 张玉法：《民国初年山东省行政制度的变革（1912—1937）》，《"中央研究院"近代史研究所集刊》（台北）1992 年第 21 期。

③ 杨光中：《中华民国省制之研究》，硕士学位论文，台湾政治大学，1974 年 7 月。

别从省所处地位、省政府首长更迭、党政关系及省政推行的措施等方面作了较好的论述。① 凌文兴的硕士学位论文《我国省制之研究》，主要从法制规章上理顺了自元代以来至台湾后的省制演变，其中分别兼顾到孙中山的省制主张和欧美国家的省制规定，同时阐述了对省制的检讨和反思。②

大陆地区的学位论文，如黎瑛的博士学位论文《权力的重构与控制：新桂系政府行政机制和政府能力研究（1927—1937）》主要以 20 世纪 30 年代新桂系政府的行政机制和政府能力为研究对象，对新桂系政府的行政体制、政府运作和政府能力作了全面而系统的研究。作者认为政府的"运行机制"是行政体制的灵魂。在政府的整个运作过程中，新桂系军事集团通过各种秘密组织掌控着政府的各种信息来源，对政府拥有最高决策权。省政府在整个体制的运作过程中起到总枢纽的作用。③ 彭厚文的博士学位论文《1928—1937 年的湖北地方政权研究》主要探讨了陈诚主政湖北的过程以及对其施政的检讨，并从"军人从政"现象中进一步探讨了战时动乱的中国如何在省政与军政之间取得微妙的平衡，能否达到理想的军政合一目标。④ 李继锋的博士学位论文《省区主义与民国省制的嬗变》，主要从中央与地方政府权力分配的角度，对民国省级政府的地位与权力的嬗变进行考察与分析，目的在于揭示省级政府在中国国家组织结构中的关键性地位以及这种地位得以形成的历史、社会与政治基础；探究民国期间规范中央与省级政府之间关系的政治和法律原则，以及基于不同政治倾向和目的的省制构想等。⑤ 中山大学陈明的博士学位论文《民国初期的政体选择：省制构建及其问题（1912—1928）》主要论述了从 1912—1928 年间各

---

① 崔夏革·《训政时期河南省政之研究》，硕士学位论文，台湾政治作战学校，1983 年 6 月。
② 凌文兴：《我国省制之研究》，硕士学位论文，"中国"文化大学，1988 年 1 月。
③ 黎瑛：《权力的重构与控制：新桂系政府行政机制和政府能力研究（1927—1937）》，博士学位论文，上海师范大学，2008 年 5 月。
④ 彭厚文：《1928—1937 年的湖北地方政权研究》，博士学位论文，南京大学，1994 年。
⑤ 李继锋：《省区主义与民国省制的嬗变》，博士学位论文，南京大学，1992 年。

方关于专制与民主、统一与分裂的权衡考量，与各派政治力量的利益诉求相互缠绕、相互角力，对省的属性及其是否应为地方自治层级的问题进行了各种层面的争论和博弈。该文认为孙中山及国民党转而学习苏俄，确定党国体制，同时跳出集权与分权、官治与自治、民主与专制的纠缠，采取均权制，开启了省制构建的新方向。至 1928 年，国民政府在形式上实现对全国的再次统一，省仍未成为地方，反而随着军政的结束以及训政的开始，面临党、军合治与分治的选择，国民政府与各省实力派再次陷入权力划分的争夺之中，省制构建随之进入一个新时期。① 文建辉的硕士学位论文《四川省政府的合署办公制度研究（1935—1949）》主要论述了 1935 年 2 月后四川省政府实行合署办公情况，分别从机构、经费、公文等方面加以阐述，认为实行合署办公后的行政效率并未根本提高。② 南京大学李伟娜的硕士学位论文《南京国民政府时期省政府主席群体研究（1927—1937）》主要从行政管理的角度对国民政府时期省政府主席群体结构作了详细的剖析。③ 王翼的硕士学位论文《三十年代南京国民政府地方行政机构改革研究》主要论述了 20 世纪 30 年代地方各级行政组织机构方面的改革，分别对省政府合署办公制度、县政裁局改科制度等作了很好的阐述。④

2. 间接性的研究成果。目前关于民国史研究极为兴盛，学术成果很多，但质量参差不齐，仍有许多可继续深入研究的领域。兹将代表性论著分述如下：

（1）关于国民政府时期地方政治和政府的研究。本书既然以国民政府时期地方政治制度为背景来考察省制运作情况，而地方政治制度

---

① 陈明：《民国初期的政体选择：省制构建及其问题（1912—1928）》，博士学位论文，中山大学，2012 年。

② 文建辉：《四川省政府的合署办公制度研究（1935—1949）》，硕士学位论文，四川师范大学，2006 年 6 月。

③ 李伟娜：《南京国民政府时期省政府主席群体研究（1927—1937）》，硕士学位论文，南京大学，2009 年 1 月。

④ 王翼：《三十年代南京国民政府地方行政机构改革研究》，硕士学位论文，湖南师范大学，2009 年 5 月。

又以地方政府为主体，二者互为一体，所以关于地方政府的研究对于本课题极有参考价值。魏光奇的《官治与自治：20世纪上半期的中国县治》主要对近代县制沿革及改革、国民政府时期的县制、县政人员的人事制度、县制演进背后的社会变动等内容进行了深刻探讨。① 瞿同祖于1962年出版了英文版《清代地方政府》，该著主要对清代地方州县政府的组织机构、职能及人员等方面作了深刻的论述，其中对于官僚机构内部的机制运作动态研究非常详细。尽管是研究清代州县政府，但对本研究的研究思路仍有很大启发。② 程幸超所著《中国地方政府》主要论述了地方政府的起源、演变及地方政府制度改革的前景等，其中关于国民政府时期省制只有一节内容。③ 美国学者孔飞力的《地方政府的发展》也涉及国民政府时期地方政治变化的内容。④ 萧邦奇（Keith Schoppa）所著《中国精英与政治变迁》主要从地方环境（自然、人文、历史、政治、经济、社会等）出发，把浙江分成四个区：发达核心区（inner core）、发达边缘区（inner periphery）、欠发达核心区（outer core）和欠发达边缘区（outer periphery），分析了各个地区不同的精英参政模式、精英与政府的关系，并对在重大政治事件中不同地区精英的参与和动员模式作了论述。⑤

（2）关于区域现代化的研究。本书将以长江流域省份为考察中心，兼顾其他省份，因而区域特色较为浓厚。区域现代化的历史研究工作始于1973年我国台湾学者李国祁、张朋园、张玉法共同主持的"中国现代化的区域研究"总课题，这项研究始于1973年，到1995年结束，他们分别研究了某个省区自清末民初以来的社会历史背景、所

① 魏光奇：《官治与自治：20世纪上半期的中国县治》，商务印书馆2004年版。
② 瞿同祖：《清代中国的地方政府》，哈佛大学出版社1962年版，另见瞿同祖《清代地方政府》，范忠信、晏锋译，法律出版社2003年版，2011年修订译本。
③ 程幸超：《中国地方政府》，中华书局香港分局1987年版。
④ ［美］孔飞力：《地方政府的发展》，见［美］费正清、费维恺编《剑桥中华民国史》下卷，刘敬坤等译，中国社会科学出版社1998年版。
⑤ Schoppa R K. , *Chinese Elites and Political Change*：*Zhejiang Province in the Early Twentieth Century.* Harvard University Press，1982.

遭受的外力冲击及政治、经济与社会的现代化过程。其中与本研究相关的著作有：谢国兴所著《中国现代化的区域研究：安徽省（1860—1937）》① 和朱宏源所著《从变乱到军省：广西的初期现代化（1860—1937）》② 等，这些著作对民国初期到国民政府前期各省的地方制度演变情况进行了一定程度的研究与介绍。此外，还有许纪霖、陈达凯主编的《中国现代化史（1800—1949）》（第 1 卷）（上海三联书店 1995 年版）、美国学者兰比尔·沃拉（Ranbir Vohra）所著《中国：前现代化的阵痛》（辽宁人民出版社 1989 年版）、吉尔伯特·罗兹曼（Rozman，G.）主编的《中国的现代化》（江苏人民出版社 2005 年版）等。

（3）关于中华民国政治制度研究。代表性著作主要有袁继成等主编的《中华民国政治制度史》（湖北人民出版社 1991 年版）、徐矛的《中华民国政治制度史》（上海人民出版社 1992 年版）、孔庆泰等合著的《国民党政府政治制度史》（安徽教育出版社 1998 年版）等。这些著作主要对整个民国时期的政治制度作了论述，但对于国民政府时期省制则仅做了法制条文的厘清和阐述。我国港台地区关于民国政治制度通论性的著作，主要有董霖的《战前之中国宪政制度》（台北：世界书局 1968 年版）、秦孝仪主编的《中华民国政治发展史》（共四册）（台北：近代"中国"出版社 1985 年版）、张玉法的《中国现代政治史》（台北东华书局股份有限公司 1988 年版）等。

（4）国外关于国民政府时期政治制度和政府研究的著作主要有日本学者中岛岭雄的《现代中国论》（青木书店 1964 年版）、姬田光义等所著的《中国近现代史》（东京大学出版会 1982 年版）、日本"中国现代史研究会"编著的《中国国民政府史研究》（汲古书院 1986 年版）、家近亮子所著的《蒋介石与南京国民政府》（社会科学文献出版

---

① 谢国兴：《中国现代化的区域研究：安徽省（1860—1937）》，"中央研究院"近代史研究所，1991 年。

② 朱宏源：《从变乱到军省：广西的初期现代化（1860—1937）》，"中央研究院"近代史研究所，1995 年。

社 2005 年版）等。美国学者 Kirby，William C.，*State and Economy in Republican China：A Handbook for Scholars*，Harvard University Asia Center，Harvard University Press，2001《民国政治和经济研究手册》；Edmund S. K. Fung，*In Search of Chinese Democracy：Civil Opposition in Nationalist China*，1929 – 1949，Cambridge：Cambridge University Press，2000.《中国民主的研究：民族主义中国的公民抗争（1929—1949年)》等。

上述研究成果为本书奠定了一定的基础，主要体现在五个方面：第一，对于省制相关概念，如行政组织、行政区划、地方政府、集权制与分权制等基本上有了一个较明确的理解和界定；第二，基本厘清了国民政府时期省制的"法制"沿革，并在学理上对省的定位、性质等作了一个阐释；第三，通过对某些个案的考察，分析了省制的机构设置、职权及功效，同时也对省制出现的弊端加以揭示和评判；第四，对于中央与地方之间的互动关系进行了一定程度上的阐述；第五，从不同角度对省级层面的制度实施作了一定程度的阐述和研究等。

同时，上述研究状况也存在诸多缺憾和不足，其根本缺陷就在于未能形成一个系统的内外浑然一体的动态化省制研究。具体而言，研究不足的具体表现主要有：第一，从研究框架来看，通论性的、宏观概述的研究著述比较多，仅就这一时期地方行政制度的各个方面展开微观实证性的研究成果数量极其有限。第二，从研究内容来看，众多学者重视制度设计的静态阐述，或仅对组织机构分别作简单的列举，忽视了各项制度的具体运作，很少涉及其实际运作过程；对于省制某些方面的研究如省制区划，成果丰富，而对于省政中的权力结构、工作人员、具体职能及运作机制（如决策执行、会议制度、监督反馈、财政财务）等问题的研究则未能予以揭示并深入研究。第三，从研究对象来看，学界对于中央政府层面和县政及以下的区乡较为关注，研究成果颇丰，但对于省制运作中的相关内容（如省厅、省县关系等）未能深入拓展研究。第四，从研究态度来看，将学理研究与政策宣传、政治意见混为一谈，互相交叉在一体，这种浓厚的现实性研究尽管在提供改革的参考性意见和解决性方案等方面贡献很大，但往往会影响学术研究不能深入。第五，从研究区域的角度来看，大多以其他边远省份而非国民政府统治核心区域（如云南、山西、康藏等），或某省一省为限，对于整个国民政府统治核心省份，即长江流域省份没有给予足够的重视。这些都为本课题研究留下了充分空间。

四　研究资料

1. 官方档案：中国台北"国史馆"所藏档案是本书所使用的最重要的资料。其中《国民政府档案》中，收录了历次省组织法的修订情况文稿、函电、报告等，中央与各省的各种往来函电，中央对各省的调研和监督函报，各省政府组织及人事变动上报中央的函电以及地方一些相关地方政治情况的呈请、建议和汇报等，使我们能够更全面地了解当时省制制度实施具体状况和制度设计等情况。该馆所藏《蒋中正文物》则收录到很多蒋介石与中央、各省党政要员就各省政府的人事安排进行协商、交易的往来函电，同时也有部分对地方政治的相关意见和建议，从中可了解到很多无法从官方文档中发现的政治内幕和人事安排。中国台北"中国国民党文化传播委员会党史馆"所藏的政治档案主要收录了国民党中央高层对省制的意见和规划，对部分省份的省政人事安排、命令及各省对省制的意见和建议等，这些都为我们提供了很重要的国民党中央对省制的态度和意见等相关信息，同时也可了解到当时各省对省制运作的内部意见和心声等。上述官方档案具有以下重要价值：（1）对于研究国民政府时期关于省制的国民党中央的认识和制度设计具有不容置疑的标准性和权威性；（2）上述资料当中保留有一些省份中省制实际运作情况的个别案例说明，抑或从侧面、反面折射出某些省制制度的具体实施状况与制度设计、法制规定之间的巨大或细微差别；（3）可以为这一时期各省省制的实际运作情况提供一般性描述和概况；（4）同时，也可为我们判别其他非官方资料的真假、虚实，并矫正其错误或缺陷等提供一定的参考性价值。

2. 官方报刊：《中央日报》《国民政府公报》和各省政府公报。

国民政府时期，中央与地方各机关印行之政府公报及期刊之类，为数甚多。本书以国民政府时期省制为研究对象，研究区域主要是长江流域六省，首选史料应是当时上述省政府所保留下来的民国档案资料。然而，由于研究区域较广泛，且历经多次战争、动荡，大量档案资料散佚，所以，很多资料无法在短时间内收集全。为了弥补这一缺陷，本课题利用现有掌握的资料，如中央政府层面的中国国民党中央机关报的《中央日报》、国民政府秘书处所编印的《国民政府公报》，省政府层面的《江苏省政府公报》《浙江省政府公报》《江西省政府公报》《湖南省政府公报》《湖北省政府公报》《安徽省政府公报》等。作为官方档案最重要的补充，各省政府主办的省政府公报主要刊布中央与各省颁布的各种法规、省政府和下属机构的各种文件、中央与各省政府之间的往来公函、对省内重大活动的报道以及大量有关各省政府和地方社会的统计资料等。尽管这些材料主要是显示官方政绩，但毕竟是省政府的权威文献，可经后人认真鉴定、对比和考证后充分利用。这可以弥补上述官方档案所无法体现的省内情况，提供了不可多得的其他侧面材料。

3. 民国文献：（1）法规类：国民政府文官处印铸局编印的《国民政府法规汇编》（1928 年 1 月—1931 年 3 月）、中华书局出版的《中华民国法规汇编》、商务印书馆所编的《中华民国法规大全》等。（2）报告类：中央政治会议秘书处所编的《政治总报告》（中央政治会议秘书处，1929 年）、《政治会议工作报告》《行政院工作报告》，省政府报告有《安徽民政报告书》（安徽省民政厅，1928 年 12 月）、《江西省政府政治报告》（江西省政府秘书处，1929 年）、《湖北省民政报告书》（湖北省民政厅，1930 年）等。（3）年鉴类：行政院所编的《国民政府年鉴》，财政部编的《财政年鉴》（商务印书馆，1935 年）、《财政年鉴续编》（财政部财政年鉴编纂处，1945 年）和《财政年鉴三编》（财政部财政年鉴编纂处，1948 年）等。

4. 忆述资料：本研究所用忆述资料主要是各省政协自行编印的文史资料，如《安徽文史资料选辑》（1—36 辑）、《江苏文史资料》

（1—121 辑）、《浙江文史资料选辑》（4—58 辑）等。尽管文史资料存在回忆性的误差和带有情绪化的忆述，但一贯强调的是"亲历、亲见、亲闻"，不仅凝聚着众多作者的人生体验，而且又以多元视角的题材撰写，加上文史资料素来强调尊重历史、尊重事实，所以，文史资料具有一定的历史真实性，非常有参考价值。此外，还有时人的回忆录，如陈果夫的《苏政回忆》、熊式辉的《海桑集——熊式辉回忆录（1907—1949)》、广西文史研究馆所编的《黄绍竑先生回忆录》等。名人口述、访谈录也是非常重要的资料，如《白崇禧先生访问纪录》（上、下册）、《徐启明先生访问纪录》《周雍能先生访问纪录》等。

五　研究方法与思路

1. 研究方法。历史学的论著不能仅是史料的简单堆砌和加工，而是要借助于某种方法对史料进行系统整理和分析，以求得历史的真相，进而获得某些规律性的认识。亚里士多德认为，"全人类的目的显然都在于优良生活或幸福（快乐）"，为实现此目的，人类"由各种不同的途径，用各种不同的手段追求各自的幸福，于是不同的人民便创立不同的生活方式和不同的政治制度"。① 政治制度乃融入社会之中，与之密不可分。

本课题拟通过历史学的实证方法力图构建国民政府时期的省制历史状况，在此基础上，尝试借鉴社会学中的马克斯·韦伯现代化理论和政治学中的组织结构功能分析方法等相关理论与方法，试图突破过去单一化的研究路径，紧紧围绕国民政府先后颁布的《省政府组织法》及相关法规的实施状况，努力将之放入整个时代背景和具体政治、社会环境中来考察，从而对整个国民政府时期的省制作一个全面而系统的研究。

尽管已出现诸多社会学与历史学相结合研究的名作，如马克斯·

---

① ［古希腊］亚里士多德：《政治学》，吴寿彭译，商务印书馆 2011 年版，第 388、370 页。

韦伯的《新教伦理与资本主义》、托克维尔的《旧制度与法国大革命》等，但该研究仍面临两难困境。杜赞奇曾明确指出："作为历史学家和社会科学家相结合的产物，社会史学者常常面临着使这两类精神探索模式分离开来的许多根本性不同。这种不同表现在一系列的相互对立之中，如研究中央化过程与地方化过程的不同，上层文化与大众文化、机能与结构、历时性与共时性、叙述与分析等的不同。一般说来，历史学家偏重于前者，而社会科学家则倾向于后者。但对社会史学者来说，却力图将两者沟通起来。"① 如果将社会学与历史学结合起来，对本书来说是个巨大的挑战，同时也是一个难得的尝试机遇。

当然，引用各种先进的理论、范式或框架对于研究者具有有益的探索和有效的指导效果，但并不是每个理论、范式或框架都是永久有效的，因为它们"不一定要能解释所有相关的事实，而且实际上也永远不可能"②。因而外来引进的诸多理论和方法一方面需要我们加以审慎的引用和借鉴，借助此类各种分析工具加以融解；另一方面必须结合本土的实证化研究，对理论或框架进行整合、融合和化解，形成自身特色，符合自身实际情况。所以，在写作过程中，本书将逐一核对有关法制规章在实际运作过程中的差异程度，通过对省制及其运作实况的历史透视，力图展现整个国民政府时期的省制历史真相，检视省制运作状况及其利弊得失，进一步对国民政府及其地方政治社会有更深刻的认识和了解。与此同时，本书尝试综合运用宏观的制度考察与微观的个案分析，从史料出发实证分析，在史料中寻找问题，从史料分析中总结经验教训。

2. 基本思路。本书正文分为五个部分，分别考察国民政府之前省制概况、国民政府省制的构建、机构设置、机构职权及运作机制等内容。

---

① ［美］杜赞奇：《文化、权力与国家：1900—1942年的华北农村》，王福明译，江苏人民出版社1996年版，第260页。

② ［美］Thomas S. Kuhn：《科学革命的结构》，傅大为、程树德、王道远译，允晨文化实业股份有限公司1985年版，第68页。

第一步，纵向从时间脉络来梳理国民政府前的省制和国民政府时期的省制及其演变情况。首先梳理中国古代的地方政治制度概况以及元至明清省制的创建、演变情况，其次主要考察清末督抚专权导致地方主义的兴起，晚清政府与北洋政府对省制的制度设计及其实施情况，并分析其合理性和弊病等。同时，考察国民政府党治体制下省制的创设、制度设计及其修正、演变等。本章分四个阶段分别阐述了国民政府特色下的省制情况，主要论述国民政府省制对以往省制的承继和摒弃，重新制定符合自己党治特色的省制，及面临各种现实政治问题下采取的应变修正措施等。

第二步，横向由内而外来考察省治理结构的情况。国民政府在对省制进行制度设计之后，便着手组织相应的组织机构，任命相应的官员和进行人事任免。其中对于内部组织机构的设置、规定、修正等进行了完善，并相应补充和选择官员等。结合国民政府公务员制度和文官考试制度，考察省政官员群体的选任途径，并分析官员群体的专业化、现代化水平对省政府运作的实际影响。此外，还将分析官员的薪俸、办公设施和施政理念等对治理的影响。

第三步，动向来考察省制运作机制及其效能情况。审视省政对于中央政令的执行情况，分析省会议制度、行政决策机制及公文的制定，同时，通过相应的官员监督、奖惩和公文反馈等增强治理效果。省制运作机制效果如何，直接关系到治理效果如何。考察省政职能和权责情况，省政的职权主要体现在基层官员的选拔任免、基层政权的行政督导、基层政权的纠纷解决、社会治安维稳和地方公共工程与事业等方面，相关论述一方面展现了中央对地方、省政对基层的统合；另一方面则表现了省政对地方行政和社会的治理情况。

最后，在结语中，笔者力图将省制放置到1925—1937年间的一个中时段的社会大背景之下，探讨省制实施及其运作的合理性和有效性，总结省制运作机制存在什么样的利弊得失，反思其原因所在，认真总结和汲取其历史经验，为当今中国政治改革和行政制度建设提供一点历史启示。

第一章

实施新省制

从中国大历史来看，"我国二千余年来之治乱兴衰，与地方制度之关系至巨，地方制度应如何而后可以兴利除弊，致国家于治平，登人民于衽席，实政治上极应研究之重要问题"。[①] 近代中国民族国家形成的主要挑战，就是"统一国家和抗拒外敌入侵"。[②] 换言之，处于这一过程中的国民政府主要面临两项主要使命：统一中国和抗击列强侵略，两者不可分割，互为联系形成一个统一目标，即建立现代民主统一的国家。其实早在辛亥革命爆发后，社会就已显示出统一的渴求和希望。及至20世纪20年代，广东国民党人明确提出"统一广东，再进而北伐统一全中国"，同时也喊出"军政统一万岁！财政统一万岁！广东统一万岁！"等口号。[③] 但要实现这项巨大历史任务，就必须在政治制度方面做出革新。1930年罗隆基就已察觉出，民国成立后，现代国家未能有效形成，原因就在于政治制度未变，"只没有适合时代的制度"[④]。于是，为进一步实现统一，完成国民革命任务，国民政府成立后，一方面创立了自己独有的省制；另一方面则充分吸收以往的省制，并对原先省制加以改造。

①　朱节之：《评现行省制》，《政治评论》1933年第69期，第622页。
②　[美]王国斌：《转变的中国：历史变迁与欧洲经验的局限》，李伯重、连玲玲译，江苏人民出版社2010年版，第139—140页。
③　《广东妇女解放协会为统一广东敬告同胞》（1925年），见中央档案馆、广东省档案馆编《广东革命历史文件汇集》（1923—1926），内部发行，1982年，第178—179页。
④　罗隆基：《我们要什么样的政治制度》，《新月》1930年第2卷第12期，第2页。

第一节 省制的起源与演变

国民政府时期的省制演变及其改革，在很大程度上，固然源自对委员合议制等西方地方制度的借鉴，但更为重要的是基于对中国古代地方政治制度的借鉴。

一 古代地方制度沿革

周代实行的是封建制度。周建都镐京后，都城及其附近地区是周天子直接统治的地区，称为"王畿"。周天子的统治机构，称为"王室"。"王畿"以外的其他区域，由周天子分封他的子弟和功臣分别任统治者，通称为"诸侯"，诸侯所统治的地区称为"国"。① 封建时代由王者封爵，分公侯伯子男五等，公侯百里，伯七十里，子男五十里，对于地方政治制度则亦未确立。秦汉之前的地方行政制度属"异常简单"，"而且治神官多，治人官少，与其说是政治的组织，不如说是宗教的组织"②。

秦统一后，建立了君主专制的中央集权国家。作为一个中央集权的国家，实行地方行政制度的目的就在于怎样才能使中央能够有效地控制地方，而不至于形成地方对抗中央的局面，导致地方割据甚至推翻中央的结果。于是秦废封建、立郡县，在全国范围内实行郡县制，使之成为一种普遍的制度。严格来讲，中国最早的正规的地方行政制度是郡县制。所谓郡县制，就是"将全中国划分为若干郡，每一郡又划分为若干县，郡和县各设地方政府，由中央政府任命郡县官员，以办理地方行政工作的一种政治制度"。③ 中国历史上的郡县制起源于春秋。秦分天下为三十六郡，郡置长史，郡以下为县，县置县令。至此，中国地方政治制度才真正确立。对此，程幸超认为："秦朝的地方行

---

① 程幸超:《中国地方行政制度史》，四川人民出版社1992年版，第8页。
② 何仲英:《中国地方行政制度之沿革》，《地方行政》(上海)1944年第4期，第30页。
③ 程幸超:《中国地方行政制度史》，四川人民出版社1992年版，第10—11页。

政制度采用郡县两级制，中央直接控制各郡，并通过各郡控制全国的县，使整个国家形成为一个严密的整体，各项政务能够从中央一直贯彻到基层。"① 此后，地方行政体制直至明清，经历了一个由二级制逐步走向三级制或四级制的变迁历程，始终以县为基层政区，而县以上的行政区则演变不断，但其功能则类似于省。

汉代沿秦旧制，地方行政仍实行郡县两级制，同时分天下为 13 州，共设 103 郡国。州置刺史，州以下为郡，郡有守，郡以下为县，县有尉，形成州郡县虚三级制。魏晋因袭此制，未有更改。

隋初地方制度沿袭旧制，仍实行州郡县三级制。然而，此制已存在诸多运作弊病，如州郡数目多，造成上下沟通指挥不灵现象，于是公元 583 年隋文帝下令废撤郡制，将县直接隶属于州。即由州郡县三级制改为州县两级制。同时，又大力裁并州县，重新加强中央集权。后又恢复汉制，设 190 郡，郡上设州。州设置刺史，管理郡守。

唐初州的数目泛滥，中央便向各地派遣巡察使、巡抚使、采访使等监察官，属于临时事务派遣，但是后来改为常设官署。上述监察官是按照全国交通线分道巡察，共设 15 道。安史之乱后，原先设于边疆地区的节度使逐渐在全国推行，各道监察官也兼任节度使，致使节度使集军政权于一身，使得原属监察的"道"成为一级地方政权，凌驾于州之上，从而形成了道州县三级制。②

宋代在州之上设置转运使、提刑按察使、安抚使等，管辖区域称为"路"，共分设 15 路，路相当于州，设监司，分置四司：安抚司掌兵民、转运司掌财赋、提刑按察司掌司法、提举常平司掌救恤。路以下设府州，府置知府事，州置知州事，府州以下设县，仍置令。③ 宋代地方制度的改革主要是为了加强中央集权，便于中央直接控制地方。

---

① 程幸超：《中国地方行政制度史》，四川人民出版社 1992 年版，第 57 页。

② 魏光奇：《今天与昨天：中国社会历史问题散论》，河南人民出版社 2012 年版，第 10—11页。

③ 尊中：《中国地方政制沿革简史》，《南汇县政》1947 年创刊号，第 7 页。

二 省制的起源与演变

中国历史上的"省",原本是皇帝宫禁的代名词。最早作为政府机构的含义,"省"相当于今中央政府的"部",如汉魏时期尚书、中书、门下等中央组织。李治安指出:"行省就是中书省(或尚书省)宰执受派遣到地方或临时在外设置的分支机构。"① 也就是说,它开始的时候并不是地方单位,而是中央政府的单位。

元代官制大体是沿袭宋朝,但地方制度却有所创新,最特别之处就是在基层政区路、府、州、县之上设立行省,即现代省制的起源。为进一步加强中央集权,元代在全国范围内把地方行政单位改成"省",从此形成沿袭至今的以"省"为地方一级行政单位的建制。元代共设十三行省,即行中书省,每省置丞相一人,左右丞各一人,至州以下则仍照宋制。以往历代行省属临时性质,有事时设置,事完则撤销。然而,元代的行省制则成为常设之制。元代作为少数民族统治中国的王朝,其政治制度的一个重要特点就是监视被统治之中原人。元代所创建和推行的行省制度,其主要功能就是监视和镇抚地方,弹压反抗。诚如史家吕思勉说:"在历代,行省总是有事时设置,事定则废的。独至元朝而成为常设之官。这即是异族人居中国,不求行政的绵密,而但求便于统驭镇压的原故。"②

明朝除北直隶与南直隶由中央直辖外,亦分十三省,每省设承宣布政使,暨提刑按察使各一名,省以下为府,府以下为县,一如宋制。同时采取措施分割了地方行政长官的权力。即按元代原有的行省辖区,在每一辖区内分设三司使分掌省内事务:承宣布政使司掌行政、民政、财政,提刑按察使司掌司法、监察,都指挥使司掌军事。各使长官互不统属,直接听命于中央。中央集权程度因此大大提高,但地方行政效率每况愈下。由于三使司各司其职,互不统属,乃至互相牵制,地

---

① 李治安:《行省制度研究》,南开大学出版社 2000 年版,第 3 页。
② 吕思勉:《中国史》,上海古籍出版社 2006 年版,第 141 页。

方无人总揽其责，难以应付社会矛盾。特别是当农民反抗运动兴起时，晚明皇朝就不得不增设"总督""巡抚"等职，由中央派重臣担任，委以全权处理地方军政事务。开始时，"总督""巡抚"是临时性的。到后来，特别是到清代，由于社会矛盾的加剧，这些职位就不得不变成永久性的，于是开始形成新的"藩镇"式强地方。

清代改明代的三司为巡抚衙门，将其作为省的政府机关，长官为巡抚，每省设1人，统布政使司和提刑按察使司，巡抚及其衙门一般不再管理军务。另外在巡抚之上又设总督，总督有辖一省的，有辖二省的，有辖三省的，各有不同。总督的职责不尽相同，有管军事的，有管监察的，有管漕运的，也有兼巡抚而管行政的，种类较多，但多为常设，如直隶总督、四川总督、闽浙总督、两广总督、云贵总督、陕甘总督、湖广总督、两江总督、漕运总督、河道总督等。清废南直隶北直隶，重新划定内地区域为十八省，京畿附近各县则设顺天府直辖之，其余有置督抚，每省分若干道，道置道尹，道以下又分若干府，府置知府，府以下为县，县置县知事。[①]

总之，历朝历代对地方行政辖区进行由大变小，又从小变大的反复改动，对各级地方行政权力进行从集权到分权，又从分权到集权的变动，皇帝又派遣亲信巡视地方，叠床架屋式地进行监察等，其实质都是"宰割、零劈与分裂天下，宰割、零劈与分裂天下的人民"，目的在于维护君主专制和中央集权，从而造成人民无力、社会散弱。中国古代政治制度中，"省"并不是一个独立的政权实体，只是中央的派出机构。换言之，只有中央而无"地方"。

第二节　军政时期省制

一　新省制的来源

国民政府的省制基本上是承继了民国成立以来的省制。广东省作

---

① 尊中：《中国地方政制沿革简史》，《南汇县政》1947年创刊号，第7页。

为国民政府的起源地，也是国民革命运动的策源地。从孙中山成立兴中会以来，广东省的新知识人就成为革命主力，清末以来的多次革命运动大多集中在此地。1925年国民政府成立后，作为革命运动策源地的广东省，其省制一方面根据国民政府法规要求，对原来省行政制度进行了改革和完善；另一方面则延续清末以来的谘议局、省议会，设省议会。

民国前期，省制变化多端，未能形成稳定制度。民国初年起，各省制度颇不统一，1913年北京政府正式颁行《划一现行各省地方行政官厅组织令》，统一将各省行政长官改为"民政长"，省行政机关改称为"省行政公署"。同时，设"民政长"1人，即省行政公署首长，总揽所有省内政务，且由中央直接任命。[①] 9月袁世凯任李开侁为广东省民政长，成为省最高行政首长。行政公署下设一处四司：总务处，民政、财政、教育和实业等司。1914年北洋政府又变革了省行政制度，将原"民政长"改为"巡按使"。规定巡按使管理广东省民政各官，对其所辖的地方官有任免、惩戒、奖励和监督权。不久，广东的民政长公署就改为巡按使公署，主管全省行政事宜，将政务处改为政务厅，将各司改设财政厅、盐务厅、广东司法厅等，同时还设有营务处、执法处、文案处、交涉科、教育科等机构。后来根据广东省巡按使公署出台的《政务厅组织章程》，规定厅长由巡按使呈请荐任，其他职员均由巡按使自行委任，同时也将原一处四司改为四科：总务科、内务科、教育科和实业科。1916年北洋政府又下令将各省巡抚按使制改为省长制，巡按使公署改为省长公署。省长公署内部机构、职权不变，下设：营务处、执法处、文案处、交涉科、监督财政处、监督司法处、禁烟督察处和政务厅，政务厅下设：总务、内务、财政、司法、实业、教育6科，科以下又设课或股。此外，中央政府还在省设立财政、教育、实业3厅，直辖于中央各部。[②] 1921年12月陈炯明实行联

---

① 李帆、邱涛：《近代中国的民族国家建设》，商务印书馆2015年版，第386页。
② 广东省地方史志编纂委员会编：《广东省志（政权志）》，广东人民出版社2003年版，第231—232页。

省自治,制定出《广东省宪法草案》,其中第五章规定:省设省长1人,由各县县议会和特别市市议会议员投票选出,省长任期四年,可连任一次。省长拥有统率全省海陆军、管理全省军务、任免文武官吏等权。省长下设政务院,由省长任命之政务院长及各厅厅长若干人组成。由于联省自治运动的破产,这些措施并没有见诸实施。① 然而,由于变动太过频繁,再加上局势动荡、人事纠葛,上述政治制度的实施效果并不尽如人意。

与此同时,广东省延续清末谘议局,有相对独立的立法机构,制约了行政权力。1911 年 11 月广东宣告独立,12 月广东临时省议会成立,黄锡铨、宋以梅任正、副议长,即为广东省议会之雏形。1912 年南京临时政府颁布《省议会议员选举法》《省议会议员选举法施行细则》。1913 年 2 月,广东第一届省议会正式成立,议员额定一百二十名。省议会最初以谢巳原为议长,谢辞职后,改选宋以梅为议长,罗晓峰、陆孟飞为副议长,议员任期为三年。理论上省议会拥有议决权、监督权及建议权。1919 年 3 月,广东第二届省议会成立,议员名额、产生方法及任期与第一届省议会完全相同。这届议会初选李昆玉为议长,后于 10 月召开临时会议,李辞职,改选林正煊继任议长,谭炳华、曾叔其为副议长。这届议会规模比以前完备,且省属各县均先后成立县参议会,以促进县政之兴革。1921 年年底广东制定的《广东省宪法草案》中《省议会》规定:省议会由全部公民选举产生,省议员任期 3 年,省议会的职权包括制定法律,以不抵触宪法为限;议决本省预算决算;议决本省租税;议决本省公债之募集及省库有负担之契约等。虽然有了如此详尽的规定,但因内乱频繁,省议会的作用难以有效发挥。②

二 新省制的创设

根据孙中山建国纲领三步走战略,即"军政、训政、宪政",国

---

① 袁继成等主编:《中华民国政治制度史》,湖北人民出版社 1991 年版,第 57—58 页。
② 袁继成等主编:《中华民国政治制度史》,湖北人民出版社 1991 年版,第 58—59 页。

民政府在统一全国的军事北伐过程中，各地方政治制度主要实行军政制度，一切政治制度的目的皆为"统一"，为军事服务。1925 年 6 月 27 日广州大元帅府发布改组政府训令，改组的缘由一是广东军事政治局势好转，需要良好的政治制度实行。"今粤中诸逆业已肃清，瑕秽？既荡，即应确定党治之主张，大难粼平，允有与民休息之机会；第政纲虽可次第设施，而政府尤不能不有良好制度，辅翊以行"。二是国民革命发展的需要。"今日中国国民革命之需要，已为全民普遍迫切之要求，亟宜集中全国革命之势力，以一致进行。政制更新，乃为良好合作之工具，政府为谋国民革命之成功，所以有此次根本之改组"。三是刷新政治、革除旧制弊病的需要。"现在国家政纲，多沿自辛亥革命而来，当时军事倥偬，率因旧习，或则过事分裂，或则权集一尊，非庞硕臃肿不良于实施，即破碎支离难期于统一。要知一国政事固有一定之方针，而百官职司要有分科之发达"。[1]

　　1925 年 7 月 1 日国民政府在广州成立，标志着一个新的政治制度建立起来。国民政府尽管是在原来大元帅府的基础上改组成立，但其本质意义与以往业已迥然不同。诚如其改组宣言称：国民政府宗旨是"务使政府为人民意思所从出，而非单纯为发施政令之机关；尤使政府为人民产业建设之要枢，而非官僚政治之豢养地。自改组之后，政府务在与民休息，次第整理军民财政，实现本党政纲，一方积极造产，以应人民之贫乏要求；一方调节经济，以符本党之民生主义；对于贪官污吏，尽法严惩；对于不肖军人，痛行裁制；必使下无病民之事，上无旷职之官"。[2] 广州国民政府的成立，成为国民革命"中央政府组织的源始"。[3]

　　对于省制，国民政府非常重视，在国民政府成立当天即颁行了

---

　　① 中国第二历史档案馆编：《国民党政府政治制度档案史料选编》上册，安徽教育出版社1994 年版，第 363—364 页。

　　② 中国第二历史档案馆编：《国民党政府政治制度档案史料选编》上册，安徽教育出版社1994 年版，第 363—364 页。

　　③ 吴经熊、金鸣盛：《中华民国训政时期约法释义》，会文堂新记书局 1937 年版，第 198 页。

《省政府组织法》，主要内容如下：省政府由民政、财政、教育、建设、商务、农工、军事7厅组成，在国民党的指导监督之下，受国民政府之命令，处理全省政务。省命令须经省务会议决定后，由主席、主管厅长署名，以省政府名义发布。省政府任免荐任官吏，各厅设厅长一人，联合组省务会议，并举1人为主席，各厅长至少每月一次以书面报告其职务经过于省务会议。各厅长得任免委任官吏。省政府认官吏之命令为违背法令、逾越权限或妨害公益时，有停止或撤销之权。① 这是中国历史上第一次公布关于省级政权组织的法规。从法律意义上来看，第一次明确了省政府的法律地位和职权。至此，地方的行政管理体制，由原先省、道、县三级制改为省、县两级制，地方政府机关名称一律改称政府，省长公署改为省政府。有研究者认为，这是中国政治制度的"一大变革"，从此以后，"省政府采取合议制"，有别于"过去省政府一贯所采取的首长独任制"。②

在此需要说明的是，这一时期"政府活动侧重军事，故内部力求简单；且因种种原因"，所以省制"采委员制而非独任制"。③ 由于受苏俄党治制度和联共政策的影响，且鉴于民国以来地方军阀大权独揽，中央无法制约和约束的历史现实情势，国民政府对省制采取了以上制度设计，并形成以下特色：

第一，省组织的正式机构名称确定为省政府，而不是清代的督抚衙门，北洋政府的行政公署、巡按使署、省长公署等。④ 省组织内部机构统一命名为厅处，沿袭北洋省制，这种从名称上与众不同的做法，隐含着明确要将省确定为一级政权，须接受中央政府的命令，在体制

---

① 国民政府秘书处编：《国民政府公报》第1号第1册，国民政府文官处印铸局印行，台北成文出版社有限公司1972年影印版，第6—7页。（说明：下文所有国民政府公报来源均出自同一出处，不再赘述。）

② 王正华：《国民政府初创时之组织及党政关系》，张玉法主编：《中国现代史论集》第7辑，联经出版事业公司1982年版，第147—148页。

③ 吴经熊、金鸣盛：《中华民国训政时期约法释义》，会文堂新记书局1937年版，第198页。

④ 陈之迈：《中国政府》，上海人民出版社2012年版，第445—447页。

上属于组织制度的上下级之制，而不是内外相维的旧制。①

　　第二，省政府受国民党的指导监督，体现了"以党治国"原则，第一次确立省制"党治"色彩。国民政府的施政方针、政策要符合国民党的纲领和政策，作为地方政府——省政府的活动必须受国民党的领导与监督。具体对国民政府实施监督领导的机构是前文所说的国民党中央政治委员会。这种对省组织的监督具有了党治色彩，确立了省组织要接受中央党政双方监督。从此以后，省组织便属于中央党政领导下的政府体制，"党治的原则之见于省组织法规以此为滥觞"②。对此，有许多学者都加以研究③，但他们都没有发现一点，即这种对省组织的党务监督指导，乃是国民政府针对时弊的一种典型做法。民国成立以来，各省几乎都处于军阀统治之下，省权至尊，无法无天，中央无法对其进行有效监督制约，因此之故，为了防止以后再次出现省权膨胀，国民政府必须在制度设计层面对省组织加以双重制约监督，以防尾大不掉。这也是此时实行党治色彩的原因所在，这一做法具有一定正面意义和历史合理性。

　　第三，省政府的运作方式采用委员会议制度。根据组织法规定，省政事务是由省务会议决定，换言之，这是一种集体领导、共同负责的制度。这一制度又称为行政合议制、委员政府制，"不由一个首领行使，而由一个众人合组之合议团体行使"，各委员"彼此立于平等地位，他们法律上的权限，毫无高下可分"，主席也只是"形式上的首领"，"只是内部会议底主席或对外的代表而已，他底职权依然是和

　　① 关晓红：《从幕府到职官：清季外官制的转型与困扰》，生活·读书·新知三联书店2014年版。

　　② 陈之迈：《中国政府》，上海人民出版社2012年版，第450页。

　　③ 这一党治特征在诸多专题政治制度通论性著作中均有研究涉及，代表性著作主要有袁继成等主编的《中华民国政治制度史》（湖北人民出版社1991年版）、徐矛的《中华民国政治制度史》（上海人民出版社1992年版）、孔庆泰等合著的《国民党政府政治制度史》（安徽教育出版社1998年版）、张皓的《中国现代政治制度史》（北京师范大学出版社2010年版）等，但均未对国民政府时期省制运作作专题性探讨。

这团体中其他分子底职权相等的"①。委员合议制有利于抑制行政权力的独裁，"倘行政全权再由一人独裁，惧其威权过剩，浸假而不可复制，故易以若干委员，使之共同负责处理，以暗收互相节制互相监督之功用。人人俱有责任，即仍然不得擅专，纵有桀骜不驯之野心家，亦不能不受多数意见之裁制"②。

第四，采取议行合一制度。鉴于国民政府尚处于军事战争特殊的环境，国民政府还没有来得及设立立法机关进行单独的立法工作，而是采取立法和行政合一的制度。③ 然而，需要注意的是，合议制不利于行政效率的提高，"几乎不可避免地意味着妨碍准确地、明确地、首先是迅速地作决定"④。

总之，国民政府实行新省制，以区别于以往的省制，这在现代中国转型过程中是一个值得肯定的进步。但是，这是否意味着新省制会一帆风顺地在中国各省较好地实施下去，因而也产生较好的并获得普遍认可的效能呢？事实却并非如此。恰恰相反，新省制一开始就遭到部分时人"非难"。有人指出：国民政府"一切党政制度，多取法于苏俄，而委员制是苏俄彻底所采用的，所以便加仿行"⑤。

三　新省制的实施

（一）新省制的初步实施

新制实施的过程大致可分为两个方面：在出师北伐之前，国民政府主要统治区域是广东省，1926 年广西省服从国民政府，统治区域扩大到两广。北伐之后，国民政府的统治区域又相继扩展至两湖、江西、福建等。1927 年 4 月后定都南京，统治区域又扩展到长江中下游江浙一带。

①　孙晓村：《宪法 ABC》，ABC 丛书社 1930 年版，第 37 页。
②　苏无逸：《中国中央行政制度论》，《社会科学论丛》1934 年第 1 卷第 4 期，第 119 页。
③　张星久、祝马鑫：《新编中国政治制度史》，武汉大学出版社 1993 年版，第 314 页。
④　［德］马克斯·韦伯：《经济与社会》上卷，林荣远译，商务印书馆 1997 年版，第 314 页。
⑤　苏无逸：《中国中央行政制度论》，《社会科学论丛》1934 年第 1 卷第 4 期，第 119 页。

　　1925 年 7 月 3 日在原广东省长公署基础上改组成立广东省政府，下设财政、军事、民政等厅，所有省内事务由七位厅长组成省务会议来议决，"各厅任免职员及委任各县长，均须经过会议表决之手续"①。当时，广东省政府各厅厅长均以七名中央党政要员兼任，如古应芬、廖仲恺、许崇清、孙科、宋子文、陈公博、许崇智，共同组成省最高权力机构——省务会议，形成中央与省府一体化组织。② 同日，广东省政府发表《宣言》称："本省政府根据中华民国国民政府所公布之省政府组织法"宣告成立，"自今以后，在中国国民党指导监督之下，受国民政府之命令，以处理本省政务"。③ 至此，省政府成为国民政府的省政权力机构，合议制成为省政府运作的根本原则。这种运作模式成为国民政府统一全国后省政运作之蓝本。

　　因国民政府此时仅辖广东一省，故外事、国家财政、国防由国民政府主持，地方治安及其他政务由省政府负责办理，但必须处于国民政府监督之下。"国民政府者，执行中央职务，权与各国之内阁相等；省政府者，执行全省职务，为各省省长公署之变相。"但是，此时广东省制的运作主要体现在广州国民政府的运作之中，省政府与国民政府几乎融为一体，主要原因在于国民政府当时只有广东一省，国民政府的运作范围仅覆盖广东一省，国府与省府几乎合二为一，合为一体，中央与省政一体化。对此，周恩来道："广东一省之地，在未统一之前，行此制度，未免区域太狭、职位过多，故有一人而身兼数职者。"④ 再如广西省，1924 年李宗仁、黄绍竑、白崇禧已占据广西的大半。1925 年年初，粤军复助其击败沈鸿英，占有桂林。六七月间，拒退入侵的云南唐继尧军，全省统一。1926 年 3 月 19 日实现两广政治军

---

　　① 周恩来：《广州国民政府新官制》，汕头市社会科学联合会编：《周恩来在潮汕》，中央文献出版社 2004 年版，第 306—307 页。

　　② ［日］深町英夫：《近代广东的政党·社会·国家——中国国民党及其党国体制的形成过程》，社会科学文献出版社 2003 年版，第 261—262 页。

　　③ 《广东省政府宣言》，《中华民国国民政府》，［出版情况不详］，1925 年 8 月，第 33 页。

　　④ 周恩来：《广州国民政府新官制》，汕头市社会科学联合会编：《周恩来在潮汕》，中央文献出版社 2004 年版，第 306—307 页。

事财政统一，广西省宣告服从广州国民政府领导。为此国民政府下发第 124 号令，正式宣布两广政治军事财政统一。[①]

两广实现统一后，所议决的内容主要有：广西省政府同广东省一样，必须在国民党指导监督下和国民政府命令之下处理政务。"依照国民政府所颁布之省政府组织法，成立广西省政府，各厅组织法由广西省政府斟酌参照订定之。广西现有军队，全部改编为国民革命军，其应编地方军与否及其数量，呈军事委员会决定及由改组委员会拟具办法，呈军事委员会决定。凡两广之财政机关及财政计划，均应受国民政府财政部之指挥监督。凡两广财政上之税率及税捐制度，应由国民政府财政部核定施行等"。[②] 1926 年 5 月，广西省政府正式成立，以黄绍竑为省务会议主席。至此国民政府已统治广东、广西两省，人口、地域、兵力均大幅扩张。

由于革命形势的发展，省政府必须适应新形势的发展和需要，及时改组。1925 年 7 月 23 日广西联合工会致电国民党中央执行委员会、国民政府："杨、刘覆灭，国民政府成立，实为党治之先声。今粤省政府既告改组成功，而同隶国民政府下之广西政府，理应亦须从速改组，以便实施党治。谨请明令李督办、黄会办、李处长及遴派忠实有为之同志，依照省政府组织法，组织广西正式之省政府，以免官僚绅士乘机攘夺政权，以革命前途之梗。桂省之官僚绅士平昔对于劳工已极形嫉视，使其一旦侥幸得势，后患何堪。为革命前途计，为我工人本身利害计，不能不请我最高级党部及我国民政府于此为相当之注意，使本党政策得以在广西推行无阻。广西幸甚。"[③] 8 月 6 日国民政府下令改组广西省政府，"广西总司令、广西省长均着裁撤。于筹备改组

[①]《国民政府抄发筹议两广政治军事财政统一委员会议决事项令》，《中华民国史事纪要》编辑委员会编：《中华民国史事纪要（初稿）》（1926 年），中华民国史料研究中心 1978 年版，第 239—240 页。

[②]《中华民国史事纪要》编辑委员会编：《中华民国史事纪要（初稿）》（1926 年），中华民国史料研究中心 1978 年版，第 239—240 页。

[③]《广西联合工会请从速改组省政府电》，中国第二历史档案馆：《中华民国史档案资料汇编》第 4 辑（二），凤凰出版社 1991 年版，第 908 页。

以前，所有广西全省军政、民政、财政着李宗仁、黄绍竑暂以广西全省绥靖处名义负责办理。此令。"①同日，国民政府令李宗仁等以绥靖处名义办理全省政务。"政府委员会于八月四日，第十四次会议议决，广西总司令、广西省长均着裁撤，于筹备改组以前，所有广西全省军政、民政、财政着李宗仁、黄绍竑暂以广西全省绥靖处名义，负责办理。合行令仰该督办、会办即便遵照，并将办理情形具报。"②

需要说明的是，国民政府是在特定军事背景下成立的。它承继于孙中山原先建立的军政府、大元帅府，并在此基础上发展改组而来，两者之间具有不可割断的内在联系。国民政府"作为孙中山、国民党的政治思想和政权理论的产物，并初次以政党的力量改造社会、管理国家的形象，出现在历史的舞台之上的"革命政权，因此具有"政权规模小，机构不完善，辖治区域不广"的特点。③因此，在实际运作过程中，仍存在诸多问题。例如，因廖仲恺被刺案，广东省政府"时任军事厅长原为许崇智，许去后至今未委人"，"省务会议前为许崇智主席，许去后古应芬代之，古最近因病请假，省务会议暂时停顿"。④诚如1926年当时参与国共合作的共产党人张太雷指出："广东以前完全忙于肃清内部反动军阀及防御外面敌人进攻之工作，而没有能注意到整顿内政的工作。"⑤

（二）新省制的推广

随着北伐军事顺利进展，革命的后方需要进一步加强和巩固。1926年7月国民政府出师北伐，10月占领武汉三镇，"半年内，击溃

---

① 《国民政府令李宗仁等负责广西军政令》，中国第二历史档案馆编：《中华民国史档案资料汇编》第4辑（二），凤凰出版社1991年版，第908页。

② 《国民政府着李宗仁等以绥靖名义督理桂省军政训令》，中国第二历史档案馆编：《中华民国史档案资料汇编》第4辑（二），凤凰出版社1991年版，第909页。

③ 曾庆榴：《广州国民政府》，广东人民出版社1996年版，"绪论"，第1—2页。

④ 周恩来：《广州国民政府新官制》，汕头市社会科学联合会编：《周恩来在潮汕》，中央文献出版社2004年版，第307—308页。

⑤ 张太雷：《省政府的改组》（1926年10月1日），见《张太雷文集》，人民出版社1981年版，第240页。

了吴佩孚、孙传芳两大军阀，国民政府的统治区域由两广扩大至湖南、湖北、江西、福建四省，名义上及于四川、贵州"。[1] 为适应军事和政治发展的需要，国民政府决定召开会议，修改完善省制。1926 年 10 月 20 日国民党第二届中央委员及各省区代表联席会议在广州举行，会议通过了《省政府对国民政府之关系议决案》，明确规定省政府各厅须受国民政府性质相同之部的监督、指挥。[2] 为进一步适应北伐形势的进展和统治区域的扩大，国民党中央决定迁都武汉。11 月 10 日，国民政府第一次修正公布《省政府组织法》。[3] 12 月 5 日，国民党中央正式宣布中央党部和政府停止在广州办公，各机关工作人员分批前往武汉。1927 年 2 月 21 日武汉国民政府正式办公，在此过程中，武汉国民政府发起了一系列的"提高党权"运动，提出"巩固党的权威，一切权力属于党""统一党的指导机关，拥护中央执行委员会""实行民主政治，扫除封建势力"等口号，成为"武汉国民政府变革自己政治制度的思想基础"。[4] 上述省制的修正内容与提高党权运动是属于一脉相承的表现，两者均是要监督和限制省权的扩张。1927 年 4 月 12 日蒋介石等人在上海发动了"清共"事件，4 月 18 日又在南京成立南京"国民政府"，与武汉政府相抗衡，从而形成两个对峙的政治中心，导致国民党和中央政府分裂。为标榜自己的革命性，以取得正统地位和各派势力的支持，南京国民政府采取了与武汉国民政府不同的政治制度，来"表明它来源于国民党纯正的体系，是国民党革命精神的代表"[5]。1927 年 7 月 8 日南京国民政府再次修正公布《省政府组织法》。[6]

国民政府军事统一时期的省制，因革命战争形势之不同而呈现出多元化特征。兹分述如下：

---

① 郭廷以：《近代中国史纲》丁册，香港中文大学出版社 1980 年版，第 569 页。

② 《中国国民党中央执行委员各省区代表联席会议宣言及决议案》，国民革命军总司令部政治部编印，1927 年，第 281—282 页。

③ 国民政府秘书处编：《国民政府公报》第 50 号第 9 册，第 12—13 页。

④ 徐矛：《中华民国政治制度史》，上海人民出版社 1992 年版，第 190 页。

⑤ 张宪文、张玉法主编：《中华民国专题史》第 4 卷，南京大学出版社 2015 年版，第 225 页。

⑥ 国民政府秘书处编：《国民政府公报》（宁字）第 9 号第 11 册，第 14—15 页。

第一，依照《省政府组织法》直接改组成立省政府。例如 1926 年 7 月 30 日湖南省政府成立，设民政、军事、财政、教育、建设等厅，以唐生智为主席，为北伐后建立的第一个省政权。

第二，根据军事需要，先成立临时省政机构，然后再改组成立省政府。例如，湖北省 1926 年 9 月 23 日成立政务委员会，规定于省政府成立前处理湖北政务。政务委员会设主任委员一人，委员十三人，均由国民革命军总司令任命，由邓演达担任主任。政务委员会须有半数以上委员出席方可开会，有半数以上委员通过方可议决，但主任委员对决议有最后决定权。遇有财政问题，须与财政委员会开联席会议。政务委员会下设秘书处及民政、教育、建设三科，处长、科长均由政务委员会呈请总司令任命。省政府正式成立之日，政务委员会即行撤销。湖北政务委员会成立后，委员邓演达说，委员会"不是独裁制，所有的职务不是只集于一人的身上，乃是由大家分头负责去做的"。"本委员会在种种的进行中，亦不至因为兄弟一人而会发生什么不好现象出来"。[①] 又如，江西省自 1926 年 11 月 8 日北伐军攻克南昌，就于 11 月 12 日在前清藩台衙门旧址成立江西省政务委员会，下设内务局、财政局、实业局、文事局、省会警察局等。12 月 4 日设江西政治委员会，李富春、林伯渠、程潜、朱培德等 10 人为委员。江西政治委员会为江西省最高权力机关，监督政务委员会工作。1927 年 2 月 20 日蒋介石以北伐军总司令名义，强令撤销政务、政治委员会，成立"江西省政府"。4 月 5 日国民政府改组江西省政府，任命国民革命军第三军军长朱培德兼江西省政府首任主席，省政府下设秘书处、民政厅、财政厅、教育厅、建设厅、司法厅。[②]

第三，依旧延续民国地方军阀的统治，维持原来旧有统治秩序。例如，安徽在归顺国民政府过程中，安徽省政延续旧有统治者的省政。据国民政府档案记载：1927 年 1 月 19 日"陈调元今日派卢少嘉来接

---

① 邓演达：《在湖北政务委员会议上的讲话》，见梅日新、邓演超主编《邓演达文集新编》，广东人民出版社 2000 年版，第 19 页。

② 江西省地方志编纂委员会编：《江西省人事志》，内部出版，1993 年，第 63—64 页。

洽，愿与我方取一致行动，其任务由我方决定之。公（蒋介石）答曰：我军将来攻皖攻宁，亦如上年经湘攻鄂，不干涉其财民各政。惟其政治须照本党组织。……卢表示极洽……乃回皖复命。卢既去，公即电贺师长耀祖，转令所部，勿干涉皖省民政与财政，以践诺言"。①3月14日，蒋介石致电总指挥程潜，由陈调元仍主持皖政事，"皖局至此，乃告底定"。②

第四，依据1926年11月修正《省政府组织法》改组成立的省政。例如，广西省政府实行改组，国民政府任命李德邻、白剑生、粟威、黄蓟、伍展空、俞作柏、雷沛鸿、朱朝森和黄绍竑九人为广西省政治委员，黄绍竑、粟威、朱朝森三人为常务委员，黄绍竑任主席并兼军事厅厅长，粟威兼民政厅厅长，黄蓟兼财政厅厅长，雷沛鸿兼教育厅厅长，伍展空兼建设厅厅长，俞作柏兼农工厅厅长，朱朝森兼司法厅厅长并兼省政府秘书长。③

第五，依据本省的省政府组织法重新成立省政。例如，湖北省1927年3月31日武汉国民政府公布国民党中央政治委员会通过的《湖北省政府组织法》，即分别制定各省的政府组织法，强调政府委员会的集体领导体制。主要内容为：省政府在国民党中央和湖北省党部指导监督之下，受国民政府之命令，管理省政务。省政府下分设民政、财政、建设、教育、司法、农工厅，必要时增设军事、实业、土地、公益等厅。同年4月10日，湖北省政府宣布正式成立。国民党湖北省执委会于同日发布《对湖北省政府成立训令》："在此军事胜利、外交胜利、民主势力胜利声中，湖北省政府适于此时应革命之需要，在国民政府首都所在地成立。其最大使命无过于顺应革命民众之要求，建

---

①　王正华编注：《蒋中正总统档案：事略稿本》第1册，台北："国史馆"，2003年，第22—23页。
②　王正华编注：《蒋中正总统档案：事略稿本》第1册，台北："国史馆"，2003年，第127—128页。
③　黄绍竑：《五十回忆》，岳麓书社1999年版，第142页。

立革命化民主化之省政府。"①

第六，边远地区省行政机构具有强烈的临时过渡性特征。例如，1927 年 1 月国民政府公布《川康绥抚委员会组织大纲》，规定于正式成立省政府之前，先行由绥抚委员会主持川康地区政务。绥抚委员会设主席一人、委员若干人，均由国民革命军总司令特任。委员会下设秘书处及民政、财政、教育、建设、军事、司法六厅，分别处理各项事宜。绥抚委员会为临时军政府性质，试图依靠地方实力派维持局面。②

军政时期国民政府是在"非常时期产生的、以适应战争和革命运动的需要而成立的政权"③，因而，省政府也是如此，具有战时之特色。

第一，组织一体化。从党政军角度来看，广州国民政府在一定程度上实行"党政军一体化"，这是广州革命政权的"特色"。从行政层级来看，广州国民政府在一定程度上实行了中央与省政一体化，这是区域范围小、军事特殊时期的重要特色。从事实来看，军队、政党与政府，是难以笼统"一体化"的，必须依一定的原则来明确定位。孙中山主政时期，已出现军人越权违纪，任意包揽行政、财政等现象，且十分严重。国民政府成立后，随着形势的发展变化，组织系统更加复杂化，以往的对立和矛盾深化了。在广东处于内忧外患紧张激烈的斗争情况下，党政军三者不仅未能将各自地位、权限和职责加以明确的界定，未能形成监督、约束和制衡的机制，而且"各以各种'革命'的、冠冕堂皇的理由，极力突出各自的地位，扩充各自的实力，公开或暗中地开展以争夺最高权力为目标的角逐"。④

第二，"政权"在军政时期处于弱势、疲软状态，而军权、党权

---

① 张希坡编著：《中国近代法律文献与史实考》，社会科学文献出版社 2009 年版，第 310—312 页。

② 袁继成等主编：《中华民国政治制度史》，湖北人民出版社 1991 年版，第 166—167 页。

③ 曾庆榴：《广州国民政府》，广东人民出版社 1996 年版，第 435 页。

④ 曾庆榴：《广州国民政府》，广东人民出版社 1996 年版，第 437 页。

相对来说，处于强势、旺盛状态。自孙中山领导的国民党实行"容共"政策后，党权逐步提高；同时，为实现广东统一，进而取得全国统一，也逐步加大军权；于此相比较，政权则显得弱小、不受重视，无从建设发展。曾庆榴指出：比较之下，三"权"之中，政权"却是最疲软的"。在实际运作过程中，由于没有厉行有效的监督、制约，导致三权失衡，重心偏离。

第三，制度实施效果无法持续。长期来看，由于目标一致，组织极端一元化，致使整个组织体系运作效能并不良好。由于"一体化"属于特定时期的产物，并没有正确理顺军队、政党与政府之间，中央与省府之间的关系，将执行不同职能、起不同作用的几种角色混同一起，甚至是以军代政、以党代政、以中央代省府。表面上看起来，似是"维护"政权或"加强"政权，且在一定的时候也可能会"提高"某种效率。然而，这样的结果必定会严重影响、妨碍行政独立。长期来看，也必定阻碍行政效能的提高。同时，也有可能为一些野心家以"军队"和以"党"的名义给"干预行政、窃据政柄提供条件和机会"。①

第三节　建政初期省制

1927 年 9 月武汉与南京政府合并，实现"宁汉合流"，国民政府、国民党归于一统，以后没有其他独立或分立组织。尽管 1927—1928 年这一时期主政中央的并非胡汉民、汪精卫、蒋介石，但中央政府仍继续运作。然而，全国政治形势仍旧未能脱离军事割据状态。各省被四大军事政治集团所占据，蒋介石系第一集团军驻江苏、安徽、浙江、江西、福建，亦即中央直辖区，冯玉祥系第二集团军驻河南、山东、陕西、甘肃、青海、宁夏；阎锡山系第三集团军驻河北、山西、绥远、察哈尔；桂系第四集团军驻湖北、湖南、冀东，以及广东、广西连为

---

① 曾庆榴：《广州国民政府》，广东人民出版社 1996 年版，第 436—438 页。

一体。其他省份，如辽宁、吉林、黑龙江、热河属于张学良，四川、云南、贵州、新疆属于各地方军阀。此为北伐后新的割据大势。①

一 训政之省制

在"宁汉合流"的情况下，1927 年 10 月 25 日国民政府公布第三次修正《省政府组织法》。②组织法虽颁，省政运作仍未能有序进行。例如，有人指出：1928 年年初湖南省"统治权在城市中确已转到工会，在乡村中确已转移到农民协会"，将省权分成"两种对峙的统治权——工农两会的统治权和所谓省政府的统治权"，"省政府的统治权仅是达到省政府所辖的各机关，而各机关并没有能力去执行政务，一定要由省政府函请工农两会通告各级工农会才能发生效力"。③

1928 年 2 月国民党二届四中全会召开，会议通过了"改组国民政府"等议案。4 月 27 日国民政府公布第四次修正《省政府组织法》。④国民政府于 1928 年 6 月北伐完成接收平津后，6 月 15 日公开发表通电，宣布对内施政方针，表示北伐完成后将立即厉行法治、澄清吏治、结束军政、开始训政。8 月国民党在南京召开中央全会，宣告全国开始训政，并决定以五院制组成国民政府，执行训政职责。此次会议及随后的中常会中，通过了《政治问题决议案》《训政纲领》《中华民国国民政府组织法》等决议案。国民政府也根据国民党中央上述会议决议，颁布了一系列命令和相关的法令。⑤ 10 月 3 日国民党中央通过《训政纲领》，规定依照建国大纲，实施三民主义，训政时期训练国民使用政权，行政、立法、司法、考试、监察五项治权付托于国民政府

---

① 郭廷以：《近代中国史纲》下册，香港中文大学出版社 1980 年版，第 592 页。
② 国民政府秘书处编：《国民政府公报》第 3 号第 12 册，第 11—12 页。
③ 直苟：《湖南农民革命的追述》，见《第一次国内革命战争时期的农民运动资料》，人民出版社 1983 年版，第 374 页。
④ 国民政府秘书处编：《国民政府公报》第 53 号第 16 册，第 4—9 页。
⑤ 杨奎松：《中国近代通史（内战与危机）》第 8 卷，江苏人民出版社 2007 年版，第 45 页。

执行，以立宪政时期民选政府的基础等。① 不久，国民政府公布《国民政府组织法》，规定国民政府总揽全国的治权，由行政院、立法院、司法院、考试院、监察院五院组织。国民政府设主席 1 人，委员 10—12 人。至此，国民政府政权组织形式上渐趋完备。12 月底张学良通电全国，表示服从国民政府领导，改立青天白日红旗，史称"东北易帜"。至此，北伐成功，中国统一。

二　整顿与施行

国民政府定都南京后，省政组织"曾经几次变更"，但与 1925 年的"制度并没有多大差别，不过内部的组织逐渐充实和扩大罢了"。② 但因这一段属于过渡时期，制度变化不大，而实施则波动较大。例如，江苏省，首届称为江苏省政务委员会，从 1927 年 4 月 26 日成立至 1927 年 11 月 1 日结束，历时 6 个月。此届由南京国民政府任命钮永建、何应钦、叶楚伧、甘乃光、张乃燕、陈和铣、陈辉德 7 名委员分别兼民政、军事、建设、农工、教育、司法、财政厅长，白崇禧、杨树庄、陈铭枢、贺耀祖、郑毓秀、朱炎、高鲁、何玉书、何民魂、潘宜之、张寿镛 11 人为不兼职委员，未设主席。第二届称为江苏省政府委员会，是根据 1927 年 10 月 25 日第三次修正公布的《省政府组织法》改组成立，且指定省政府主席，并裁撤教育厅、军事厅、司法厅。10 月 28 日，南京国民政府通过江苏省政府改组案，指定钮永建为主席，任命叶楚伧兼秘书长，任命茅祖权、张寿镛、陈世璋、何玉书 4 名委员分别兼任民政、财政、建设、农工厅长，任命陈和铣、高鲁、张乃燕、刘云昭、何民魂 5 人为不兼委员（1928 年 3 月 19 日又增补缪斌、钱大钧为不兼委员）。③ 11 月 3 日，各政府委员宣誓就职，省

---

① 中国第二历史档案馆编：《国民党政府政治制度档案史料选编》上册，安徽教育出版社 1994 年版，第 590 页。

② 吴经熊、金鸣盛：《中华民国训政时期约法释义》，会文堂新记书局 1937 年版，第 198 页。

③ 曹余濂编著：《民国江苏权力机关史略》，《江苏文史资料》编辑部，1994 年，第 14 页。

政府委员会正式成立，即举行第一次会议。[①] 11 月 18 日，江苏省政府委员会发表成立宣言。[②] 至此，江苏省最高权力机构由省政务委员会过渡到省政府委员会，标志着省政步入正轨。此届一直持续到 1928 年 11 月 7 日结束，历时一年。第三届江苏省政府委员会乃是根据 1928 年 4 月 27 日第四次修正《省政府组织法》改组成立，裁撤农工厅，增设教育厅、建设厅和农矿厅。此届始于 1928 年 11 月 7 日，至 1930 年 3 月 17 日结束，历时约一年零五个月。南京国民政府通过江苏省政府第二次改组案，仍指定钮永建为主席，任命叶楚伧兼任秘书长，任命缪斌、张寿镛、陈和铣、王柏龄、何玉书五名委员分别兼任民政、财政、教育、建设、农矿厅长，任命钱大钧、陈辉德、顾祝同、张乃燕四人为不兼职委员。1929 年增补陈中孚、吴藻华二名委员。

浙江省政府成立初期，对政治纲领实行了修正。政治方面规定：（1）建设廉洁之省、市、县政府，扫除一切积弊，增加下级官吏之俸给，严禁授受贿赂及不正当之期约。（2）规定惩办土豪、劣绅、贪官、污吏之条例。（3）确定地方司法制度，废除违反革命精神之一切法令条文。（4）整顿司法，废除各种恶例，减轻讼费。（5）改良监狱，改善囚犯待遇。（6）保障人民之言论、出版、集会、结社自由。（7）保障人民生命，非经过法律上一定手续，不得宣告死刑。（8）收回外人在省内购置之土地及建筑物。（9）救济失业。（10）从速举办户口登记。[③]

第四节　巩固时期省制

国民政府形式上虽然统一全国，全国各地也表示服从国民政府，但实际上全国形势仍旧非常严峻，各军事政治集团对立，国民党中央

---

① 赵如珩：《江苏省鉴》上，新中国建设学会，1935 年，第 10 页。

② 《江苏省政府委员会宣言》，《省行政法》第四编，民国法政学会编行 1928 年版，第 10 页。

③ 蔡元培：《〈浙江最近政纲〉审查报告》，高平叔编：《蔡元培全集》第 5 卷，中华书局 1988 年版，第 147 页。

内部分裂，国民政府也未能整合，可谓矛盾冲突不断。1929 年国民党三中全会召开后，国民党的权势和冲突格局为：以蒋介石、胡汉民为代表的主流派处于中央核心地位；而非主流派如改组派和西山会议派等，因处于在野边缘之境，时常以反蒋为名，不断制造离心活动。由此可见，国民党中央无法形成一个团结有力的组织。

同时，国民政府的统一在形式上完成了，但实质上并未真正实现。因为当时各地形成了如晋系阎锡山、西北军冯玉祥、桂系李宗仁等地方实力派，各独立军事政治集团混战。蒋介石依靠中央优势对其他军事政治集团实施打击，意图真正实现统一全国。其间爆发了蒋桂战争、蒋冯战争和中原大战等一系列内战，各军事集团、政治势力等互相利用和结合，最后均被国民政府击败。至此，国民政府内已再无其他可相抗衡的独立势力，或者采取保守态度。换言之，国民政府基本上从动乱走向稳定，实现了内部的统一。1929—1933 年这一时期军事动荡、局势纷乱，国民政府对省制进行了完善和修正，体现出"乱中有稳"的政治制度巩固和完善色彩。

一　巩固与充实

1929 年 3 月国民党第三次全国代表大会召开，会议确定孙中山的《三民主义》《五权宪法》《建国大纲》等为国民政府训政的最高根本法，并追认通过《训政纲领》。根据《训政纲领》，1930 年 2 月 3 日国民政府第五次修正公布《省政府组织法》，与以往组织法内容相比较，此次修正内容不同之处如下：省政府权力来源、省政府处理政务的依据是国民政府建国大纲和中央法令，而非国民党党义。省政府权力更加明确，不仅可以发布省令，而且可制定省单行条例及规程。同时，对于限制人民自由、增加人民负担事务，必须经过国民政府核准。规定了省政府委员会的议决范围：增加或变更人民负担，地方行政区划确定变更，全省预算、决算等事项。增强了省政府主席的权力，规定省政府主席代表省政府监督全省行政机关职务之执行。缩减了省政府内部组织机构，规定一般情况下各省政府只设立秘书处、民政厅、财政厅、教育厅、建设厅，简称"一处四厅"；必要时增农矿厅、工商厅及其他专管机关。更重要的是，对省政府主席和委员作了文武分治的限定，如现任军职者不得兼省政府主席或委员。[①]

1931 年 3 月 23 日公布国民政府第六次修正《省政府组织法》，原则性内容基本延续以往组织法规定，只是在增设厅或裁撤厅方面有区别，如在必要时省政府可增设实业厅及其他专管机关。在未设实业厅之省，实业事务由建设厅掌管。同时只规定了实业厅的职权范围，未规定其他厅职权。[②] 6 月国民政府公布《中华民国训政时期约法》，明确规定依照三民主义和五权宪法来建设国家，省政府受中央指挥，综理全省政务。一省依照《建国大纲》规定达到宪政开始后，各地国民代表才能选举省长。县政府受省政府之指挥。[③] 1925 年至 1931 年，国民政府的《省政府组织法》频繁修正，"六年之间，修改六次，殆为国内各种法令中变化最剧之法令，谓为更张之轻忽，无宁谓表现图治之精神，始不惮烦劳而求精进，况后先相较，每次确有进步之表现耶"。[④] 通过对 1929 年以来省制规定分析，可大致归纳出以下几个特征：

第一，明确规定了限制自由、负担变化等内容，须经中央核准，否则不得执行。这也是国民政府实行训政，为实现民主宪政作准备，训练民权的具体表现。所以，有人指出，对于此种规定，"值此军阀铲除未久，统一才告成功之始，各省政府委员虽极贤明，以二十年来封建状态之流毒，或竟限制人民自由，增加人民负担，习焉不察，不自知其僭妄，是以予以明文限制，实有不容缓者"。[⑤]

第二，省政府委员人数减少。省政府委员一度增加至十三人，其中包括兼职委员和不兼委员。对于不兼委员，有人认为是"闲曹"，

---

① 《国民政府公报》第 388 号第 36 册，第 1—5 页。
② 《国民政府公报》第 728 号第 48 册，第 4—8 页。
③ 《国民政府公报》第 786 号第 51 册，第 6—11 页。
④ 潘公弼：《时事新报评论集》第 2 集，四社出版部 1934 年版，第 48 页。
⑤ 潘公弼：《时事新报评论集》第 2 集，四社出版部 1934 年版，第 48—49 页。

即属于不干事只拿钱的闲职人员。这意味着省政府容纳了一些与省政不相干的闲散人员，在一定程度上不利于省政高效运作。对此，时人认为：不兼委员"流弊殊复不一，如不兼厅长者之委员，非不负责任，即求负责而莫由；非不到省垣，即到省亦如赘疣，身为闲曹，月糜巨俸，此其直接间接、有形无形之减杀办事功能者"。①

第三，明确规定"现任军职者不得兼省政府主席或委员"，这是以往省政府组织法未曾有过的规定，即"不特为现行法所无"。现任各省政府主席绝大部分是军人，或者军人出身，"除江浙而外，殆无一而非军人，虽不必皆系现任军职，但十之八九以军队为背景，盖不可讳之事实也"。而这种现象的出现，乃是从军政转入训政的过渡时期特征，有其必要性，"此在军政时期过渡至训政时期，自有其不得已之原由"。因此，国民政府此时正式宣布"军职者不得兼省政府主席或委员"，"国人自不能不钦服当局之勇气"。然而，对于此项规定的真正实施，时人则持怀疑态度。如潘公弼提道："夫军民分治，乃十五六年以来普遍之呼声，且屡屡见之政令，而实际上仅事改头换面，充分发挥历来从政者之虚伪而已，新组织法已公布，并有公布尔日施行之规定，行见各省政府主席之政职军职，将有剧变欤？"②

第四，明确规定了省政府委员会议决职权范围。原先省政府委员会议决职权未曾明确规定，"委员会之权能无所准则"，是以往组织法"一大缺陷"，而新法则可谓"甚为详尽"，"一大进步也"。同时，也是依据实际情况来加以修正和完善。因为自《省政府组织法》施行以来，"各省措施，参差不一，凡百兴废，一视主席与厅长之才干与权威而作不规律之伸缩，紊乱矛盾，层见叠出"。③

一 实施与改组

这一阶段省制逐步走入正轨，省政府一方面充实组织；另一方面

---

① 潘公弼：《时事新报评论集》第 2 集，四社出版部 1934 年版，第 49 页。
② 潘公弼：《时事新报评论集》第 2 集，四社出版部 1934 年版，第 49—50 页。
③ 潘公弼：《时事新报评论集》第 2 集，四社出版部 1934 年版，第 50 页。

提高效能。1928 年江西省政府为提高行政工作效率，一方面整饬政纲，扩充行政机构；另一方面又训令各处厅尽快增加人员。1930 年 10月，蒋桂战争和中原大战结束后，蒋介石开始进攻江西革命根据地，为配合军事行动，省政府根据国民党第三届中执委四次全体会议确定的"刷新政治，改善制度，整饬纲纪，提高行政效率"的原则，在积极推行"保垒、保甲、保卫团三保政策，省、县增设保安处、队的同时，采取"裁并机构，强化组织，淘汰劣员，严密权力，集中意志，统一用费，提高效能"的措施，大力改善省政府各厅处行政组织。[①]第四届江苏省政府委员会是根据 1930 年 2 月 3 日公布国民政府修正公布第五次《省政府组织法》改组成立的。从 1930 年 3 月 17 日持续到1931 年 12 月 15 日结束，历时约一年零八个月。南京国民政府指定叶楚伧为主席，任命胡朴安、陈其采、陈和铣、孙鸿哲、何玉书五名委员分别兼任民政、财政、教育、建设、农矿厅长，并任命王柏龄、李明扬、罗良鉴三人为不兼委员。1931 年先后增补许葆英、沈百先二名委员，分别兼财政厅长和建设厅长。第五届江苏省政府委员会于 1931年 12 月 15 日改组成立，至 1933 年 10 月 3 日结束，历时约一年零九个月。此次改组是由于"九一八"事变发生后，中日战争日趋紧张，各省都要求加强军备，尤其处于京沪地带的江苏省，更要准备抗战。因此军官顾祝同被指定为省政府主席，同时任命赵启骤、舒石父、程天放、董修甲、何玉书五名委员分别兼任民政、财政、教育、建设、实业厅长，还任命王柏龄、李明扬、罗良鉴三人为不兼委员。1931 年增补委员周佛海，1932 年增补委员韩德勤。

然而，至 20 世纪 30 年代，国民政府施行新省制的效果并不尽如人意。民国学者指出，"自新省制施行以来，瞬经数载，言其结果，实为害多利少"，"成绩未睹，而流弊甚多，较之以前省制更劣"。[②]

---

① 张伊总纂：《江西省人事志》，内部出版，1993 年，第 64 页。
② 朱节之：《评现行省制》，《政治评论》1933 年第 69 期，第 622、624 页。

第五节　改革时期省制

国民政府统一全国后，宣布实行训政。然而，现行省制出现了众多流弊，致使省制改革成为全国一致的共识。对此，有人指出，"现行省制之缺点及其相沿而生之流弊，今日谙悉政情者，类能言之；应加矫正，已成为全国一致之要求"。① 因此，20 世纪 30 年代国民政府开始了省制改革运动，目的是整顿省政府以提高行政效率，维护自己统治的合法性。

一　省制运作弊病

第一，省政府内部各厅处等机构处于割裂局面。首先，各机构各自为政，纷争不已。对于此方面的弊病，1934 年 8 月 1 日蒋介石曾深刻揭露。他说："各厅处骈肩而立，各成系统，各固范围，各私财用，凡属甲厅主管之事件，率不喜乙厅过问，而事涉两厅以上者，又往往迁延不决，权则相争，过则互诿，且一切设施，多以本厅、处之立场为观点，实缺乏抑己伸人、共维全局之精神，于是各认主管之事件，为当前最要之急务。"② 有评论者也指出，各厅处"几于貌合神离，而所藉以彼此联系互相制衡之委员制，又因格于传统人事之关系，虽会议频频，徒贻费事之讥，辗转拖延，有失敏捷之效，主管厅长之取巧者，以此为分谤卸责之具，为主席者反因会议□监督指挥之权。此种意志分歧、权力涣散、责任不明、效率迟钝之现象，即为后来改行省府合署办公制之原因"。③ 其次，省府无法驾驭各厅处，省政未能形成一个整体。有人认为："各厅处原属一体，只□组织庞大，权力涣散，意志分歧，各厅处往往不受省府之指挥，迳自决定政策，对县直接发布政令，各自

① 张富康：《省行政制度改革之趋势》，《汗血月刊》1937 年第 1 期，第 109 页。
② 《蒋介石为陈述改革省政各理由并送省政府合署办公大纲事致中央政治会议电》（1934 年 8 月 1 日），见中国第二历史档案馆编《国民党政府政治制度档案史料选编》下册，第 358 页。
③ 程方：《改革省制刍议》，《服务月刊》1942 年第 6 卷第 1 期，第 58 页。

为畸形之发展，举凡行政立法之监督，亦遂诸多失当，各部分建设事业，既不容有整体之计划，统一之方针，合理之支配，以及平衡之发展，即日常政令之推行，亦多暴露隔阂、矛盾、重复、濡滞等种种弱点与弊端。"① 上述弊病造成省政府与厅处之间俨然成为"截然两级"，省府对省属各厅处"皆不克层层节制"，致使省政令文"适成具文"。② 最后，从委员制运作来看，委员合议制未能达到高效目的，反而出现"流弊滋多"，"委员制欠缺灵活，在运用上易把责任不清，形成多头政治的恶现象，何事应当提会、何事不应当提会讨论，并无明确的界限"。③

第二，省政府耗费巨大，导致省县头重脚轻。关于省县不平衡的现象，1934 年蒋介石指出省县之间"头重脚轻、基础不固，论组织则省庞大而县缩小，论经费则省极巨而县极微，治官之机关多而治民之机关太少，伴食高官之人员太多而深入民间之人员太少，政令均成具文，实以此为最大之症结"。④ 这种严重不合理的头重脚轻现象，在 1933 年度河南、湖北、安徽、江西四省的省县预算比例中表现尤为显著。

表1—1　　1933 年度河南、湖北、安徽、江西四省的省县预算比较表

省别	各厅处预算（元）	各厅处月平均（元）	各县总预算（元）	平均每县每年（元）	平均每县每月（元）	预算比例
河南（111 县）	910000 余	76000（弱）	1091000 余	9830 余	820 余（弱）	92：1（强）
湖北	1200000	10000	890000（弱）	12600 余	1050	95：1（强）
安徽（61 县）	1010000	85000	957000 余	15700 余	1300（强）	62：1（强）
江西（81 县）	820000（弱）	70000（弱）	1132000 余	13800 余	1100 余	70：1

　　说明：省预算保安处除外，县预算保安经费除外。资料来源：张富康：《省行政制度改革之趋势》，《汗血月刊》1937 年第 9 卷第 1 期，第 111—112 页。

---

① 程方：《改革省制刍议》，《服务月刊》1942 年第 6 卷第 1 期，第 58 页。
② 军事委员会委员长行营编：《军事委员会委员长行营政治工作报告》（1935 年），见沈云龙主编《近代中国史料丛刊三编》第 25 辑，文海出版社有限公司 1985 年版，第 2—3 页。
③ 陈以今：《省制之设计》，《中国新论》1937 年第 3 卷第 1 期，第 66 页。
④ 《蒋介石为陈述改革省政各理由并送省政府合署办公大纲事致中央政治会议电》（1934 年 8 月 1 日），见中国第二历史档案馆编《国民党政府政治制度档案史料选编》下册，第 357 页。

各省政府耗费巨大造成财政紧张，1934 年 6 月杨永泰根据豫鄂皖赣浙苏六省的财政情况，发现有三处通病：1. 省经费支出年年增加；2. 省经费增加的多属机关费，而非事业费；3. 省出入差距愈积愈大，最终"以致拖欠折扣、无所不至，恐慌紊乱达于极点，使一切政务均受其影响"。①

第三，中央院部与厅处直接联系，造成省政被肢解。蒋介石说，"中央部会往往认省之厅、处为其直属机关"，"彼此直接行文，流弊所及"，造成省政府"不克层层节制，顿失以身使臂、以臂使指之效"，"所谓主席代表省府监督所属执行省政"实际上也是"徒托空言"，部院与厅处"系统不明，层级凌乱"。② 从政令执行来看，中国的法令系统并不统一，中央政府的命令、各省的命令各行其是，致使"地方行政混乱"。③

第四，省县"隔阂"增大。省对县的监督效能低下，省县沟通障碍重重，导致县政效率低下。传统政治中各县长吏"莫不以卑官末秩自居，一惟省之命令是从，即有可以自由裁量之处，亦甘放弃，而事事请示，藉免开罪上峰，复以推诿责任"。④ 有学者指出，在工作上"省县事务混同"，如果以现代专业事务来划分，根本"势难实行"，原因就在于各省县行政权"无明白之划分。以致权限混淆，应属于县者，省及各厅或靳而不与，或滥加干涉，不应属于县者，又往往强使行之"。⑤ 对此，1934 年蒋介石在电报中也指出，"各厅处骈肩而立，各成系统，各固范围，各私财用"，"同时督责于县，县长莫知所先，

①　杨永泰：《豫鄂等十省最近施政详情》，《湖北地方政务研究半月刊》1934 年第 1 期，第 44—45 页。

②　《蒋介石为陈述改革省政各理由并送省政府合署办公大纲事致中央政治会议电》（1934 年 8 月 1 日），中国第二历史档案馆编：《国民党政府政治制度档案史料选编》下册，第 358—359 页。

③　[日]一宫房治郎编：《新支那年鉴》（第 7 回），东亚同文会 1942 年版，第 356 页。

④　尚静波：《我国地方行政动向论》，《民族》1936 年第 4 卷第 10 期，第 1663 页。

⑤　沈乃正：《地方自治确立前省县权限之调整》，《行政研究》1936 年第 1 卷第 3 期，第 469、478 页。

亦无法同时并举，遂使狡黠者专事敷衍，□不肖者，则借甲指乙，任意张弛操纵，以自便其私图，而贤能自爱之士，则深苦政令分歧、疲于奔命，而不安于厥职！吏治之坏，此种畸形制度，实为厉阶！"[1] 这种对省之厅处弊病的揭露、指责可谓至深。再如1935年的一份政治工作报告说：省县之间存在"上下隔阂"，"一省所辖之县，多者愈百，少亦六七十，悉由省政府直接管理。一切政令逮县之后，各县是否认真执行？办理有无成绩？及官吏之勤怠贪廉，省府皆以鞭长莫及，末由随时督察。而县长遇有应须请示进行事项，亦复常苦省县远隔，不易秉承，以致为行政中心之县政，演成因循朦混之风气"。省与县间"均俨然形成两截，治官治民，遂均失脉络贯通臂指相使之效"。[2]

对于国民政府政治，有学者评论说，北伐后，国民政府"从此全国统一，政命贯彻，各省无论制度行政与人事均走上整齐划一之道路。过去中央集权与地方分权之争、政出多头互相争论不休之弊端，均因此一扫而空"。[3] 这种评价未免过于夸大。从上文可知，国民政府统一全国后的省制运作过程中，仍然存在诸多不同程度不同层面的弊病。总之，上述时弊是近代以来原先省制落后性的主要表现。为革除上述弊病，国民政府积极实行省制改革，推行省合署办公制度，目的就是"防弊"，即矫正当时现行省制之"时弊"。

二 省制改革的实施

(一) 改革之酝酿

从实际来看，国民政府有两大省制改革的推动力量：第一，国民政府对省制度设计的不断修订完善。早在1929年11月，国民党中央政治会议曾致电各省政府：《省政府组织法》"自颁行以来，迭经修

---

① 《蒋介石为陈述改革省政各理由并送省政府合署办公大纲事致中央政治会议电》（1934年8月1日），见孔庆泰编选《国民党政府政治制度档案史料选编》下册，第358页。

② 军事委员会委员长行营编：《军事委员会委员长行营政治工作报告》（1935年），见沈云龙主编《近代中国史料丛刊三编》第25辑，文海出版社有限公司1985年版，第2页。

③ 李国祁：《闽浙两省制度、行政与人事的革新（1927—1937年)》，《"中央研究院"近代史研究所集刊》（台北）1980年第9期，第79页。

正，现行者二十五条自公布施行至今，已历年□，就各省政府遵行与观察所及，此项组织法有无不便及应行修改之处，特电询问，希于两星期内将意见电呈本会议为要。"① 从 1925 年颁布的《省政府组织法》，到 1931 年 7 年间有 6 次修订，可谓修订变革幅度之大。这种不断修订的过程，"实为国内变化最剧烈的法令，若谓更张的轻忽，无宁谓为表现励精图治的精神，始不惮烦劳而力求精进，且先后相较，每次确有进步的表现"。②

第二，体制内精英不断推动省制改革运动。一是蒋介石极为关注省制。1933 年 9 月蒋介石主动电询湖北省主席张群对于省政府组织及行政督察专员的意见，10 月收到回电答复，蒋认为答复的意见"极有见地"，并将之吸收成为《省政府合署办公办法大纲》的基本内容。同时，为进一步商讨而"不厌求详起见"，一方面复电指示张群；另一方面又将此问题往来讨论的大意分别致电豫、鄂、陕、甘、皖、浙、赣等省主席，要求签具意见呈复，以供参考。很快陆续收到各省答复。1933 年蒋介石又在全国内政会议上提出《修改地方行政机关组织案》，指称省制时弊。③ 二是各省政府主席的积极参与、交换意见、提议建议，也是实行省政府合署办公制度的动力之一。前述蒋介石与各省交换意见，分电豫，皖，赣等省，"各省府共同研究，嘱其签注意见，各方颇能发挥尽致"。其中湖北省、安徽省和浙江省三省主席的意见"尤多精义"。1934 年 3 月时任国民政府军事委员会委员长南昌行营秘书长杨永泰，在南昌召开十省高级行政人员集会上，就现行省府组织的改善方面提出六大原则，所有内容均提及省政府合署办公。④ 因而有学者称，"合署办公的施行，是曾经蒋委员长和各省主席缜密考虑

---

① 《各省省政府对于省政府组织法之意见》（1929 年 11 月），台北："中国国民党文化传播委员会"党史馆政治档案，馆藏号：政 11/4.1。

② 李廷楔：《改革省制的商榷》，《时论》1937 年第 45 期，第 15—16 页。

③ 《抗战中的中国政治》，中国现代史资料编辑委员会编印，1957 年翻印本，第 21—22 页。

④ 杨璇熙编：《杨永泰先生言论集》，见沈云龙主编《近代中国史料丛刊》正编第 98 辑第 975 册，文海出版社有限公司 1973 年影印本，第 179—180 页。

而后决定的"。① 三是国民政府内精英群体也在积极利用各种制度化渠道为省制改革献计献策,从而推动了省制改革。有学者对此作了统计,1931 年"国民会议时,马饮冰等提变更省县行政组织,以增进行政效率案";同年 12 月的四届三中全会上"石瑛等七委员提取销省政府委员制,改为省长制以利行政案";1934 年 4 月的四届四中全会上"黄绍雄等六委员,复提地方行政制度改革案";1935 年"全国经济委员会曾聘请德国行政学专家且曾任地方行政首长的晏纳克氏,来华考察研究我国地方行政之改革问题,晏氏以其视察判断之所得,提出'地方政制改革意见书'作为报告";1937 年 3 月"复有人向行政院条陈改善地方行政原则",7 月间"中国政治学会在南京举行年会,对现行地方制度改善的方式,并有具体的决议",同时"私人著作之倡议改革者,更不胜枚举"。总之,现行地方制度组织之改革已成为"有识者所共见,年来朝野已形成了一种运动了"。②

最后,知识精英对政制的批评与建议也是促成国民政府实行省政府合署办公的重要动力之一。20 世纪 30 年代国民政府处于内忧外患、危机不断之中,其制度受到来自各界广泛而深刻的批评。学界的知识精英在面对民族危亡的情况下,牺牲自由民主实行专制以换取民族国家建立和强大,要求加强政治体制改革,提高行政效率。著名政治学专家陈之迈对国民政府批评道,"现行的政制推诿卸责,缺乏效率,是全国都知道都承认的事实",进而发出对国民政府不信任的疑问:"为什么现在的政府如此令人不满意呢?"尽管如此,"我们希望政府发挥最高的行政效率"。③ 正是看到现行省制诸多弊端,促使知识精英认识到必须实现省制改革。有学者批评道:"现行的流弊既如是之多,朝野改革的呼声又这样频繁,彻底改革省制,自属必要。"④ 更有学者直接呼吁省制改革,"吾国省行政制度,极不健全,今日正在遽变

---

① 李廷樑:《改革省制的商榷》,《时论》1937 年第 45 期,第 17 页。
② 李廷樑:《改革省制的商榷》,《时论》1937 年第 45 期,第 15—16 页。
③ 陈之迈:《论政制的设计》,《独立评论》1936 年第 199 期,第 3—4 页。
④ 李廷樑:《改革省制的商榷》,《时论》1937 年第 45 期,第 17 页。

中"，"亟待改革"。①

总之，新的省制是在国民政府内外精英分子，蒋介石与各省主要负责人之间互动、反复沟通、讨论研究之下产生的。能够形成上下良好互动关系，不是中央下达命令，而是由地方共同参与。也是同党政内的其他精英分子不谋而合共同促成。推行省制改革，允许知识界对改革的论争，取得知识分子群体的认同，也是维护其统治合法性的一个重要方面。

（二）改革内容

经过上述省制改革前的酝酿、推动和实施操作，1934 年 7 月 1 日国民政府军事委员会委员长南昌行营正式颁布《省政府合署办公办法大纲》，称目的在于推进地方政务，"保持省府意志之统一"，"增进一般行政之效率"。首先在湖北、河南、安徽、江西和福建五省试行，期限为两个月，其他各省经核准后再实行。主要内容包括：1. 统一机构：将省府机构统一裁并为四厅两处：秘书处、民政厅、财政厅、建设厅、教育厅和保安处，并重新划定各厅处及其所辖机关职掌，以达到系统分明、权责专一。2. 统一办公：将各厅处尽量全部并入一处之内，实行统一办公。所有文书由秘书处总收总发，要求"应采科学管理方法，务期迅速缜密简便，每日、每周文书之收发及承办，尤应分类、摘由、列表，互送各厅、处及（省）主席查考"。3. 统一经费：省府及各厅处之经费集中管理，其中一时不能完全集中者，亦应酌定项目、范围，先集中其一部或大部。4. 充实县政：裁并机构人员后所节余的经费全部拨增各县政费，被裁人员应重行甄别，量其才能，以作充实县政人才备选之用。5. 加强省政：省府机构的往复文书，"概以省政府名义行之"，充实秘书处，设科分掌文书、会计、庶务等事项，分别延用确有专长之人员组成之。从制度设计来看，其目的就在于推进省政改革的前提下，重新恢复省政府权力的统一和提高地方行

---

① 张富康：《省行政制度改革之趋势》，《汗血月刊》1937 年第 1 期，第 111 页。

政效率。[①] 也就是说，省府合署办公后，省政府内部组织及办公程序应彻底实行下列改革：1. 各厅处及其所辖各机关的组织暨各科股职掌，应依现实需要重新划定，厉行归并；2. 省府及各厅处经费应集中管理，材料物品应集中购办，如一时不便完全集中者，亦应酌定项目范围先集中其一部或大部；3. 省府及各厅处之文书应采科学管理方法，务期迅速缜密简便。合署办公原则"不论衡以行政学原理或现实环境，确有拥护推行之价值"。[②] 同年 11 月内政部"根据此项办法通咨川、湘、赣、鲁、冀、绥、贵、桂、粤、浙、南京等各省市政府，于规定时间内一律实行合署办公。全国各省除河南、湖北、安徽、福建、宁夏、广西六省，均于民国二十三年内遵照办法规定实施外，其余如江苏、浙江、陕西、甘肃、四川、河北、察哈尔、湖南、山西等省及上海市等，均以此制确足矫正积弊增加效率，先后仿照实行"。[③] 行政院决定各省政府实施这个制度要厘定一个施行细则，于是制定了《省政府订定合署办公施行细则之要点》，令各省拟定其本省的施行细则。[④]

1936 年 5 月 5 日国民政府公布了《中华民国宪法草案》更加突出省政府权力集中，尤其突出省权集中于个人。主要内容包括：省设省政府，执行中央法令和监督地方自治。省政府设省长一人，任期三年，由中央政府任免之。同时，省设省参议会，参议员名额，每县市一人，由各县市议会选举之。任期三年，连选得连任。将县定为地方自治单位，县单行规章与中央法律或省规章抵触者，无效。县设县政府，置县长一人，由县民大会选举之，任期三年，连选得连任。县长候选人以经中央考试或铨定合格者为限。县长办理县自治，并受省长之指挥，执行中央及省委办事项。[⑤] 同年 10 月 24 日，行政院正式公布《省政

---

① 《国民政府军事委员会委员长南昌行营公布〈省政府合署办公办法大纲〉》，中国第二历史档案馆编：《国民党政府政治制度档案史料选编》下册，安徽教育出版社 1994 年版，第 346—348 页。

② 董霖：《战前之中国宪政制度》，世界书局 1968 年版，第 140 页。

③ 张景瑞：《各省合署办公之实施及其成效》，《汗血月刊》1937 年第 9 卷第 1 期，第 67 页。

④ 《省府合署办公施行细则要点》，《汗血月刊》1937 年第 9 卷第 1 期，第 60 页。

⑤ 《国民政府公报》第 2039 号第 107 册，第 9—10 页。

府合署办公暂行规程》。这将此前的《省政府合署办公办法大纲》以行政院名义通令各省施行，其目的仍在于"力谋地方行政效率之增进"，"减缩行政经费、以扩充县行政经费"。① 由上可知，国民政府对于省制改革，一方面促使省权集中，尤其将省权集中于省行政首脑个人手中，即省政府主席或省长；另一方面则对省权进行一定程度的限制和约束。

近代中国的省制改革可以追溯到清末预备立宪时期清政府实行的地方官制改革。1907 年清政府正式颁行《各省官制通则》，开启了近代中国的省制改革，致使传统的地方行政制度发生"真正具有异质性的蜕变"。② 国民政府省制的改革，"原则上以合议制的委员会为其行政长官，只就特定事项授权省主席得以单独处分，以补合议制之短"。③ 因此，省政府主席权力日趋集中和统一。作为省行政首脑，省政府主席权力统一有其合理性，原因在于"国难严重，需要强力的政府，以维持国家之统一与生存"，于是"由委员制而到正副主席制，其中变迁，不过欲使事权统一，指挥灵活，促进更大的行政效率，不独中央政府政权之运用为然，地方亦有同一的趋向"。不仅省行政如此，中央和县政也是如此。这一时期整个上下行政趋势就是"组织集中，权力集中，责任确定，以增加行政效率，而应付当前的时局"。④ 然而，省政府主席逐步形成一权独大之趋向，同时合议与效率两者并不能兼顾，"作决定和行动的必要的速度变得越快，合议的原则就越被排斥"。⑤ 国民政府省制改革的结果就是架空厅处，形成上下等级。通过改革，省政府内部产生了不同的上下等级，从原先的省政府主席与各厅处地位平等、并立，变为各厅处服从省政府主席，也就是说，省制改革实际上架空了各厅地位，使之成为省政府或省政府主席的下

---

① 《行政院公布〈省政府合署办公暂行规程〉》，中国第二历史档案馆编：《国民党政府政治制度档案史料选编》下册，安徽教育出版社 1994 年版，第 365—368 页。

② 迟云飞：《清末预备立宪研究》，中国社会科学出版社 2013 年版，第 209 页。

③ 陈以令：《省制之设计》，《中国新论》1937 年第 3 卷第 1 期，第 66 页。

④ 甘乃光：《中国行政新论》，商务印书馆 1948 年再版，第 23 页。

⑤ ［德］马克斯·韦伯：《经济与社会》上卷，林荣远译，商务印书馆 1997 年版，第 309 页。

属机构，原先可相互制约的立意逐渐荡然无存。

（三）省制改革的实施

早在《办法大纲》颁行之前，已有个别省份先行开始了合署办公制度。广西省是最早的。1933 年 4 月省政府"合署公廨开工建筑"，7 月新公署一部分已建筑完成后，省政府委员会、秘书处和民政厅就先迁入，并合署办公。① 次年 1 月 1 日就正式实行合署办公。5 月 1 日宁夏省政府也实行了合署办公。② 而作为此项制度的发源地——蒋介石的豫鄂皖三省"剿匪"总司令部，也于 1934 年 4 月 16 日实行了合署办公，成立"参谋、经理、秘书、政务、政训、总务六处，临时将政训处缓设，另设机要组"，并全部由原先办公地"迁入总部"。③ 由此可知，《办法大纲》的制定和颁行，只是将原先自发的零散性的合署办公实施加以正式确认，并统一在部分省区先行推广。

在实施过程中，由于各省具体情形复杂，政治社会财政等方面不一，所以造成了实施程度各不一致，呈现出多样化的实施状况。其实施情况大致可分为三种：

第一，实行合署办公较彻底实施的省区。例如，湖北省实行的成绩较为显著，由于湖北省政府主席张群"为此制之创议者"，所以"实行方面复极为谨慎努力，以便此制能适合一般情况，供各省之参考"，"不及半载，成绩即颇显着，各邻远省分，咸有函电征询实行方法者，甚有推派专员代表赴鄂调查，以便参考借镜"。安徽省实行后所节减的经费"为最先实行合署办公之豫鄂皖赣闽五省节减经费之最多者"。④

---

① 广西省政府编：《民国二十年来广西大事记》，[出版情况不详]，1939 年，第 21—22 页。

② 施养成：《中国省行政制度》，商务印书馆 1947 年版，民国丛书第 4 编 22 册，上海书店 1992 年影印版，第 124 页。

③ 朱汇森主编：《中华民国史事纪要（初稿）》（1934 年），台北："国史馆"，1986 年，第 787—788 页。

④ 张景瑞：《各省合署办公之实施及其成效》，《汗血月刊》1937 年第 9 卷第 1 期，第 67 页。

表1—2   各省合署办公实施情况表

省名	实行时间	实施情况
广西	1934 年 1 月 1 日	经费节减：实行前经常费占 55%，实行后不及 45%；办公费合署前为 64%，合署后不到 36%。机构统一：设民财教建四厅及秘书处等（保卫另有组织），另设有总务处，职掌收发文件、备案、保管、庶务、会计等工作，此为他省实行合署所未有者。任用人员：合署前为 570 人，合署后为 520 人。行政效率：文件合署后较之合署前，减少二分之一以上
湖北	1934 年 9 月 1 日	机构统一：事务方面权力集中，大举裁员，计约裁去三分之一以上。行政效率：效率并不减少，公文传递反节省时间甚多。经费节减：每月可节省二万余元，全年节省达二十九万三千八百七十二元，以之增加事业费和各县政府之建设、教育各项经常费用
安徽	1934 年 9 月 1 日	机构统一：秘书处设秘书室、两科及技术、法制、统计、公报四室，民政厅设秘书室及三科，财政厅设秘书室及三科，教育厅设秘书室及三科，建设厅设秘书室及三科，保安处设机要室、视察室及三科。行政效率：各厅处一切文件，概由秘书处总收总发，编号登簿，并于每日每周将收发及承办文件分类摘由列表，分送主席暨各委员厅长处长查考；各厅及保安处承办文稿由主管厅长或处长签名盖章或会同签名盖章，经秘书长核后，送呈主席判行。经费节减：其经常费于合署办公后，则较前节减达三十万零九千一百六十四元
河南	1934 年 9 月 1 日	机构统一：现仅秘书处、财政厅、教育厅、保安处现行合署，其余财政厅、建设厅俟公署扩充后，再行并入。秘书处现设两科及技术、法制、统计、公报四室，民政厅设秘书室及四科，财政厅设秘书室及四科与省金库，教育厅设秘书室及三科，建设厅设秘书室及三科，保安处设办公室及四科。行政效率：省府一切文书由秘书处总收总发，分交各主管厅处承办，其他文稿承办之手续，与鄂赣诸省无异，惟省府及各厅处所发之文件，每日应择要分类摘由列表，送由公报室汇编，分送主席及各厅处查考。经费节减：经常费较原预算节省年达二十三万七千零八十五元

续表

省名	实行时间	实施情况
江西	1934 年 9 月 21 日	行政效率：一切文书均由秘书处总收总发，分交各主管厅处承办，经各厅处长核定盖章，再送秘书处复核，呈主席判行。秘书处复核各厅处之文稿，得为文字上之修正。若于办法有异议时，则签呈主席核定，再交各厅处覆拟。各厅处请示事件概用签呈，第四公报之汇印，各厅处公报均归并秘书处公报室统一编印，其材料由各厅处指定负责人员就其本机关文卷中逐日选取，于每日下午一时前送交公报室汇编。机构统一：各厅处办理会计庶务部分均裁撤，其会计庶务事项悉由秘书处统一办理。凡直属省府之机关，就其事业性质，分别划归各主管厅指导，俾系统分明，责权专一。第二机关组织之变更，秘书处原设秘书室及三科，依合署办公大纲，则改为秘书室一二两科及技术、法制、统计、公报四室。民政厅原设秘书处及四科，现改设一室三科；财政厅原设秘书室、登记室及三科，现改设一室三科；教育厅原设秘书室、督学室、设计委员会及三科，现改设两室三科；建设厅原设秘书室、技术室及三科，现改设两室两科；保安处原设处长办公室及四科，现改设一室两科。第三公文之处理，凡省政府一切文书，均由秘书处总收总发，分交各主管厅处承办，经各厅处长核定盖章，再送秘书处复核，呈主席判行。秘书处复核各厅处之文稿，得为文字上之修正。若于办法有异议时，则签呈主席核定，再交各厅处覆拟。第五事务之集中，各厅处办理会计庶务部分均裁撤，其会计庶务事项悉由秘书处统一办理。第七被裁人员之选用，被裁人员，由各厅处严加考覆，出具考语，送省政府审核，分别去取。录用者即以之补充秘书处应行添设之员额，或备选县长区长及其他县佐治人员。不录则发原薪一个月或半个月遣散之。经费节减：第六预算之改编，各厅处组织预算较前均稍减，秘书处因各项应集中办理之事务既归其统办，而又增设技术、法制、统计、公报诸室，预算乃略有增加

省名	实行时间	实施情况
福建	1934 年 10 月 1 日	其组织，秘书处设秘书室三科及技术、法制、统计、公报四室，民政厅设秘书室及三科，财政厅设秘书室及三科，教育厅设秘书室及两科，建设厅设秘书室及三科，保安处设处长办公室及四科。其经常费于实行合署办公后，较前全年节减十二万一千六百八十一元。至省府文稿核办之程序，及文件收发之手续，与上述各省大致无异

资料来源：根据张景瑞：《各省合署办公之实施及其成效》，《汗血月刊》1937 年第 9 卷第 1 期整理所得。

第二，未能彻底实施，仅作部分改革的省份。也就是说，按照法令没有全部改革，仅作了部分修改或整合。如有的省主要对机构作了裁并，统一规划。如四川省于 1935 年 2 月 10 日实行合署办公，统一在民政、财政、教育、建设四厅下设秘书室及三科，秘书处则设秘书室两科及技术、法制、统计、公报四室，保安处设处长办公室、政训主任办公室、军法室、视察室及三科。1936 年 1 月又增设政务综核室，该室主任一人，承主席秘书长之命，综核各厅处视察员及督学报告，并指导所属职员。这个机构"除桂省之总务处类似者外，其他实行合署办公之诸省，尚无此种组织也"。文稿核办及文件收发等程序，与其他省相同。有的省主要对公文处理作了改革。如察哈尔省于 1935 年 1 月 1 日实行合署办公，主要对公文统一作了调整，要求所有公文"统由省府收发，每厅处设公文箱三个于省府，省府收发处将按时收到之公文，依公文种类投各厅公文箱内，再分送各厅处登记收文簿，摘由拟办后，即送呈省府核阅，再由省府用印"。"一切对外公文，均用省府之印发出，以资划一，各厅厅长与各厅秘书主任，于每日午后一时，齐集于省府办公厅，由主席按件批阅公文，当面指示每件公文应办之方法，至午后三时下班"。再如，山西省于 1936 年 9 月 16 日实行合署办公，不仅对机构进行裁撤合并，加以整合，而且设置了科层组织，如新设山西省禁烟督办公署，四厅均设秘书室和科室，各秘书室设荐任秘书，各科各设荐任科长一人，主任科员若干人，教育厅设督学，建设厅设技正技士各若干人。在秘书处以下设秘书室、三科、视察室、统计室、编审室。省府秘书处设荐任秘书及助理秘书、科员、办事员若干人，各科设荐任科长各一人，下设科员办事员若干人；视察室、统计室、编审室各设荐任主任一人，下设视察员、统计员、编审员。同时在公文处理程序上作了相应改革，由秘书处总收总发，分交各主管厅处承办，呈主席判行。或以省令印发之文件，均由秘书处总发各厅承办文稿，由各厅长核定盖章，送秘书处盖章后，呈主席复核判行。如承办文稿有关系两厅以上事项，应由关系厅长会同盖章。有的边远省份主要还是制定施行细则，至于实施则是非常落后迟缓。直到 1935 年 11 月 5 日，贵州省政府委员会第 193 次会议才修正通过"《贵州省政府合署办公施行细则》及《贵州省政府合署办公处理公文办法》"。[①] 换言之，至于省政府合署办公制度实行还根本谈不到。

第三，实施极为不彻底且不积极的省区。按常理来说，江苏和浙江两省应是国民政府 20 世纪 30 年代统治最为核心和控制力最强的省份，中央的法令实施也应最先响应并实施，哪怕形式上也拥有其他省所无法媲美的优势，然而这方面的集中记载非常稀少。江苏省号称国民政府掌控的核心省区，其重要性不言而喻，然该省却对省政府合署办公制度表现得不大热情。原省政府主席陈果夫认为合署办公要逐渐分阶段进行，因此并没有立即进行合署办公。[②] 到 1936 年 12 月江苏省政府又以"苏省近数年来，从事水利公路各项建设，需款浩繁，加以本年有关国防设备，均应赶速建筑完成，省库支绌，一时实无余力筹建新署"等理由，自行"订有处理公文规则，除属于主管厅处例行文件情节较轻者，得由各厅处迳行处理外，余均以省政府主席名义行之，并先后设立购置审定委员会统计委员会等，分别审定各机关购置物料

---

① 贵州省档案馆编：《民国贵州省政府委员会会议辑要》上册，贵州人民出版社 2000 年版，第 20—21 页。

② 李国瑞：《陈果夫主政江苏研究（1933 年 10 月—1937 年 11 月）》，硕士学位论文，南京师范大学，2012 年，第 13 页。

及编制各项表册公报事宜"等，因此请求暂缓实行合署办公。① 由此可以推断，从 1934 年 7 月至 1936 年 12 月江苏省从未实行过合署办公制度。在 1933 年到 1936 年间的省政重要记录中，对此项制度改革记述也仅寥寥几句而已，"嗣奉军事委员会委员长行营，颁行省政府合署办公办法大纲，其规定旨趣，与本省现行行文办法，大致相合，惜本省以财力关系，未能刻日建筑新署，集合办公，以全符我委员长之属望，惟公文处理之改革，则本府已先全国而奉行矣"。② 由此可知，江苏省对省政府合署办公未能积极有效实行。又如，浙江省作为委员长蒋介石的桑梓之省，也没有积极实行省政府合署办公制度。据曾任国民政府内政部科长和县长的王振国回忆：浙江省"在某些方面还是采取了合署办公的精神，在事权上作了某些集中，例如厅办府稿以省主席名义行文；比较重要的问题经省府会议通过，再交有关厅处去执行；年度预算、计划之编制也是以省府统筹的形式出现"。也就是说，形式上并没有大规模实行合署办公，只是在部分内容方面作了省府集中而已，总体来看效果并不好，落后于其他先实施的省份。③

鉴于大多数省已不同程度实施省政府合署办公制度，国民政府又对省制进行了改革和完善。1935 年 3 月 8 日五中全会上汪精卫、蒋介石提出划分中央与地方权之纲要等议案：关于地方行政官吏保荐与任命问题：1. 保荐人以省政府主席及行政院直辖市市长为限。2. 被保荐人以各该省、市政府所属简、荐人员为限。3. 每一简任缺出，保荐人得开荐被保荐人三名，呈由中央决定，如为厅长及局长时，则先与主管部会商再呈，被保荐人除政务官外，其任命资格及程序，仍分别依法办理；至特保超升者，并须依考绩法之规定。关于地方行政官吏之

---

① 《江苏省政府咨报省政推行情形请暂缓实行合署办公一案》，《内政公报》1936 年第 9 卷第 12 期，第 100—101 页。

② 陈果夫主编：《江苏省政述要》（1933 年 10 月至 1936 年 9 月），沈云龙主编：《近代中国史料丛刊》续编第 97 辑 969 册，文海出版社有限公司 1983 年影印本，"行政管理编弁言"，第 1 页。

③ 王振国：《蒋介石的"内政措施"内幕》，全国政协文史资料委员会编：《文史资料存稿选编》（第 12 册），中国文史出版社 2002 年版，第 531—532 页。

任期与保障问题：1. 省政府主府、委员、厅长及行政院直辖市市长、局长，任期三年。地方机尖简、荐任主管长官，市长、县长及局长，均试署一年，实授三年。2. 地方机关主管长官任职期间及所属法定人员经考核合格，予以实授者，应受保障。3. 应受保障人员除自请辞职及机关裁并或紧缩外，非因惩戒，考成，考绩或刑事处分，不得免职、停职、降级或转任。4. 任期届满，按其成绩，分别任免。5. 原则第二项第一款人员之考成办法，由中央定之。6. 现行法规有与本原则不合者，由立法院或主管机关分别依照本原则修订。① 1936 年 10 月 24 日行政院才正式公布《省政府合署办公暂行规程》，规定"除于各厅与中央部、会之关系加定'各厅、处对于行政院所属主管部、会、署之命令应迳行呈覆'（第四条第二项）外"，其他内容基本上与 1934 年 7 月 1 日《大纲》相同。也就是说，直到两年零三个月之后，国民政府才正式加以确认。为了更加完善此项制度，1937 年 4 月 6 日国民政府行政院再次"规定各厅、处长之副署以省政府之命令、处分为限，咨、呈均不必副署，亦只可视为大纲之补充解释"。无论实施程度如何，至抗战全面爆发之前，省政府合署办公制度至少在形式上在全国都实行了，"故就广义言，全国各省均已实行合署办公矣"。②

三 省制改革后的效能

凡国家统治，其首先就表现在行政管理上。③ 任何一个政府要想继续统治，维护自己的政治合法性，必须不断完善行政管理体制，并进行适当的行政管理改革，因为"不管存在什么别的动机，人们总是相信开明的最高表现在于，努力为一个社会提供有效的、能干的和理

---

① 《五中全会汪兆铭蒋中正提：划分中央与地方权之纲要，关于国防军及地方兵警》，1935 年 3 月 8 日，国民政府档，台北："国史馆"馆藏，档号：0400.01—1844。
② 施养成：《中国省行政制度》，商务印书馆 1947 年版，民国丛书第 4 编 22 册，上海书店 1992 年影印版，第 125 页。
③ ［德］马克斯·韦伯：《经济与社会》上卷，林荣远译，商务印书馆 1997 年版，第 245 页。

性的行政"①。需要说明的是，行政管理制度的改革，往往在短时期内成效明显，但年深日久之后，就会产生诸多当时无法看到也无法预料的后果，因此包括省制在内的制度改革，"不仅应就其本身制度着想；制度以外之事实，亦应顾虑"。②

自民国成立以来，政局混乱不堪，中央政府始终未能形成一个完整的统一。1928 年底国民政府在法治意义上实现统一全国之后，面临的首要问题便是如何在增强中央权威的前提下，努力改进地方政治。1934 年省政府合署办公制度就是在这样的时代语境下展开的。那么，省政府合署办公制度改革的目的是否达到？实施后到底取得了什么样的成绩？

对此，时人已有相关探讨，并大致形成两种不同的看法：一种看法认为，省政府合署办公制度实施后基本达到原本目的。"合署办公运用之最大成效为统一意志，集中权力，紧张组织，节约经费，一扫过去省府各厅处骈肩而立，各成系统，各固范围，各私财用，及濡滞、矛盾、重复、隔阂、推诿、龃龉之弊。此实为现政制度上之一大革新也"。③ 各省合署办公制度实施后，省主席职权得到强化，主席命令彻底的传达给各厅，至 1937 年，"取得了相当的成绩"，与以前地方制度相比有"相当进步"。④ 另一种说法则与之截然不同，认为"与其预期达到之目的仍相去甚远"。其实，这两者都似偏颇，仅是指出其中一面，而未能全面客观对此进行考察。可以这样说，"合署办公实施以后，虽获有相当的效益，但其缺点与困难也发见不少"。⑤

以行政现代化角度而言，省政府合署办公制度的实施确实取得了某些成绩。例如，福建省实行合署办公后，"行政机构已臻完密"，

① ［美］鲁恂·W. 派伊：《政治发展面面观》，任晓、王元译，天津人民出版社 2009 年版，第 30 页。

② 张富康：《省行政制度改革之趋势》，《汗血月刊》1937 年第 1 期，第 114 页。

③ 张景瑞：《各省合署办公之实施及其成效》，《汗血月刊》1937 年第 9 卷第 1 期，第 71 页。

④ ［日］一宫房治郎编：《新支那年鉴》（第 7 回），东亚同文会，1942 年，第 356 页。

⑤ 李廷樑：《改革省制的商榷》，《时论》1937 年第 45 期，第 18—19 页。

"行政效率日渐增强","前者各厅各处骈肩而立,自成系统,各据立场,故组织散漫,政令不能统一;尤以下级机关每感事秦事楚,无所适从之苦。今者各厅各处集聚府内,公务接洽,异常便利,矛盾积压之弊,不扫自除。现各厅处虽于不抵触省令范围内,仍得自行发布命令,而所有文书往覆,统以省府名义行之,上下联贯,视同一体。是故自合署办公后,已使省府意志统一,权力集中,组织紧密,经费节省,新政之推行,胥利□焉"①。具体来说,主要有以下几个方面:

首先,它促进了省政统一,建立起省政府完整的系统,具有行政权统一性。现代政治下的行政体制,要求行政权完整统一,整齐划一,"现代的行政范围包括甚广,内容又极为复杂,非有简单统一的完整组织,不能收统筹全局之效,以减少冲突,以增进效能。在完整制下,各厅处得以互相了解,故工作可以减少许多困难与浪费,且有省主席为之监督,各厅处纵有冲突事项发生,亦易调查,不至演出行政上之僵局"②。改革前的现行省制实行委员议事制,目的在于分解北洋政府遗留下来的各地军阀之权,但其重大缺点造成"省政机构割裂,省行政权责不集中"③,致使行政效率低下。有学者批评道:"分权的目的在牵制政府,使得政府不能做事,欲做事而不能",认为"我们的政府机构是最笨重的","近年来政府效率的特低",进而发出呼吁:"我们不能忍受一事不做的政府,我们希望政府发挥最高的行政效率"。④国民政府规定省政府所有公文都由秘书处统一收发,且对上对下的文书也统一以省府名义行文,所以说在法制意义上确立了省政府的整体性和统一性。如前文所述,各省在实行省政府合署办公制度之后,基本上都建立起四厅两处的机构设置,在机构设置方面基本符合法制规定。

---

① 福建省政府编:《福建省概况》,福建省政府,1937年10月,第12—13页。
② 莫寒竹:《省政府合署办公问题的综合研究》,《汗血月刊》1937年第9卷第1期,第34页。
③ 霁明:《中国省制问题》,《新西康》1946年第4卷第1—2期合刊,第29页。
④ 陈之迈:《论政制的设计》,《独立评论》1936年第199期,第3—4页。

其次，省政府合署办公制度确立了现代的省政，形式上都建置起科层化的行政机构，并明确了各机构职员的职权范围和隶属关系，因而具有现代意义。在现代法理型政治中，行政运作法治化的主要制度保证，是设置常设性职能机构。这种常设性职能机构是由经考试合格的专业行政人员、技术人员组成。这种技术性官僚具备专业知识，其职务、岗位相对稳定，可以提高行政效率和施政的合理性，如当时研究者所说的，是"使政得其人，人尽其才"。① 国民政府的省制改革之前一直未能明确设置常设性职能机构。实行省政府合署办公制度之后，四川省政府不仅按规定在秘书处设秘书室两科四室，而且"为综核全省政务并考察行政人员起见"，于1936年1月特在秘书处下"添设政务综核室，该室主任一人，承主席秘书长之命，综核各厅处视察员及督学报告，并指导所属职员。其下设三组，第一组设综核员三人，主席委任一人，民政厅、保安处各遴派一人，办理关于民政保安事项；第二组综核员二人，由主席委任一人，财政厅遴派一人，办理关于财政视察事项；第三组设综核员三人，由主席委任一人，建设厅、教育厅各遴派一人，办理关于建设教育事项"。在其他省"尚无此种组织也"。② 山西省"秘书处设荐任秘书及助理秘书、科员、办事员若干人，各科设荐任科长各一人，下设科员办事员若干人；视察室、统计室、编审室各设荐任主任一人，下设视察员、统计员、编审员。各厅秘书室设荐任秘书，各科各设荐任科长一人，主任科员若干人，教育厅设督学、建设厅设技正技士各若干人"。③ 其他诸省的科层机构设置大致相同，都在省政府各厅处中设置数目不等的科室职能性机构，具体设置详见表1—3所列科室结构。

---

①　莫寒竹：《省政府合署办公问题的综合研究》，《汗血月刊》1937年第9卷第1期，第34页。

②　张景瑞：《各省合署办公之实施及其成效》，《汗血月刊》1937年第9卷第1期，第70页。

③　张景瑞：《各省合署办公之实施及其成效》，《汗血月刊》1937年第9卷第1期，第71页。

表1—3　　安徽等省实行合署办公后精简机构、科层化设置简况表

	安徽	河南	江西	福建	四川	山西
秘书处	设秘书室,两科及技术、法制、统计、公报四室	设两科及技术、法制、统计、公报四室	改为秘书室一二两科及技术、法制、统计、公报四室	设秘书室三科及技术、法制、统计、公报四室	设秘书室、两科及四室,后添设政务综核室	设秘书室、视察室、统计室、编审室及三科
民政厅	设秘书室及三科	设秘书室及四科	改设一室三科	设秘书室及三科	设秘书室及三科	设秘书室及四科
财政厅	设秘书室及三科	设秘书室及四科与省金库	改设一室三科	设秘书室及三科	设秘书室及三科	设秘书室及三科
教育厅	设秘书室及三科	设秘书室及三科	原设秘书室、督学室、设计委员会及三科,现改设两室三科	设秘书室及两科	设秘书室及三科	设秘书室、督学室及三科
建设厅	设秘书室及三科	设秘书室及三科	原设秘书室、技术室及三科,现改设两室两科	设秘书室及三科	设秘书室及三科	设秘书室、技术室及四科
保安处	设机要室、视察室及三科	设办公室及四科	原设处长办公室及四科,现改设一室两科	设处长办公室及四科	设处长办公室、政训主任办公室、军法室、视察室及三科	

资料来源:根据张景瑞的《各省合署办公之实施及其成效》(《汗血月刊》1937年第9卷第1期)、一萍的《省政府合署办公之经过及江西办理之情形》(《汗血月刊》1937年第9卷第1期)两篇文章中所列资料编制、整理而成。

再次,扩大机构组织,实行技术性改革,提高行政工作效率。现

代行政管理工作的专业性要求"有明确规定的、在很长时间内往往要投入整个劳动力的培训过程和进行一般规定的专业考试作为聘任的先决条件"，从而形成一种"专门化的职务工作"。[①] 省政府合署办公制度就是要"得因事制宜为适当之合并，以便集中统之指挥，自然能够减少无哇的浪费。例如各厅处的会计庶务等出纳购置事宜，可因集中管理，省去时间、金钱及人事的浪费。并可因集中管理，裁减冗员，节省公款。行政组织的真价值，因之充分表现"。[②] 《大纲》规定各厅处及其所辖机关职掌，尤其是秘书处分别设置技术、统计、法制、公报等科室，分别聘任专业技术人员，以达到系统分明、权责专一。同时，要求省府所辖各厅处职能机构必须同处一办公地点工作，这是符合现代机关组织的原则，进一步体现行政工作需要将办公公共领域同其他领域明确区别开来的趋向。《大纲》要求各厅处合署办公，强调在同一处办公场所工作，正是符合现代原则，意在提高行政效率。合署办公不失为减少开支、提高效率的一种具体方法，各厅处的会计、庶务等统一于省政府，政府采用集中统一的财务收支计划，有利于控制经费的支出和合理使用。裁减各厅、处的会计、庶务人员，可以节省部分开支。

最后，各省政府对机构、人员整合，并逐步建立起经费收支的预算制度，在一定程度上节减了省府各机构的日常办公经费，从而在一定程度上节约了行政成本。改革之前，一直有人强调指出，位于县政府之上的"治官之官"太多，造成机构官员队伍膨胀。地方财政制度极其混乱，毫无制度标准，无法核计。有人指出，"故中国数千年历史，只有国家财政，至丁地方财政，即萌芽亦无有，遑论制度。然国家财政亦漫无标准，以用之多少为断，不足则兴税制以补充之，数之多寡不置计核，至审查考较之事更无论焉"。[③] 省政府合署办公制度实

---

① ［德］马克斯·韦伯：《经济与社会》下卷，林荣远译，商务印书馆1997年版，第280—281页。

② 莫寒竹：《省政府合署办公问题的综合研究》，《汗血月刊》1937年第9卷第1期，第34—35页。

③ 戴铭礼：《省政府预算制度刍议》，《商学》1934年第35期，第1页。

行之后，对上述问题都进行了一定改革。裁撤人员方面，例如，广西省由原有的570人，减少为520人。① 再如，江西省不仅裁撤人员，而且明确规定了被裁撤之后的制度。"被裁人员之选用，各厅处于变更组织时之被裁人员，由各厅处严加考覆，出具考语，送省政府审核，分别去取。录用者即以之补充秘书处应行添设之员额，或备选县长区长及其他县佐治人员。不录者则发原薪一个月或半个月遣散之"。② 节减经费方面，最早实行合署办公的广西省在"政府合署办公前，经常费占百分之五十五，合署办公后不及百分之四十五，办公费则缩减更多，合署前为百分之六十四，合署后则不及百分之三十六"③。湖北省经费每月可节省两万余元，全年节省达二十九万三千八百七十二元，以之增加事业费，及各县政府之建设、教育各项经常费用。④ 安徽省经常费于合署办公后，为最先实行合署办公之豫鄂皖赣闽五省节减经费之最多者。⑤ 1935年的湖北、安徽、福建、江西、河南五省的经费概算比合署办公之前均有显著的节减。

表1—4　　　　1935年度先行五省核定之概算中节减的经费表

省别	湖北	安徽	福建	江西	河南
节省的费用（元）	293872	309164	121681	72885	227085

说明：按各省府实行合署办公后，本规定应按原支经费数目裁减三分之一为原则，惟江西福建两省府及各厅处，均因早经厉行紧缩，其原支经费比较其他各省较小，故所减经费亦略少。资料来源：军事委员会委员长行营编：《军事委员会委员长行营政治工作报告》（1935年），见沈云龙主编《近代中国史料丛刊三编》第25辑，文海出版社有限公司1985年版，第4页。

---

① 张景瑞：《各省合署办公之实施及其成效》，《汗血月刊》1937年第9卷第1期，第67—68页。

② 张景瑞：《各省合署办公之实施及其成效》，《汗血月刊》1937年第9卷第1期，第68—69页。

③ 张景瑞：《各省合署办公之实施及其成效》，《汗血月刊》1937年第9卷第1期，第67—68页。

④ 张景瑞：《各省合署办公之实施及其成效》，《汗血月刊》1937年第9卷第1期，第68页。

⑤ 张景瑞：《各省合署办公之实施及其成效》，《汗血月刊》1937年第9卷第1期，第68页。

　　由上可知，合署办公制度对各厅处的机构组织加以整治，统一规范，实行科层化管理。其运用之最大成效是实现了"统一意志，集中权力"，"为现政制度上之一大革新也"。[①] 从制度设计来看，"合署办公制度实行后，提高了省政府的职权，各厅处接受行政院各部（会）和省政府的两重领导，省主席成为各厅处的直接长官，各厅处等于省主席下属各科"。因此，国民政府实行省府合署办公制度，就在于此制"不仅没有削弱蒋介石的力量，而且进一步加强了国民党中央和蒋介石对地方的控制"。[②] 英国思想家哈耶克认为：类似这种集权政治，乃是"政府采取迅速的、果断的行动的普遍要求"的结果，也是"人们不满意以'为行动而行动'为目的的民主程序的缓慢"的结局，"他们所寻求的是得到一致的支持，从而能够鼓励人民相信他能做他所要做的任何事情。依照军事方法组织起来的新型的政党这才应运而生"。[③] 因此，国民党及其执政的国民政府是历史时势所造成的结果。

　　尽管如此，省府合署办公制度仍存在诸多弊病：

　　第一，公文程序增加。根据办法大纲第四条，"省府之来去公文至少多了下列手续：（1）来文由收发送秘书分发各厅处。（2）去文由各厅处副署后，送主席判行，判行前要经过秘书核阅和秘书长核阅。故合署办公后，平常公文必至缓慢。若照河南省府规则公文稿件经主席判行后，分交主管厅承办缮写校对，校对后仍送省府封发。则更麻烦。不过从前各厅处须用公文向省府请示，现在只用签呈，那是敏捷多了"。

　　第二，政务事务之紊乱。"省政府之厅处长原为政务官，重于'行为工作'；秘书秘书长原为事务官，重于'组织工作'，合署办公后，各厅处长可以推诿责任，事事请示，而秘书与秘书长又得复核厅长的稿，更改其意见，于是厅长处长变为事务官，而秘书与秘书长反变为政务官了"。

---

　　① 张景瑞：《各省合署办公之实施及其成效》，《汗血月刊》1937年第9卷第1期，第71页。

　　② 向青等：《三十年代中国》，北京大学出版社1996年版，第59—60页。

　　③ ［英］哈耶克：《通往奴役之路》，王明毅等译，中国社会科学出版社1997年版，第153页。

第三，省府管理的困难。"过去省府各厅处之职员人数，少为数十，多亦不过百余人，厅处长直接统率之指挥之比较容易。合署办公后，省府之职员多至三四百人，各厅处长等于以前之科长，对于各厅处职员之统率可以不负绝对责任，而独归于主席与秘书长，管理自然困难，疏忽必定难免"。

第四，省政府主席能力有限。省府合署办公，主席即为省长，而其任务之繁重超过1927年年前的省长。"吾国省区之幅员浩大，事务繁杂，几乎等于中美南欧之国家，现今省府主席能否单独胜任，成为问题，若自兼任军长之职，则精神与时间更受限制，只是每日三四百件之公文就已照料不到了"。

第五，致使中央监督无力。"本来中央各部会对于所属之各厅处有直接指挥监督之权，合署办公后，厅处对于中央部会不直接往复公文，不负绝对责任，于是中央各部会对于所属厅处监督之权损失，行政上发生弊病颇多，中央各部会直接监督省政府，实在过于虚浮"。[1]

对于此种制度改革，有学者指出："省府合署办公制度为南京政府紊乱的地方政制注射了一剂强心剂，但是并没有解决根本问题。"一方面在于各厅处长期以来"各成系统、各固范围"，"纷纷以各种名义进行抵制"；中央部会也"一味力图扩展自己势力，激烈反对裁并其下属机构"。另一方面则是各省秘书处不得不扩大人员编制，又造成了一个新的庞大的秘书机构。这套机构与原来的厅处机构重复隔阂，使南京政府的省政的官僚气息更加浓厚。[2]

---

① 晓庄：《省府合署办公制之利弊》，《北平周报》1934年第92期，第11—12页。
② 向青等：《三十年代中国》，北京大学出版社1996年版，第60页。

第 二 章

省治理结构

省制若要得到彻底有效地执行，必须设置一种与之相匹配的组织载体，即需设立对省制负责的科层化职能机构，"如果没有这样一种职权相对独立的机构，任何制度设计就只会形同具文"①。国民政府时期省制运作的组织载体和职能机构主要是厅和处。根据国民政府颁行的省制规定，省政府运作机构主要包括秘书处和民政、财政、教育、建设四厅。陈之迈说："照理论来说，省政府所有的职权本均可归纳在民、财、教、建四个部门，所以此四厅应当是省政府的主体。"② 由于省厅制度具有一定的历史合理性，故延续至今，而且1949年中华人民共和国成立后，省厅机构扩充和增大，均设民政厅、人事厅、公安厅、交通厅等。

第一节　省职能机构的演变

省职能机构制度起源于社会管理职能的变化。由于社会事务和职能日益扩大，行政首脑个人能力、精力、时间相对非常有限，决定了行政首脑不可能事必躬亲，全权处理所有事务，各种辅助性的职能机构应运而生。

清代各省督抚衙门原本不置属官，尽管没有正式职能机构之名称，

---

① 魏光奇：《清代民国县制和财政论集》，社会科学文献出版社2013年版，第277页。
② 陈之迈：《中国政府》，商务印书馆1946年版，第457页。

但"幕府"成为事实上的承担各种职能的隐形机构。19 世纪中叶后，欧风美雨东来，中国面临"数千年未有之变局"（李鸿章语），社会结构逐渐发生解体和变革。随着社会变化与政务增多，晚清各省督抚衙门文案处与房科快速增加，局处所不断衍生扩充，分别从督抚衙门内外伸展行政权力，最终合成一省权力中枢，局所实际上在政务推行过程中逐渐将司道变成督抚的属官。① 清末实行新政，新设机构以"厅"为名。但随着清政府的灭亡，督抚新制未能在全国普遍施行。

民国成立后，为有效加强中央集权和对各省的控制，中央政府对省制重新设计。北洋政府一方面为加强中央对地方的控制，统合权力系统；另一方面在机构功能上便于中央与地方上下协调一致，特在各省设立专门机构，"直接主管省内的某些重大行政业务"，这一专门机构就是所谓的"厅"。② 北洋政府省行政机关、省司法机关均称"厅"，如民政厅、高等审判厅等。1913 年临时大总统袁世凯公布《划一现行各省地方行政官厅组织令》《划一现行各道地方行政官厅组织令》《划一现行各县地方行政官厅组织令》等法令，并通令全国"一律办齐"。③ 一是统一、规范地方行政系统，废除了清朝的府、厅、州，在省和县之间设道一级政府，形成省、道、县三级地方政权体制。二是实行军民分治。根据规定，各省设省行政公署作为省行政机关。省行政公署设民政长一人，为省行政公署长官，下设一处四司，即总务处、内务司、财政司、教育司、实业司。各司长总理本司事务，以民政长名义执行公务，均不独立对外。司下设若干科，科由科长和科员组成。④ 1914 年 5 月北洋政府又颁布新省制，将各省的民政长改为巡按使；取消行政公署原设各处、司，在巡按使公署内设置政务厅，作为行政枢纽，下设总务、内务、教育、实业等科机构。另外，原先的财

① 关晓红：《从幕府到职官：清季外官制的转型与困扰》，生活·读书·新知三联书店 2014 年版，第 221 页。

② 徐矛：《中华民国政治制度史》，上海人民出版社 1992 年版，第 384 页。

③ 中华民国政府印铸局：《政府公报》第 243 号第 9 册，上海书店 1988 年影印本，第 146 页。（说明：下文所有《政府公报》均出自同一出处，不再赘述。）

④ 《政府公报》第 243 号第 9 册，上海书店 1988 年影印本，第 148—149 页。

政司改为财政厅，直属于中央财政部，重要事件可径呈总统，关于省经费的支配，则受巡按使监督。① 1917 年 9 月北洋政府颁布有关条例，把省长公署政务厅内教育、实业二科撤销，仿照财政厅制度成立教育、实业两厅，分别成为教育部、农商部的直属机关。厅长由中央主管部呈请总统简任。换言之，财政、教育、实业三厅是属中央主管部和省署双重领导下的职能机构。②

　　然而，上述制度改革的推行效果并不理想。自民国以来，"一切革兴之制度，虽屡度改易，然政治上幕僚化及胥吏化之习气未除，如有贤长官，则幕僚及胥吏，稍敛其迹，遇新进及贪劣之官，则乘机而进，代谋设计，无所不用其极？"因而，新制度"入若辈之手，悉变为害民之物"，"多设机关，则多一害民之物，多增一法律，则多一作伪之方，真今日改进中国政治最大之障碍"。③ 其难以推行的原因在于：一是全国政治军事动荡不安，制度施行无法持续稳定。"民国地方制度混乱而多变。地方军阀强据一方，自行其政，中央政府频频换马，其力量又不足以统驭全国。虽欲划一制度，最终仍告中折"④。二是省署与各厅之间发生冲突。有学者分析说：各厅长是在地方军阀的势力下工作，若得不到地方势力配合和协助便无法施行，故产生机构虽设，但遇到的窒碍甚多，未能达到预期目的。⑤ 三是各省政机构组织较为简单，无法适应现代中国转型时期现代化的建设需要。

　　由上文可知，北洋政府时期中央为了有效控制地方，在各省设置厅机构组织，独立于各省公署之外，与中央各部形成单线"条条"系统，虽然便于中央权力的渗透，但同时也意味着省政整体的割裂，导致省政"块块"分割局面形成，地方行政无法有效运转，也往往造成省政机构与各厅机构之间的冲突和纠纷。这一情况为国民政府的省制

---

① 方新德：《北洋时期地方政治制度概况》，《浙江档案杂志》1987 年第 1 期，第 22 页。
② 方新德：《北洋时期地方政治制度概况》，《浙江档案杂志》1987 年第 1 期，第 22 页。
③ 徐照：《以新生活为中心的地方政治改进的理论及实施办法》，《行政评论》1940 年第 1 卷第 4 期，第 44 页。
④ 徐矛：《中华民国政治制度史》，上海人民出版社 1992 年版，第 382 页。
⑤ 徐矛：《中华民国政治制度史》，上海人民出版社 1992 年版，第 384—385 页。

运作埋下了不定因素。

第二节　秘书机构

国民政府时期省秘书机构主要是在晚清幕府制度、民国时期省总务、内务等机构基础上演化而来，并对其加以修正完善而成。

一　秘书机构的设置

（一）制度设计

1925年国民政府颁行的《省政府组织法》中关于秘书处的规定，仅有一条，极粗略："省政府设秘书处，承省政府命令办理秘书事宜。"1926年组织法又规定："省政府设秘书处，由省政府任命秘书三人组织。"[①] 国民政府1927年10月以前诸次组织法规定均极粗略。1928年以后各组织法规定始较详明。兹述1931年组织法的内容，以见一斑。1931年组织法规定：秘书处设秘书三人，荐任，承长官之命，办理机要事务。秘书处视事务之繁简得分科办事，科置科长一人，荐任，总理科务，科员四人至十二人，委任，分理科务。[②] 据此，省政府设计秘书机构。例如，1932年吴忠信任省政府主席后，"感于财政困难，以为开源节流，均应□□，遂从事减政，裁汰科股，归并职掌"，秘书室秘书掌理：撰拟机要、交际文电，覆核送判文稿，省府委员会议程、议案之分配、记录，保管机要文件，分配电报，草拟法规等事项。[③]

（二）机构设置

国民政府在北伐统一过程中，因统治需要，逐渐设立省秘书机构，但内部结构情况各不一致。例如，1926年9月成立湖北政务委员会，分设秘书处和总务、民政、教育、建设四科。1928年4月湖北省政府

秘书处内设五科，下分十九股，后增设至六室二科。① 又如，江苏省政府于 1928 年规定秘书处以科为单位。具体设置如下：一是设秘书三人，承秘书长之命，办理机要案件事项；撰拟重要文件事项；初核稿件事项；本处章程规则起草事项；不属各科之文书事项。二是分设三科，每科设科长一人，承秘书长之命，掌理各该科事务；科分若干股，股设主任一人，科员及办事员若干人，分任各该科事务。第一科及各股职责情况：第一股，民政及其他不属于本科各股事项；第二股，水陆公安事项；第三股，财政及查核各机关预算决算暨审计事项；第四股，教育建设农矿工商事项；第五股，司法行政及惩治盗匪暨其他刑事案件，行政诉愿之签注事项；第六股，党务暨民众团体事项；第七股，典守印信，收发文电，保管卷宗，及缮校事项。第二科及各股职责情况：第一股，关于委员会议各项会议之记录，及编辑议程、移付议案，暨整理事项；第二股，编制统计各种报告，及各厅处职员进退之记录事项；第三股，宣传事项；第四股，编辑公报事项。第三科及各股职责情况：第一股，招待、接洽及参与各种集会事项；第二股，会计事项；第三股，庶务事项；同时还设查案处，主任一人，查案员若干人，专司调查各种重要案件事项；设图书馆，主任一人，管理员若干人，专司图书馆事项。因特种事项得酌用专员。因缮写文件得酌用雇员。为谋办公之利便与贯通起见，得分别召集各种职员会议。② 安徽省政府秘书处"自十九年变更组织后，初分四科十五股，旋改为四科十三股"。后将秘书处秘书室保留外，其他分为三科八股。③ 再如，湖南省秘书处原设五科，至 1933 年 6 月，因预算紧缩，同时"收支相抵，所差仍巨"，所以经由省府委员会常会议决裁减经费，于是将第五科裁撤，"所有职务，另行派员办理"，只剩下四科。④ 由此可知，省秘书机构基本上建立起"固定的、通过规则即法律或行政规则

① 罗运环、肖雨田、王准：《荆楚建制沿革》，武汉出版社 2013 年版，第 211—212 页。
② 《特载：省政府秘书处办事细则》，《江苏省政府公报》1928 年第 41 期，第 7—8 页。
③ 《一年来之安徽政治》第一编，安徽省政府秘书处编印，1933 年 6 月，第 1—2 页。
④ 《湖南年鉴》（1935 年），湖南省政府秘书处编印，1935 年 10 月，第 144 页。

普遍安排有序的、机关的权限的原则",各科室股有"经常性的工作,进行固定的分工",相应地拥有履行职责"所需要的命令权力",层级分明,"划清固定的界限",选用"具有一种普遍规定的资格的人员,有计划地事先做好安排",形成一种现代官僚体制。[①]

(三) 制度改革

国民政府为提高地方行政效率,充实省政机构,相继对省政进行了改革。1934 年国民政府军事委员会先行在五省试行省政府合署办公制度,所以省政府机构根据规定也相应进行改革和调整。例如,湖南省 1934 年"迭奉中央命令:饬健全全省最高统计机关。因复提出专案于省政府委员会,请恢复原有之全省最高统计机关组织。旋经议决:仍将第五科恢复。秘书处二十三年组织之变更,亦惟此而已"。[②] 再如江西省秘书处依照 1934 年 9 月间省务会议通过的《江西省政府合署办公施行规则》,并对各科室重新作了规定:秘书室负责撰拟机要文电、分配各厅处文件、审核各厅处文稿、主席交办事务等。第一科分设三股:文书股负责文件之收发、缮写、校对、油印及保管档案等,议事股负责编订省务会议议事日程、会议记录、分配整理议案等,司法股负责公务员之惩罚、行政诉愿、惩治盗匪等;第二科分设三股:庶务股负责设备采购、卫生、消防及管理勤事夫役等,会计股负责经费出纳、编造预算等,交际股负责招待迎接来宾、交际等;技术室负责农林、矿业、水利、土木工程、电气、机械等,法制室负责法令之调查、草拟、审核等,统计室负责各项统计之调查、编制等,公报室负责编印公报、刊物、报告、保管图书等。[③] 由上可知,国民政府时期省秘书机构已较为健全和完善。

---

① [德] 马克斯·韦伯:《经济与社会》下卷,林荣远译,商务印书馆 1997 年版,第278—279 页。

② 《湖南年鉴》(1935 年),湖南省政府秘书处编印,1935 年 10 月,第 146 页。

③ 刘治乾主编:《江西年鉴》第一回,江西省政府统计室,1936 年 10 月,第 131—132 页。

二 秘书机构的运作机制

(一) 机制规定

各省政府相应地制定各厅处的组织条例,有的省称为组织规则,有的省称为办事细则等,但是"都由各省政府自行议定,至多不过呈报国府并咨行关系部会备案而已",甚至"且有不少省份连备案手续亦付阙如,简直是自己制定,自己施行"。① 例如,1927 年 5 月江苏省政府秘书处就拟定《处务会议议事规则》,经处务会议通过。其内容包括江苏省政府秘书处科员以上的职员组织会议,会议类型分常务会议、特别会议两种:常务会议暂定每星期三下午 2 时举行,特别会议必要时由秘书长随时召集。议事范围:本处之行政事项;本处之党务事务;本处建议于政务委员会事项;本处各科科务之进行讨论事项;其他关于本处之重要事项。会议程序:会议议案由议事科先期编印议事日程,分送各职员。其讨论提案,除已列入议事日程外也可临时动议。会议出席人数过半才能开会,以秘书长为主席,或秘书长因事不能与会时,得派代表为临时主席;议案须出席职员过半数之同意方得通过,后由秘书长分别执行。② 1928 年又规定,江苏省政府秘书处为谋办公之利便与贯通起见,可分别召集各种职员会议。③

(二) 机制运行

从实际情况来看,省政府秘书机构不同层次的运作机制基本得到实行,主要分为处务会议和专门会议。

第一,处务会议的召开。例如,江苏省秘书处 1927 年 5 月 16 日召开第一次处务会议,兹将会议情况记述如下:

江苏省秘书处第一次处务会议

时间:下午 2 时 30 分

---

① 丘誉:《党治下之省制》,《星期评论》1929 年第 3 卷第 21 期,第 13 页。

② 《省政府秘书处处务会议议事规则》,《江苏省政府公报》1927 年第 1 期,第 3 页。

③ 《省政府秘书处办事细则》,《江苏省政府公报》1928 年第 41 期,第 7—8 页。

地点：省政府常务委员会议室

出席：何玉书　赵𫓧　周仁卿　姚□维　丘誉　郭福增　奚
　　　则文　陆朝栋　高龙章　施之瀛　李亚儒　邬德仲
　　　蔡济舒　刘鼎英　周蛎夫　王金镕

主席：代秘书长何委员玉书

主席宣告开会，恭读总理遗嘱。

一　何代秘书长演说。

二　讨论事项：1. 本处地址问题。议决：本府观瞻所系，应移至本府之中间。2. 赵秘书提议：草拟秘书处议事细则。议决：由奚同志则文负责起草，其起草范围，关于设置改良党务等项，均须包括，每星期至少须开一次以上之会议。3. 办事手续问题。议决：由本处订一公文程式，以国民政府，及浙江省政府所订者作参改起草后正式建议于省务会议，由赵秘书、丘科长负责。4. 省政府名称。议决：由处提出建议案，于委员会解决之，由议事科起草。5. 丘科长提议：本会职员，对于本会消息，应严守秘密，其可发表者，按日由议事科发交新闻记者。此外各人不得随意以新闻材料供给报界，以收统一宣传之效。议决：照办，并将省政府办事细则中之应守秘密条，分写多张，标贴于办公厅上。6. 赵秘书提议设整理旧案委员会。议决：由各厅派员会同秘书处人员组织清理档卷委员会，负责清理，分别保管。7. 赵秘书提议，对于省内各机关，应分别调查。议决：由王金镕、陆朝栋负责调查以前省长所辖之机关等。四时四十五分散会。①

再如，浙江省政府秘书处召开联席办公会议。据浙江省政府秘书处工作人员日记记载，1930年1月4日下午3时举行第六次联席办公会议，秘书长沈士远主席，秘书楼××、沈××，科长万××、戴××、何××均出席，决定事项包括：1. 嗣后行文，对于咨及公函两

---

① 《省政府秘书处第一次处务会议记录》，《江苏省政府公报》1927 年第 1 期，第 1—3 页。

项，拟照中央颁布条例办理，应即拟具签呈提请委员会付议；2. 通过《本处货物工料评价委员会规则》。1月11日上午9时30分秘书处举行第七次联席办公，秘书楼××、沈××，科长吴××、戴××均出席，秘书长因病请假，公推楼秘书为临时会议主席。决定重要事项包括：1. 拟定《浙江省政府公报编辑简章》；2. 改良公报形式；3. 改定本处到文事由单；4. 由秘书长特下谕，饬令各科股对于联席办公谈话记录所列决定办法，应就主管事项，分别办理。①

第二，科务会议的召开。秘书处内部设科，各科相应也召开科务会议。以江苏省政府秘书处第一科召开第一次科务会议为例。

江苏省政府秘书处第一科第一次科务会议

时间：1927年12月6日下午2时

地点：新闻记者招待室

出席者：姚鸬雏　奚则文　陶牧　韩寿晋　王金镕

主席：姚鸬雏

记录：奚则文

主席恭读总理遗嘱，宣布开会。

1. 主席报告拟定各股办稿人名单。

2. 韩主任提议设置备司法书籍案。决议：由韩主任拟定种数，开单交第三科。

3. 分配到文及拟批手续案。决议：到文先送第一股，由第一股分送各股，拟批由各股主任担任。

4. 韩主任提议：关于行政诉愿案件应如何办理案。决议：分别性质归各股办理。

5. 奚主任提议：凡来件中，或主席交下不属于公文范围之函电，拟请由秘书办理案。决议：在公文范围内之函件，分交各股

————————

① 薛元燕：《浙江省政府日记》（1930年1月份），《心声》1930年第1卷第2期，第66、68页。

办理。

6. 关于录事工作分配及考核案。决议：指定花办事员担任。①

第三，专门事务会议的召开。各省政府秘书处又根据实际情况，相继召开各种特别事务会议。以江苏省政府秘书处于 1927 年 12 月 10 日召开第一次公报编辑会议为例。

江苏省政府秘书处第一次公报编辑会议

时间：上午 10 时 20 分

地点：委员会议室

出席者：叶楚伧　程叔羊　陈淦　周东伟　李彦　丘誉

主席：叶楚伧

记录：周东伟

主席恭读总理遗嘱，开会。

一　报告事项

1. 陈主任淦报告本股过去工作情形。

2. 陈主任淦报告第二科第一科科务会议关于公报之决议事项。

二　讨论事项

1. 分栏问题：决议：军事栏改为军警，并加农工一栏，其余仍旧。

2. 篇幅问题。

决议：仍以五十四页为标准，但可随时增减。

3. 程科员叔羊提议订立公报股办事细则案。

决议：推程科员起草，下次讨论。

4. 程科员叔羊提议订立公报股编辑规则案。

---

① 《省政府秘书处第一科第一次科务会议纪录》，《江苏省政府公报》1927 年第 13 期，第 43—44 页。

决议：并入第三案。

5. 程科员叔羊提议公报印刷因划由第三科庶务股承办案。

决议：（1）公报印刷为便利接洽计，仍由公报股自办；（2）印刷费用按期由第二科函第三科直接发与印刷局；（3）收入报费仍照从前办法，每周结算一次，缴存第三科会计股；（4）以后印刷费应编入预算，由秘书长饬知第三科照办。

6. 陈主任淦提议：统一标点案。

决议：通过。以后各人所编稿件，缮清后统由陈主任标点，以昭划一。

7. 陈主任淦提议：从新分配本股各员工作案。

8. 陈主任淦提议：凡以公报股名义发出之日常函件，须指定专员负责，并规定办手续案。

9. 陈主任淦提议：规定每周会稿日期案。

以上三案，合并讨论。决议：并下次办事细则案讨论。

10. 周科员东伟提议：统一公报编辑方法案。

决议：推周科员拟定具体办法，详列表格，下会再议。

十二时，散会。①

三 秘书机构的职能

（一）职责的规定

钱端升等学者认为，国民政府"关于秘书处之职掌，十六年以前组织法均无规定"。② 但从实际情况来看，并不是没有规定，而是规定较为简单、模糊。具体来说，1925 年 7 月 1 日国民政府公布的省政府组织法规定：秘书处承省政府命令，掌理秘书事务。③ 1926 年 11 月 10 日修正规定：秘书处由省政府任命秘书三人组织之，秉承省政府委员

---

① 《省政府秘书处第一次公报编辑会议纪录》，《江苏省政府公报》1927 年第 13 期，第 46—47 页。

② 钱端升等：《民国政制史》下册，上海人民出版社 2008 年版，第 390 页。

③ 《国民政府公报》第 1 号第 1 册，第 6 页。

会之命，分任秘书事务。① 1927 年 7 月 8 日又修正规定：省政府设秘书长一人，秘书若干人，组织秘书处，承委员会之命，办理秘书事务。② 同年 10 月 25 日公布第三次修正组织法，第八条规定：省政府设秘书处，由秘书长 1 人、秘书若干人组成，承省政府委员会主席命令办理秘书处事务。③ 与此同时，要注意的是，掌管秘书处的规定也是处于变化之中，即在省政府、省政府委员会、省政府委员会主席之间不停变动。显然，这是临时性的表现。至 1928 年 4 月 27 日第四次修正公布《省政府组织法》，才对秘书处的职责作了较为详细而明确的规定。此后国民政府又于 1930 年 2 月 3 日第五次修正公布《省政府组织法》，1931 年 3 月 23 日第六次修正公布《省政府组织法》，内容大体相同。秘书处职责大致如下：一切机要和省政府委员会会议，撰拟保存收发文件，省政府委员会会计编制统计及报告，记录省政府各厅处职员之进退、典守印信以及不属于各厅其他事务等。④

各省依据组织法的相关规定，对秘书处相应作了较为详细的规定。例如，1929 年浙江省政府对秘书处作了定位，规定："秘书处秉承省政府委员会暨主席办理会议记录，处理日常事务，为各厅处政务承转之总枢，司一省政令传宣之喉舌，责守机要，事务庞繁。"同时，省政务"分隶各厅"，所以秘书处所掌理者是"机要及不属各厅之事"，例如铨叙、党费、特种侦查、外人事件、核准盗匪死刑事件等项，还有就是"国令下颁，邻省咨会，市县呈报，人民诉愿，亦复承转批答，综汇万端"等。⑤ 再如，江西省在实行省政府合署办公制度后，对秘书处的职责也作了规定，与中央的规定大致相同，如机要和省政

---

① 《国民政府公报》第 50 号第 9 册，第 12—13 页。

② 《国民政府公报》（宁字）第 9 号第 11 册，第 15 页。

③ 《国民政府公报》第 3 号第 12 册，第 11 页。

④ 钱端升等：《民国政制史》下册，上海人民出版社 2008 年版，第 390 页。《国民政府公报》第 53 号第 16 册，第 5 页。

⑤ 沈士远：《浙江省政府秘书处十八年下半年工作之回顾》，《心声》1930 年第 1 卷第 2 期，第 33—34 页。

府委员会会议等事，由秘书长承省政府主席之命综理。[1]

（二）职能的履行

1. 办理机要事务。如浙江省政府秘书处办理致电中央政治会议事务。1929 年国民党中央政治会议电饬浙江省政府，"将现行省政府组织法，自颁行以来，就各省政府遵行与观察所及，有无不便及应行修改之处，陈述意见，于九月十五日以前电复"，于是秘书处"征集各厅处意见，提付委员会讨论，酌加修正，共约十五条，开列清折，逐条加具理由"，9 月 9 日将意见"代电呈送中央政治会议，藉供采择"，提前完成。[2]

2. 做好会议记录。例如，浙江省政府从 1929 年 7 月 1 日至 12 月 31 日 6 个月内，省政府委员会共开会 46 次，秘书处会议记录从第 235 次开始到第 280 次止。秘书处记录后，综合统计这一时期的委员会情况：（1）关于报告事项共 540 案；（2）关于讨论事项共 523 案；（3）关系机密之报告讨论事项共 47 案。三者合计 1110 案。[3]

3. 拟定办理公文办法。例如，浙江省政府秘书处拟定《划分各厅处办理公文权限办法》。浙江省政府秘书处与各厅、保安处来往的公文处理之间存在"权限不明"，致使"厅处文件互相歧异者，时有发现"，所以为谋整齐划一和免除贻误起见，秘书处根据修正省政府组织法第八条规定，拟定办理公文权限办法，经同各厅处联席会议议决施行。[4]

4. 办理会计事务。如江西省政府秘书处总务科会计股报告 1928 年 7 月份收支情况，上月结存大洋 831.154 元，本月收入大洋 41241 元，本月支出大洋 36982.725 元，收支比较结存大洋 5089.425 元。秘书处每月经费规定为 41241 元，每月支出均要"切实单据汇粘成本，

---

① 刘宝钧主编：《江西年鉴》（第一回），江西省政府统计室，1936 年 10 月，第 131 页。

② 沈士远：《浙江省政府秘书处十八年下半年工作之回顾》，《心声》1930 年第 1 卷第 2 期，第 36—37 页。

③ 沈士远：《浙江省政府秘书处十八年下半年工作之回顾》，《心声》1930 年第 1 卷第 2 期，第 34 页。

④ 沈士远：《浙江省政府秘书处十八年下半年工作之回顾》，《心声》1930 年第 1 卷第 2 期，第 34 页。

以备证实"。①

5. 编制报告资料。例如，浙江省政府秘书处需将本省各厅处工作情况、重要政情等，及时向中央报告。从 1929 年 7 月 1 日至 12 月 31 日半年时间内，共计呈送的每月报告 12 次，每周报告 48 次。② 行政院令各省政府自 1929 年 7 月起，"按季预定三个月计划，呈报考核"，浙江省政府秘书处已令各厅处遵照办理，然而"日久未据呈送"，秘书处又"迭次函催，以便汇转"。③ 再如，浙江省政府秘书处已于 1928 年 8 月汇编付印出本省各项现行法规，"定名曰《浙江省现行法规汇编》，分送中央、外省及本省各厅处参考"。由于此次法规汇编"截至上年四月末日为止，历时又及年余，各项法令规程，陆续议订公布者不在少数，应即赓续汇编，以便查考"，于是浙江省政府秘书处一方面自己加紧"搜集采辑"；另一方面则于 1929 年 2 月 3 日"分函各厅处，请各就主管范围内，自上年五月一日起，至本年十一月末日止，查阅各项新订法规，暨从前已曾公布，复经修正之件，开单见复，以便汇编"。等到"各厅处复齐后，即可分类编订，校勘付印"。④

6. 记录职员任免变动。例如浙江省政府"各厅处对于任用人员，发给令状办法，至不一律"，秘书处认为，"对于各厅处职员之任免，本应有极详细明确之登载，以备查考，而资统计"，于是拟定统一办法，如属荐任人员，经委员会通过后，不论是何机关，其委令及任令状，一概由本处办给，并随时注册登记等，办法经省政府委员会议决照办，并由秘书处函知各厅处遵照实行。浙江省政府秘书处从 1929 年 7 月 1 日至 12 月 31 日止，共计填发任命状 148 件，委任状 504 件，缮

---

① 《江西省政府秘书处总务科会计股报告十七年七月份收支数目四柱表》，《江西省政府公报》1928 年第 37 期，第 109 页。

② 沈士远：《浙江省政府秘书处十八年下半年工作之回顾》，《心声》1930 年第 1 卷第 2 期，第 34 页。

③ 沈士远：《浙江省政府秘书处十八年下半年工作之回顾》，《心声》1930 年第 1 卷第 2 期，第 38 页。

④ 沈士远：《浙江省政府秘书处十八年下半年工作之回顾》，《心声》1930 年第 1 卷第 2 期，第 35 页。

发聘函79件。同时，秘书处"通令各机关，将现在在职暨嗣后任免调派人员，以及考取人员，分别造具履历暨名册呈送，其在职人员之奖惩，亦应随时具报，以凭分别注册，藉资考核"。①

7. 刊发机关印章。如浙江省政府秘书处于1929年7月1日至12月31日止，"共刊发各机关关防1颗，钤记146颗"，同时又刊发浙江省各县佃业仲裁委员会章75颗。②

除了上述之外，秘书组织还履行了规定之外的其他职能。例如宣传省内政情。据浙江省秘书处统计，自1929年7月份至12月份止共发政闻情报一万八千七百余册，内政闻稿956篇，计共印"公报154期"③。再如参与党务工作。1929年7月浙江省政府秘书处"又行函令各机关加紧研究"，据各属呈报，"均已遵令组织党义研究会，切实遵行，并经党部派员次第施行测验"。④

第三节　民政机构

孙中山的三民主义和国民政府建国纲领主要内容就是民政。时任安徽省政府主席刘镇华说，"施政在官府，收效在人民"，"惟民政含义尤宏，先总理之召示也，曰民有民治民享"。⑤

一　民政机构的变迁

（一）民政机构的缘起

辛亥革命后省民政机构称民政部。例如，1911年11月广东军政

---

① 沈士远：《浙江省政府秘书处十八年下半年工作之回顾》，《心声》1930年第1卷第2期，第35—36页。

② 沈士远：《浙江省政府秘书处十八年下半年工作之回顾》，《心声》1930年第1卷第2期，第35页。

③ 沈士远：《浙江省政府秘书处十八年下半年工作之回顾》，《心声》1930年第1卷第2期，第35页。

④ 沈士远：《浙江省政府秘书处十八年下半年工作之回顾》，《心声》1930年第1卷第2期，第37—38页。

⑤ 刘镇华：《安徽民政工作纪要》（1935年），安徽民政厅印行，"序"，1936年1月。

府成立，下设民政部等机构。南京临时政府成立后，为统一各省所属行政机构，下令将各部改称为司，以使中央各部与地方各部有所区别。

北洋政府为加强中央集权，1913 年 1 月下令各省实行军民分治，设立"行政公署"，作为专门管理行政的机关，并由总统直接任免民政长。省行政公署内设总务处及内务、财政、教育、实业四司。其中内务司主要负责选举，公共团体、账恤，救济，公私慈善事业、征兵、征发、户籍，行政区划、土地调查、官产官物，著作出版，道路，河堤、海港及土木水漕道等工程，行政，高等、司法警察，土地收用，礼俗整饬，古物保存，祠宇及其他宗教，病院及卫生以及地方交通行政事宜等。[①] 作为国民政府的根据地，广东省也实行了军政分治，除都督外，"另立民政长"为省最高行政长官，但仍由都督兼任。内务司是由原民政司改组成立，司长仍由原民政司长钱树芬担任。钱在任期间着力办理地方自治，自治章程"未奉中央颁布，暂以前清所定者为标准"，限期五月"各县上级地方自治，一律办完，各县县议会，早已先后报告成立"。然而自治效果并不如意，"数月以来，正开始选举城镇乡董事，人民程度不一，多有只争权利，不识事体者"。[②]

为进一步加强中央集权，实行军民分治，北洋政府又于 1914 年 5 月对省行政进行改革，实行巡按使制，将原有一处四司改为总务、内务、教育、实业四科及财政厅，并增设政务厅，四科隶属政务厅。5 月 23 日广东民政长公署改为广东巡按使公署，下设政务厅，主管全省民政事务，兼办教育、财政等。广东政务厅成立后，广东巡按使李国筠将成立情况和章程上报中央，1914 年 9 月 22 日北洋政府大总统下发批令："准如所拟，先行试办，交内务部汇案核定折并发，此批。"1916 年 6 月广东巡按使公署再改为省长公署，内部机构及职权不变。下设：营务处、执法处、文案处、交涉科、监督财政处、监督司法处、禁烟督察处和政务厅；政务厅下设：总务、内务、财政、司法、实业、

---

① 钱端升等：《民国政制史》下册，上海人民出版社 2008 年版，第 355—356 页。
② 张金超辑录：《钟荣光著〈广东人之广东〉》，林家有主编：《孙中山研究》第 3 辑，中山大学出版社 2010 年版，第 289—290 页。

教育六科，科以下又设课或股。又如安徽省民政机构在承继民国以来的民政机构基础上发生了相应的演变。"前乎此者，在元年至三年间，为内务司，三年后至十六年间，为政务厅之第一第二两科。"①

（二）制度设计与实行

国民政府基本上延续北洋政府的厅制。1925 年国民政府成立后第一次公布《省政府组织法》，就规定省政府设民政厅。民政厅设厅长一人，参加省务会议，厅长至少每月一次以书面形式向省务会议报告职务经过。② 这是国民政府成立后首次公布关于省民政机构的法规，民政厅成为省内管理民政事务的职能机构，一直延续至国民政府统治结束。例如，广东省 1925 年 7 月 3 日将原广东省长公署改组成立广东省政府，是国民政府最先成立的省政府。由民政厅等组成，并由各厅厅长联合组成省务会议。③ 古应芬任民政厅长，推选许崇智为省务会议主席。④

1926 年 7 月国民政府开始北伐，9 月攻占武汉，湖北省纳入国民政府统治区域。从 1927 年 3 月开始，国民革命军相继攻占上海，随后南京光复，东南底定，国民政府的势力范围扩大到江苏、浙江、安徽等长江中下游的富庶地区。在统一全国的过程中，国民政府统治区域的省政相继成立，省民政机构随之逐渐施行。例如，湖南省 1926 年 7 月 30 日正式成立省政府，下设民政、军事、财政、教育、建设五厅。这是北伐开始后建立的第一个省政权。"民政厅原只设第一第二第三三科，民国二十一年，以办理地方自治，遂增设第四科，俾负专责。至二十二年六月，亦以省款收支不敷，于省府委员会常会通过裁减经费案时，将民政厅之第四科，亦并案裁撤。"⑤ 再如，湖北省于 1926 年 9 月 15 日成立临时政治会议，决定省军事、政治、财政大计。23

---

① 《安徽民政工作纪要》（1935 年），安徽民政厅印行，1936 年 1 月，第 3 页。
② 《国民政府公报》第 1 号第 1 册，第 6—7 页。
③ 广东省地方史志编纂委员会编：《广东省志（政权志）》，广东人民出版社 2003 年版，第 234 页。
④ 袁继成等主编：《中华民国政治制度史》，湖北人民出版社 1991 年版，第 125 页。
⑤ 《湖南年鉴》（1935 年），湖南省政府秘书处编印，1935 年 10 月，第 148 页。

日成立湖北政务委员会，负责执行临时政治会议议决后的政务。邓演达被任为湖北政务委员会主任，麦朝枢、刘赓藻、詹大悲、郭沫若分任秘书长和民政、建设、教育科长。10月又公布《修正湖北政务委员会条例》，要求省政府成立前的政务归湖北政务委员会执行处理，下设秘书处、民政科、教育科和建设科。其中民政科下设三股：民政股、司法股、公安股。①

随着国民政府定都和统一全国，各省相继正式成立省政府，民政机构也随之成立改组。由于各省情形迥异，差异较大，所以民政结构也呈现出不一致特点。例如，浙江省规定民政厅设厅长一人，受省政府之指挥监督，掌理全省民政事务；设秘书三人，承厅长之命，佐理一切事宜；下设四科，科长四人，科员若干人。同时民政厅因考察吏治，得酌设视察员若干人；因职务及技术之必要，得酌设技士及特务员若干人；因管理簿籍，缮写文件，得置书记若干人。② 再如，江苏省1927年5月31日省政府第十二次政务会议通过民政厅组织条例，规定：厅受省政府之指挥监督，主管全省民政事务；设厅长一人，综核全厅事务，指挥监督各县县长、所辖各署；设秘书主任一人，秘书三人，承厅长之命，办理机要事务；厅设第一、第二、第三、第四科。各科设科长一人，承厅长之命，管理各科事务，科员—办事员若干人，承长官之命，佐理各科事务。为考核吏治之成绩，或督促吏治之改进，得设各项委员会，讨论办法。因视察吏治，得酌设视察若干人；因缮写文件和佐理事务，得酌用雇员。③ 江苏省民政厅于1927年5月2日宣誓就职，并启用印信，6月1日在前省长公署组织成立，开始办公。同时，由厅提出各科职员名单，并经省政府政务会议议决通过并委任。除第二科长因事尚未到厅，指派秘书暂行兼代外，其余各职员先后到任。④ 1930年6月20日，江苏省政府委员会第304次会议通过民政厅

---

① 袁继成等主编：《中华民国政治制度史》，湖北人民出版社1991年版，第164—165页。
② 戴季衡编：《现代法制常识问答》，中央图书局1927年版，第42—43页。
③ 《江苏省民政厅组织条例》，《江苏省政府公报》1927年第1期，第1页。
④ 《江苏省政府公报》1927年第1期，第2—3页。

办事细则。全厅内设秘书三人，承厅长之命，办理机要事务。厅分设六科，每科设科长一人，承厅长之命，掌理各科事务。各科内设科员，科下分股，设主任科员一人，视事务之繁简，酌设雇员。设视察员七人至十二人，承厅长之命，分别视察全省各县行政状况，并调查案件。必要时，厅内得酌设技正、技士、技能，办理技术事务。1933 年 2 月，厅内增设秘书室，将原设六科改设四科。1935 年 8 月，厅内保留秘书室，又将四科改设五科。① 由上可知，省民政机构通过法规"普遍安排有序的、机关的权限的原则"，各科室有"固定的分工"，层级分明，"具有一种普遍规定的资格的人员"，即具备现代官僚体制特征。②

二　民政机构的运作

国民政府时期民政厅运作主要有两个方面：办公机制和会务机制，前者主要是日常办公机制，包括公文办理等；后者主要是决策方面的会议运行。

（一）办公机制

各省民政厅成立后，为有效运行，相继制定了办事细则，明确了运作机制。如江苏省民政厅成立后，于 1927 年 5 月 31 日制定了办事细则，并经省政府第十二次政务会议议决通过。③ 此后，为进一步完善民政厅办事机制，提高行政效率，办事细则逐步修正完善。江苏省政府改组后，又于 1928 年 6 月 29 日公布民政厅办事细则，并经第七十八次委员会议通过。④ 不久，省政府又于 11 月 23 日修正民政厅办事细则。⑤ 1930 年国民政府修正省组织法，各省民政厅又根据修正法规，对民政厅办事细则相应加以修正，"由省政府委员会议定之，并呈报

---

① 曹介潇编著，《民国江苏权力机关史略》，《江苏文史资料》编辑部，1994 年，第 26—27 页。

② ［德］马克斯·韦伯：《经济与社会》下卷，林荣远译，商务印书馆 1997 年版，第 278—279 页。

③ 《江苏省民政厅办事细则》，《江苏省政府公报》1927 年第 1 期，第 1—3 页。

④ 《民政厅办事细则》，《江苏省政府公报》1928 年第 40 期，第 24—25 页。

⑤ 《修正江苏省政府民政厅办事细则》，《江苏省政府公报》1928 年第 63 期，第 12—15 页。

国民政府备案"。① 于是，1930 年 6 月 20 日江苏省政府委员会第 304 次会议又对民政厅办事细则进行了修正。② 1934 年国民政府实行省政府合署办公制度，各省政府依据行政院法规，相继对各厅办事细则重新加以修订和完善。1937 年江苏省政府制定了《江苏省民政厅暂行办事细则》，并于 5 月 21 日通过行政院指令备案，于 5 月 25 日在省政府委员会第 906 次会议报告。③ 综述上述办事细则的法规，主要内容如下：

第一，内部组织：民政厅设厅长一人，对于吏治考核成绩或督促改进时，可设各项委员会，或临时召集厅务会议。厅长因公外出，或因故不能办事时，由秘书主任或秘书科长一员临时代之。厅设秘书处、科，每科设科长一员，科员、办事员若干员，科员分一二三等。科长考察情形及其他必要处置时，得随时报告厅长，分别奖惩。遇有某科事务烦冗时，由厅长指调他科科员协办。凡各科互有关系之文件，由某科拟稿后送交有关系之他科科长会核盖章。凡重要事件得由厅长指定一员承办之。关于缮写文件及一切杂务得酌用雇员，受各职员之指挥，随同办理。④

第二，办公程序：收受文件，由收发员摘记事由，登录总簿，注明应分秘书处或某科字样，并分别加盖最要次。要常件等戳记，汇呈厅长核阅后，交由秘书处编记内号，分送办理。承办稿件时间：最要件随到随办；次要件不得逾一日；常件不得逾二日。但遇特别情形，或烦冗稿件，得陈明酌展其时间。承办员拟稿完竣，应签名盖章，先由科长核阅，再送秘书及秘书主任先后复核，转呈厅长判行，其紧要文件判发后，应即日缮签，由收发处钤印封发。遇有最要文件须立时印发者，得签稿并送。各科应派专员保存文件，依其性质分类按序编号保存。各科拟办稿件需检文卷时，应开明案由，备条送向保管专员

① 《本厅分科办事及编定办事细则》，《浙江民政年刊》下册，1930 年，第 1 页。
② 《江苏省政府民政厅办事细则》，《江苏省政府公报》1930 年第 470 期，第 7—10 页。
③ 《江苏省民政厅暂行办事细则》，《江苏省政府公报》1937 年第 2594 期，第 4—10 页。
④ 《江苏省民政厅办事细则》，《江苏省政府公报》1927 年第 1 期，第 1—3 页。

调取，检阅既毕，即送还归档，并撤回原条。①

第三，工作时间：除星期例假外，每日午前九时起十二时止，午后二时起五时止，必要时得延长。各科处分置勤务簿，职员每日均须亲笔书明到散时刻。职员因病因事不能到厅，秘书主任、秘书科长向厅长请假；科员、办事员、书记向主任或科长请假，转呈厅长。职员请假逾三日者，须开具事由，呈请厅长核准，并委托同科或同处职员兼代之。星期日每科酌留科员雇员各一人轮值。②

（二）会议机制

国民政府时期省民政厅的决策主要通过会议制度，这一机制基本得到运行。兹以1931年江西民政厅会议记录为例。

民政厅第二七次厅务会议录

时间：1931年6月6日

出席者：王尹西　张田民　胡燮光　刘竞渡　张叔梅　张振民　许逢时　萧达僧

主席：王尹西

纪录：黄培根

主席恭读总理遗嘱，全体肃立。

一　报告事项

1. 宣读第二十六次厅务会议决议案。

2. 奉省政府转令，各机关凡审查及格之公务员，遇有官阶改变时，仍照甄别审查手续，重行送审一案，仰饬属遵照由。

3. 奉内政部转令，嗣后行文无论上行平行下行，于自称时，一律于本机关名称上冠一本字，仰饬属遵照由。

二　讨论事项

1. 本厅经费，照财政厅规定七折发放，就俸给一项而言，每

---

① 《江苏省民政厅办事细则》，《江苏省政府公报》1927年第1期，第1—3页。
② 《江苏省民政厅办事细则》，《江苏省政府公报》1927年第1期，第1—3页。

月短少三千余元,应如何支配案。决议:(1)由各科科长就处理公文实情,规定本科必须员额,并将本科职员,勤加考核,分别优劣,送厅长察核。(2)本厅勤务、公丁,由第五科切实考核,分别勤惰,送厅长考核。(3)关于人员之裁留,及经费之支配,由厅长核定。

2. 本厅二十年度预算,应如何编制案。决议:根据地方整理委员会紧缩标准,从速编制,由第五科汇齐送由秘书转呈核定。

3. 本厅各科主管事件,应如何择要计划案。决议:各科应注重之事件如下:

第一科,关于县长至任用及考核事项;第二科,关于整理警察队完成保卫团,及修筑各地城防事项;第三科,关于考核各县办理自治现状,及推进方法;第四科,关于赈灾救济方法,及平民借贷所详细办法;第五科,关于调查各县经济实况,及破坏各县之救济办法。各科各就应注重之事件,详加研究,议定计划。

4. 本厅工作应如何紧张案。决议:严守办公时刻,注重公文内容,严禁积压公事。以上各项,除由秘书通知外,并由各科长向本科职员详细训话,务使恪守。[1]

三 民政机构的职责

(一)职责规定

在1928年前所颁行或修正的《省政府组织法》中,均无对民政事务、职权作出明确规定。1928年4月27日国民政府修正公布《省政府组织法》,规定民政厅的职责。此后国民政府又于1930年2月3日第五次修正公布《省政府组织法》,1931年3月23日第六次修正公布《省政府组织法》,职能内容大体相同。至此,民政机构的职责法制规定逐渐完善充实。根据规定,民政厅职责主要包括:县市行政官吏的提请、任免、监督事项,县市所属地方自治及经费,地方行政区

---

[1] 《民政厅第二七次厅务会议》,《江西省政府公报》1931年第6期,第30—32页。

划之确定、变更，警政、保卫事项，卫生行政事项，选举事项，赈灾及其他社会救济事项等。①

根据《省政府组织法》，民政厅分别制定施政方针、纲要，加以具体化和明确化，以利于履行职能。例如，江苏省民政厅于 1927 年 7 月制定施政方针，并经省政府政务会议议决通过。主要内容包括：一是吏治。"民政厅有察吏安民之责，现在所属各行政人员，拟分别询考，定其去留。所属机关以县政府及公安局为全省普遍之机关，察吏安民之实事，皆于此两种机关行使其作用"。地方行政人员"应依照任免条例，严格任用，以杜奔竞侥幸"。二是办理地方自治。"民政厅负办理各县自治之全责。凡应由地方负担而办理之政务，皆为自治行政。其中农田水利，及调查户口，测量土地，修筑道路等行政，凡需劝导地方，随漕粮正额，加收附税，而后集事，故皆属诸民政厅。"民政厅为"养成民众能行使四权"，"当改变军政时期之方针，而移易其宣传之标的，以教练民众，行使四权，为训练时之宣传。此外军政时期所需用之宣传，如打倒某某等标语，应分别停止"。三是地方治安。"凡公安之职掌，皆为民政厅之职权。县政府之职掌，则除民治一科外，其余皆各有主管。但向来赋税完纳于县署者，势未能另设征收机关，则款项未报解财政厅之前，民政厅不能不负其督催稽核之责。"②

（二）职能履行

因一省民政事务极为广泛，且复杂，故民政职能极为繁杂，履行的主体主要是民政厅。兹分述如下：

1. 县政管理。国民政府时期地方制度主要实行省县二级制，县政府成为各政令实施的执行机关，"县政而良，百废具举；县政而不良，百举皆废，而其枢纽则在于县长之得人与否暨县政府组织之良否"。③

---

① 钱端升等：《民国政制史》下册，上海人民出版社 2008 年版，第 394—395 页。
② 《民政厅施政方针》，《江苏省政府公报》1927 年第 3 期，第 21 页。
③ 《浙江省最近一年间内务行政设施状况及进行计划》，《浙江民政年刊》（1928 年度），[出版情况不详]，1929 年 5 月，第 1—2 页。

作为其直接上级机关——民政厅极为重视。第一，制定县长任用、考试等法规。如江苏省民政厅制定出《江苏省县长任用条例》，于1928年2月10日经省政府委员会第32次会议修正通过，并呈请国民政府备案。条例规定：考试由省政府督同民政厅组织考试委员会，定期举行。考试及荐举人员由民政厅长存记，于县长任用时，就存记人员中遴选，经省政府委员会议决任用。实任县长之任命，由民政厅提请省政府委员会议决，荐请国民政府任命。代理县长由民政厅长委任，呈报省政府备案，但以有特殊情形，不及提请省政府委任者，为限代理时期不得逾一个月。① 此外，民政厅又制定了《江苏省县长考试条例》《江苏省县长考试委员会章程》《江苏省县长考试资格审查委员会章程》《江苏省县长考试事务所章程》，并分别经省政府委员会会议议决通过。1927年江苏省民政厅拟定县长任命名单，提交第十三次政务会议议决，通过后由省政府委任。后又拟定名单，由厅提交省政府第十四次政务会议通过，并由省政府委任。② 第二，督促县政。民政厅"奉省政府令，切实整顿吏治"，令各县填报吏治调查表。江苏省民政厅1927年6月23日向各县发出通令："本厅长负督饬指导之责，际此训政开始，所有各县应兴应革，暨实施政务情形，亟待详查，藉资稽考，以谋改进。兹奉前因，合行制定表示，通令各县遵照，将县政措施情形，于文到五日内，详实填报，以凭考核。"③ 此外，民政厅派员深入县政调研。如浙江省民政厅因省"辖境辽阔，新政实施，恐有未周"，为深入了解地方，特派专员"分赴各属，督促办理"新政实施情况。据报告，"关于村里制之施行，禁烟卫生之举办，与乎民风，警政诸端，多所匡导"。④ 第三，奖惩县长。如江苏省江浦县长"陈报此次江北事变，县款并无损失"，受到民政厅传令嘉奖，并呈省政

---

① 《江苏省县长任用条例》，《江苏省政府民政厅公报》1928年第212期，第1—3页。
② 《江苏省政府公报》，1927年第1期，第3页。
③ 《令各县填报吏治调查表》，《江苏省政府公报》1927年第1期，第7—8页。
④ 《浙江民政年刊》(1928年度)，[出版情况不详]，1929年5月，第19—21页。

府。① 再如，江苏省沛县县长曹寅甫向民政厅呈报巡察计划大纲等，民政厅认为"所拟计划条教，颇为妥洽"，并指令嘉奖。② 民政厅查办被控县长。如1928年江苏省盐城县民呈诉"该县县长李一诚肆意敲诈，贪赃倒赃，拘释自由，营私蔑法，查赌诈索，公卖传票，勾吏验枪，违法栽诈，蹂躏人权，及敲诈商店，剥削民众，吸食鸦片"等劣迹，而且近来"公安队长委任巨匪王信福"。据此省政府令民政厅"迅予并案彻查，核办具报"。③

2. 行政区划。省内行政区划的调整、改变，处理与邻省交界事务，是民政机构的重要职责之一。当两省重新划定县界时，民政厅要与其他厅会同勘查。如江苏、安徽两省重勘高、当、宣三县界址，由民政厅与建设厅会同所委的勘查员一起办理，并由民政厅"转令土地局选派谙习大地测量人员，随同前往"，"制成精图，以期一劳永逸，并免日后纷争"。④ 再如，江苏省东海县党部、县民众团体联合致电省府说：灌云县屡次越界施政，请予制止。省府令民政厅迅速办理此纠纷。⑤

3. 警政事务。第一，制定公安局长任免条例。如1927年江苏省民政厅制定了《暂订各县公安局局长任免条例》，规定：各县公安局局长由民政厅遴员委任，呈报省政府备核。各分支局长由民政厅遴员委任，必要时可由县公安局局长暂委代理，呈报民政厅备核。县公安局课员、督察员、教练员等由县公安局局长遴选充任，呈报民政厅备核等。⑥ 第二，民政厅委任各县公安局局长。如1927年江苏省民政厅就委任了一批县公安局长：江品泉为江阴县公安局长，沈靖为昆山县公安局长，蒋峻为宜兴县公安局长，徐哲东为武进县公安局长。⑦ 第

---

① 《江苏省政府公报》1927年第8—9期合刊，第23页。
② 《指令嘉奖沛县县长曹寅甫》，《江苏省政府公报》1928年第38期，第11页。
③ 《令查办盐城县长李一诚》，《江苏省政府公报》1928年第56期，第14页。
④ 《令厅重勘高当宣三县界址》，《江苏省政府公报》1931年第754期，第1页。
⑤ 《令划清东灌县界以免纠纷》，《江苏省政府公报》1928年第61期，第15页。
⑥ 《江苏省政府公报》1927年第1期，第4—5页。
⑦ 《江苏省政府公报》1927年第1期，第3页。

三,审核、批准地方治安组织经费及预算。各县公安局经费增减,须呈报民政厅核办。如江苏省宝山县公安局呈请编组警察队,"担任城区警察勤务办法",并增设两分局,被民政厅审核时认为"与规定不合",令该局"遵照重行厘定,另编收支预算呈核"。①

4. 地方自治事务。按照孙中山的设想,"训政"时期的重要任务,就是举办地方自治,而地方自治事务,主要是民政机构负责的。第一,办理自治人员训练和划分自治区域。据江苏省民政厅呈复,划定县区,成立区公所期限,自1929年2月1日施行起,至7月底完成。一方面"筹办区长训练所,以培植地方自治干部人才,为将来实施区村里制之准备";另一方面"订定本省各县划分自治区域办法,并规定区数标准,自五区至十五区为度,先后令行各县遵照办理"。"现各县自治区域,均已划定;惟图表尚未报齐。"② 第二,督促乡镇选举。如江苏省乡镇选举施行情况不一,"本省各县情形不同,在民智开通地方,施行尚无窒碍,若在民智闭塞地方,则难免发生困难"。于是,民政厅一方面"指饬仍转饬各区区长依法切实调查,认真办理";另一方面则将实情呈请省政府鉴核办理,并转咨内政部。③ 第三,调查土地面积。例如,内政部令发《各县土地面积调查表》,令各省民政厅转饬"各县确实查填,限文到一月内填齐",于是江苏省民政厅于2月20日"检发原表,训令各县县长依限遵办"。④ 第四,办理户籍与人事登记。户口调查和人事登记"事关全国人口统计",是国民政府训政"筹办地方自治之根本要政"。如江苏省政府下发训令,要求民政厅"督饬各县,认真迅速办理,毋任忽延",并"责成民厅限令各县于文到三月内一律办竣","限期清查户口"。⑤

5. 社会问题治理。赈灾为民政厅的日常事务之一。第一,巡视灾

---

① 《宝山公安经费预算发回另造》,《江苏省政府公报》1930年第629期,第5页。

② 《民厅呈报苏省划分自治区域情形》,《江苏省政府公报》1929年第111期,第5—6页。

③ 《乡镇选举公民内无合格候选人应如何补救案》,《江苏省政府公报》1931年第869期,第7—8页。

④ 《厅令各县查填土地面积》,《江苏省政府公报》1931年第681期,第10页。

⑤ 《令限三个月内查清户口》,《江苏省政府公报》1928年第37期,第11页。

区灾民。如 1927 年江苏省句容县县长转请省政府"拨款抚恤龙潭被难灾黎",省政府政务会议决议"由民政厅派员视察后再议"。再如,江北一带"近被逆军蹂躏,界首商界,曾以地方糜烂",要求赈济,省政府秘书"建议于常务委员及秘书长,拟请公推大员,巡视江北区域以为抚恤标准"。政务会议决议由民政厅派员巡视。① 第二,办理救灾。例如,江苏省民政厅奉省政府令后,即通令"各县县长注意安置灾民,并就建设水利积谷等款,筹划各县工赈办法"。② 又如,1931 年江苏省民政厅"以此次各县遭受水灾,为近数十年所未有。经商同农、财两厅暨赈务会酌拨的款办赈,惟杯水车薪,无济哀鸿"。于是在 8 月 15 日,"电内政部长、财政部长、赈务委员会委员长,请转呈行政院提请国府会议救济"。③ 第三,革除社会陋习。如"查溺毙女孩,有背人道,恶俗相沿,亟应禁止"。江苏省民政厅遵照国府和省府命令,于 1927 年 8 月通令各县"严禁溺毙女孩恶俗","以重人道而维世风"。④ 再如,江苏省民政厅据无锡县公民胡笛等呈报,各地"风俗浮浇,吉凶庆吊妄用前清仪制",故于 1928 年 2 月 9 日再次通令各县县长暨各公安局长"严切查禁具报"。⑤ 第四,办理禁烟。一是奖励禁烟优秀者。如 1931 年 3 月 6 日江苏省民政厅向省政府呈报第四次禁烟成绩,"审核优劣,拟定奖惩","考核结果,以丰县县长杨良,成绩较著,缉获大宗烟土,办理亦颇认真"。⑥ 又如,1932 年江苏省民政厅据海门长呈送的上年 9 月至 12 月办理烟案考成表,经审核后,于 1 月 24 日下发指令:"以该县公安局督察长丁作舟成绩较优,应予传令嘉奖。"⑦ 二是惩戒禁烟不力者。1928 年据江苏省民政厅呈报沭阳县长玩视禁令,铲烟不力,应否议处前来,经于本年 6 月 14 日指令:

---

① 《江苏省政府公报》1927 年第 8—9 期合刊,第 14—15、18 页。
② 《令各县遵小赈灾》,《江苏省政府公报》1931 年第 832 期,第 16 页。
③ 《民厅电请特颁巨帑救灾》,《江苏省政府公报》1931 年第 831 期,第 10 页。
④ 《令饬严禁溺毙女孩恶俗》,《江苏省政府公报》1927 年第 3 期,第 23 页。
⑤ 《江苏省政府民政厅公报》1928 年第 204 期,第 8 页。
⑥ 《民厅呈报第四次禁烟考绩》,《江苏省政府公报》1931 年第 691 期,第 8—9 页。
⑦ 《嘉奖海门县公安局长督察长》,《江苏省政府公报》1932 年第 961 期,第 6 页。

案经提出省政府委员会第七十次会议，议决，交民政厅从严议处；并查明各县如有铲除不力者，概行严处；① 再如，1931 年 3 月 6 日江苏省民政厅向省政府呈报第四次禁烟成绩，对于"查禁疏懈"，每月应送报表却"延未造送"的泰县县长张燡、如皋县县长钱佐伊，分别予以申诫；严催海门、淮阴、兴化三县因"烟案应造表格"，并"再督属认真缉禁，并严加考核"。②

除上述规定的职能之外，民政厅还履行了其他职能。例如保护外来人员。江苏省民政厅奉省政府、国民政府令，于 1930 年 6 月 22 日发出训令："分饬所属，布告保护外人之生命财产"，对遵办情形具报备查，切切此令。③ 再如，设立统计处。例如，江苏省民政厅长钮永建提议设立统计总局，认为"举凡土地人口之调查，社会事业之测验，政治经济之支配，科学建设之发展，必须详为统计，树其基础，循序办理，庶了然其得失所在，以求改进之方"，"统计机关之成立，已为不容或缓之举"，所以呈请省政府"酌设江苏省统计总局，以专其事"。经 1927 年 8 月 5 日第三十一次政务会议议决，在民政厅下设一统计处，预算另行编定。④

四 民政机构的弊病

作为主管省内民政事务的职能机构，民政厅的效能如何直接关系到基层官民之切身利益。然而，从民政厅实际运作来看，效能未能有效发挥。有时人指出：江苏省民政厅"可算一言难尽"，"对于各县的公事，朝令夕改，毫无定见，即所谓'官样文章'，也弄不妥当"。⑤ 其低效主要有以下几个方面：

第一，厅长腐败。例如，江苏省民政厅长缪斌罪状可谓"罄竹难

① 《沭阳马县长玩视烟禁从严议处》，《江苏省政府公报》1928 年第 39 期，第 24 页。
② 《民厅呈报第四次禁烟考绩》，《江苏省政府公报》1931 年第 691 期，第 8—9 页。
③ 《保护外人生命财产》，《江苏省政府公报》1927 年第 3 期，第 25 页。
④ 《江苏省政府公报》1927 年第 3 期，第 21—22 页。
⑤ 溶溶：《赶快改组江苏省政府！》，《江苏评论》1929 年第 3 期，第 3 页。

书"，任"骗卖工友"的李子峰"为睢宁县长"；李万里是"南通张氏之家奴"，"无钱不要无恶不作"，被"擢之为民厅科长"，其他如"句容公安局长程镇析，扬中严伯威，泰兴潘祖廉，宿迁厉国珍，东台王汇等"，均是"著名贪污腐恶分子而省政府有案可稽者"。再如，江苏省镇江县长已被交付惩戒，"降二级改叙"，按规定"非经过二年不得进叙"，但民政厅长赵启騄"不知依据何种理由，又任委镇江县长，且于本年四月间任为第一区行政督察专员。查专员系简任待遇为进级职，何以江苏民政厅长赵启騄不顾及此，悍然提出省政府会议通过"。此属"藐视法令，任用曾受惩戒未满停叙处分之官吏，殊属失职"。① 甚至还出现民政厅长明码标价出售县长职位。例如，江苏省民政厅长缪斌"若委派各县县长，公安局长视缺额之肥瘠定贿金之多寡，致京镇一带遍传：一二三四五六之秽声（即公安局长分一千元、二千元、三千元三级，县长分四千元、五千元、六千元三级），证之缪氏所委县长、公安局长类多临时代理之事实，岂为厚诬？"②

第二，职责未能履行。民政厅救灾不力。例如，1930 年江西发生民食恐慌，救济灾民本是民政厅"职掌所关"，但厅长王尹西"未能见机救济于事先，已属有忝职责。及民食恐慌已达极度，乃将米商羁押，谓为俯顺民意，藉以搪塞。其违法失职情节，实非寻常可比"。对此，国民政府于 1933 年将江西省民政厅长免职，并停止任用三年。③ 民政厅不作为造成社会不安。例如，江苏省宿、邳、睢三县"刀匪暴动，捣毁党部，惨杀党员"，"发纵指使于其间者，则为已被通缉之土劣郭寅皋、夏墨林、王玉树等"，然负责保安的民政厅长缪斌"竟充耳无闻，坐使匪风日炽，一再发生暴动，哄传全国，震及首都"。甚至还出现民厅与土劣勾结，纵容包庇之。④

---

① 《提劾江苏民政厅长赵启騄违法任用张鹏案》，《监察院公报》1933 年第 20 期，第 58—59 页。

② 溶溶：《赶快改组江苏省政府！》，《江苏评论》1929 年第 3 期，第 3—4 页。

③ 《国民政府公报》第 1088 号第 66 册，第 5—6 页。

④ 溶溶：《赶快改组江苏省政府！》，《江苏评论》1929 年第 3 期，第 3 页。

第三，民厅官员腐败。例如，安徽省民政厅视察员指出："他出去视察一次，总要收入数百元至数千元，因为无论何县县长，除竭诚招待外，都要视县缺的肥瘠，致送五十元或一二百元的程仪。""有一次颖上县与凤台县争界，两县间有数十村庄，彼此都想划入己县，省方派他去仲裁。在仲裁会议散会后，他发现枕头下面有四百元中钞，他明白这是颖上县致送的，于是却之不恭，他就秘密收下了"，"类此的事件，恐怕各省都有吧。"[1] 又如，江苏民政厅内官员极度腐败。如屠集成，"民厅委员也，其在睢宁检阅警察时，则宿娼狎妓，吸食鸦片"。再如田斌，"民厅密委也，前赴睢宁查案，则受土劣贿赂，满载而归"。[2]

第四，监督不力。民政厅是县上级机关，负有监督指导之责，很多民政厅均未能有效履行。例如，1931年国民政府监察院曾公布弹劾案，其中各县腐败较多：浙江省镇海县长曹伯权，废弛职务，已停职候惩；浙江省仙居县长韦隽明违法，已停职候惩；皖省阜阳县长王云龙，废弛烟禁，擅杀多命，纵容反动，业交法院惩办；闽省南岳县长叶长青，贪赃卖法，证据确凿；河北省滦县县长孙维善，违法扰民，经议决交付冀省府彻查；闽侯县长，教育局长，违抗部令，勒索捐款，逮捕无辜，请予惩戒。[3] 总之，正是由于上述民政机构运作中产生的弊病，才导致民政机构效能低下，无法持续有效地运作。

第四节　财政机构

任何政权的正常运转，必须有足够的财政保障。诚如张静庐所言："凡战后之省区，其最重要者，莫过于财政之整理，亦莫难于财政之整理。"[4] 因此，国民政府势力每达到一省，率先设立的必有财政机构。

---

[1] 周暮霞：《贪污的"普遍防止"和"觉悟"》，《汗血月刊》1936年第4期，第42页。

[2] 溶溶：《赶快改组江苏省政府!》，《江苏评论》1929年第3期，第3页。

[3] 《监察院昨日公布弹劾案》，《观海》1931年第4期，第13页。

[4] 张静庐编著：《革命后之江西财政》，光华书局1927年版，"弁言"，第1页。

一　财政机构的设置

（一）制度实行

国民政府早就对财政非常重视。1925 年 7 月 1 日国民政府成立的同时就规定：省政府由财政厅等七厅组成。[①] 广东省政府也作了改组。7 月 3 日广东省政府在广州市第一公园举行成立典礼，下设民政、财政、教育、建设、商务、农工、军事七厅和秘书处。其中财政厅掌理全省财务行政，由国民政府财政部长廖仲恺兼任该厅厅长。[②]

国民政府北伐统一过程中，因军政需要，各占领区域实行临时组织，名称不一，如财政委员会、财务委员会、财务处等。当各省政府成立后，财政职能机构相继设立，并统一命名为财政厅。例如，1925 年 11 月国民革命军攻克江西全省后，俞飞鹏等被任命为江西财政委员会委员，即于 11 月 10 日在前财政厅旧址成立，开始办公。16 日，召集第一次委员会议，以后每星期二四六召开会议三次，至 2 月 20 日江西省政府成立日止。该会一切事务交代财政厅继续办理，财政厅即就原址，于 25 日成立，厅长为周雍能。[③] 又如，1927 年 4 月 1 日江苏省政务委员会被裁撤，国民革命军总司令另设省临时财政委员会等，并规定以上各委员会之委员分别兼上海市临时政务、军事、财务委员会之委员，取消主席，实行主席团制。[④] 1927 年"四一二"事变之后，南京国民政府下令裁撤临时财政委员会，并改组江苏省政务委员会，取消主席团制，设常务委员，下设七厅，于同年 5 月 2 日正式成立了江苏省政府。5 月 24 日省第九次政务会议通过《江苏省财政厅组织条例》，设立财政厅。[⑤]

---

① 《国民政府公报》第 1 号第 1 册，第 6 页。
② 曾庆榴：《广州国民政府》，广东人民出版社 1996 年版，第 142—143 页。
③ 张静庐编著：《革命后之江西财政》，光华书局 1927 年版，"弁言"，第 11 页。
④ 江苏省地方志编纂委员会编：《江苏省志（政府志）》（上），江苏人民出版社 2005 年版，第 197 页。
⑤ 江苏省地方志编纂委员会编：《江苏省志（政府志）》（上），江苏人民出版社 2005 年版，第 201 页。

（二）机构设置

各省政府成立后，财政厅根据组织条例，相继设立机构。例如，江苏省财政厅设厅长一人，主管全省财政事务。设秘书三人，承厅长之命，办理机要事务及撰核文稿。分设二科：第一科分设总务股、预算决算股、收支股、交代股、银行公债股、清理股、总计股；第二科分设田赋股兼税契、货物税股、杂税股、新税股、官产股。各设科长一人，设科员、雇员若干人。又设特务员若干人，办理特别事务。受国民政府或省政府委办各货或财务，得于本厅附设专处，派委主任人员，经理各项主管事务。① 再如，江西省财政厅设厅长一人，掌理全省财政，综核全厅事务，监督指挥所属经征官吏。秘书四人，办理机要事件。分设总务、田赋、税务、制用四科，必要时增设统计科，每科设科长若干人、书记若干人，量事务之繁简分股办事。设金库库长一人、库员若干人，管理全省收支库款事务。设监印、收发、会计、庶务若干人。设特务员若干人，办理催征调查及其他特种事务。掌管案卷，缮写文牍，得用雇员若干人。必要时设特种委员会。②

1928 年《省政府组织法》修订公布后，省财政厅为顺应国民政府实施训政的要求，相应改变机构设置。如江苏省财政厅，1928 年 6 月制定《财政厅办事细则》，由省政府委员会议决通过，并公布施行，规定：设秘书三人，承长之命掌理机要事务。分设三科：第一科设总务、库务、统计三股，第二科设赋税、杂税、新税三股，第三科分设预算决算、交代、银行公债、清理四股；每科设科长一人，科员若干人。设视察员若干人，承厅长之命视察直辖各机关征收状况及其成绩。为缮写文件及其他事务，得酌用雇员若干人。必要时，得设委员会及专处，办理各种事务。为规划地方财政力图发展，得召集财政会议。受中央之委托，遵照国税管理规程，附设国税管理处。③

1934 年国民政府实行合署办公制度改革后，部分省厅组织相应实

① 《江苏省财政厅组织条例》，《江苏省政府公报》1927 年第 1 期，第 1 页。
② 《江西省政府财政厅组织法》，《江西省政府公报》1927 年第 2 期，第 9 页。
③ 《财政厅办事细则》，《江苏省政府公报》1928 年第 39 期，第 33—34 页。

行改革。如江西省财政厅依照《江西省政府合署办公施行细则》，重新设定自己的内部机构：设秘书室，掌理撰拟机要文电，覆核文稿，编审各项计划报告及保管图书，本厅职员之任免奖惩及抚恤事项，全省收支之登记，监督省金库，会议记录及对外通信、译电、缮写文件，其他不属各科事项，厅长交办事项。第一科职掌有：整理本省金融事项，取缔纸币事项，监督省银行事项，办理官营事业及各种债券库券，监督县地方财务行政事项，审定县地方岁入岁出预决算事项，清理县地方公款公产，县财务委员会组织事项，典守印信及收发文件事项，分配各科文件、管理各项票照及卷宗事项，领发物品事项。第二科职掌：全省田赋租课之征收行政事项，关于契税、牙当税、营业税、屠宰税、烟酒牌照税及其他捐税之征收行政事项，全省推行新税事项。第三科职掌：办理省地方岁出经临各费支付事项、编制省地方岁入岁出预决算事项、关于各县局交代事项。① 从制度设计来看，国民政府时期财政机构按照现代科层制精神设立：一是分级制度，分科设股，一级一级设立。二是职责明确，各科分别掌理各项事务。三是设有固定编制。②

二　财政机构的职能

对于财政厅职能的规定，国民政府直到 1928 年 4 月 27 日第四次修正公布的《省政府组织法》中才有明确规定。根据组织法，财政厅掌理事务包括关于省税、省公债；关于省政府预算、决算；关于省库收支；关于公产及其他省财政事项。国民政府后来又多次修正省制，但对财政厅的职能规定基本未有变化。

国民政府建政后，随着分级财政体制的建立，各省财政机构随之逐渐设立。省财政职能较为专业，因而职能履行较为彻底。现分述如下：

---

① 刘治乾主编：《江西年鉴》（第一回），江西省政府统计室，1936 年 10 月，第 143 页。

② ［德］马克斯·韦伯：《经济与社会》下卷，林荣远译，商务印书馆 1997 年版，第 278—279 页。

1. 征收捐税。第一,订立新税。如江苏省财政厅为增加税收,新立煤类特税。例如,江苏省财政厅"令该员先行筹备,并据呈明请设总分各局于淞、沪、浦、宁、镇、淮、徐海、苏、常、南通等处"。再根据"查明情形,酌设分所","并将此项收入专款报解"。财政厅一面制定《江苏省煤类特税总局暂行简章》,一面则将此情分别呈报财政部、省政府试办。① 第二,催办税款。如江苏省财政厅因各县"往往累月经年,置诸高阁","多有延不向库转账者",同时"究竟某项已付,某项未付,厅署漫无稽考,泄沓因循",于当年 8 月 2 日发出训令:"嗣后接到本厅所发划拨通知,如款已付清,务须随时持向银行抵解,至迟不得逾十日以便登记而完手续。"② 第三,整顿省税。如江苏省财政厅长"因旧日经征官署奉行不力,人民相习成风",所以在"着手之初,必须税收民情,双方兼顾",一面财厅"呈请省政府准予宽限投税,暂免处罚";一面则"责令各县切实照章征收,不得再沿偷惰旧习"。③ 第四,革除税收弊病。例如,江苏省财政厅"以田赋征收习用银两,为吾国赋税制度上重大积弊之一端",提议改两为元,以除中饱。经 1927 年 7 月 6 日第二十二次政务会议,照财政厅的审查报告通过,并由财政厅于 7 月 26 日通令各县遵照办理。④ 再如,江苏省"现在各县办理前项税务,前后□挪,任意积压,仍属时有所闻;对于投税契纸,甚有压至经年累月不发者;驯至未税之户,望而生畏,裹足不前",对此,财政厅认为"亟应尽力铲除,庶几裕税便民,双方并顾",于是采取以下措施:(1)"由该县长迅速查明,税赋处如有积压未税契纸,务于十日内悉数税给;倘逾限不给,即将主管税契人员斥退,并将县长记过";(2)收存税银,"尤应填表,即日报解";(3)地方未投税之契"应设法谕催税印,勿任隐漏";(4)"行财政

① 《创办苏省煤类特税》,《江苏省政府公报》1927 年第 1 期,第 2—4 页。
② 《各县划拨通知严令随时抵解》,《江苏省政府公报》1927 年第 2 期,第 51 页。
③ 《整顿田房契税》,《江苏省政府公报》1927 年第 3 期,第 33 页。
④ 《田赋征收改两为元》,《江苏省政府公报》1927 年第 3 期,第 32 页。

视察员随时调查报告"。① 第五，统一征收特捐。如江苏省财政厅，"为统一丝茧税收起见，将附加各捐一概免予带收，惟带征二五特捐，以轻商人负担"，财政厅核定二五特捐，规定"每乾茧百觔收正税八元，特捐四元，公所经费三角，改良会经费一角，共为十二元四角"。此外财政厅"一概免予带收"各附加捐，并制定《修正十六年分征收茧税整顿章程》，通令遵照。②

2. 发行公债。第一，奉令在省内发行中央公债。如江苏省财政厅接国府、省府之训令"改煤油特税短期公债为善后短期公债，并颁发修正条例等"，令各县遵照办理。③ 第二，审核县发行公债。如江苏省宜兴县长胡觉、建设局长葛英"呈请发行县道公债，拟在田亩项下，每亩筹借一角"，最后财政厅与建设厅会商后认为"该县所拟发行公债办法，系按亩筹借，迹近额派，殊与公债之性质不合，所请应毋庸议"，不准发行县道公债。④ 第三，发行省特定公债。"训政时期，首重建设"，江苏省"全省公路各项工程，及长途电话、省会建设改良港埠诸要需，从最低限度估计，共须银元七百万元"，财政厅长提议"发行第一期江苏省建设公债，额四百万元，向各县摊派二百五十万，向各银行抵押一百五十万"，"分两期发行，年息8厘，以本省各县典买房契税收入全部为还本付息基金，分十年偿清"，经省府委员会修正通过后，"明令公布施行"。⑤ 第四，派员督催完成公债。如江苏省财政厅于1931年4月14日"令各区视察员，分赴各县巡回督催募解建设公债"，一方面，"将该区各县应募债额及已经募解各数，查开清单，令仰该员即便遵照，前往各该县，巡回督催，务于最短期间，依额募足，解济急需"；另一方面，要求"此系奉令特委要件，该员务须不惮跋涉，认真督促，不得虚应故事，空言搪塞，仍将办理情形，

---

① 《铲除税契积压恶习》，《江苏省政府公报》1927年第4期，第24页。
② 《丝茧带征二五特捐》，《江苏省政府公报》1927年第1期，第6—7页。
③ 《煤油公债改为善后短期公债》，《江苏省政府公报》1928年第42期，第20页。
④ 《不准宜兴发行县道公债》，《江苏省政府公报》1928年第43期，第37页。
⑤ 《令县努力劝募建设公债》，《江苏省政府公报》1930年第586期，第14—15页。

随时呈报查考,均毋违延"。①

3. 编制预算。第一,核实省收支预算。如江苏省政府于 1927 年 8 月下发令:财政部咨请转催全省各机关赶将收支预算依式编制,"照缮三份,送由财政厅核明汇转",以便办理。② 第二,核办预算书。如江苏省 1927 年度司法机关经费预算"曾经前江苏司法厅编送在案",而现今"各审检厅现已改组法院,预算经费不免稍有变更,各新监所及各县司法监所经费,亦尚未尽完善",江苏省高等法院根据情形详细审核,"重新编制收支预算书",送交财政厅核办。③ 再如,1930 年无锡市呈请财政厅,"拟于下忙起带征亩捐二分六厘,弥补十九年度预算不敷",经厅提交省府委员会,议决照准。④ 第三,催报预算书。例如,江苏省财政厅曾下发第 242 号通令,限期各县十九年度忙漕征收费收支预算书。然而,限定时期"早已逾期",很多县"尚未送到,殊属玩延",于是又在 1930 年 9 月 19 日下令催促各县局限定"文到十日内,编竣呈核,毋再违延"。⑤ 第四,指示编制预算应采取的原则。如必须缩减预算支出。由于"各机关所送十九年度预算支出数目,较十八年度核定数,多有增加",所以 1930 年 9 月 19 日财政厅奉省政府令,通令各县政府:现在国家财政困难,应酌量缩减十九年度预算。⑥ 再如,训令指示编造预算书的具体标准。如 1930 年江苏省财政厅发出训令:按期编造支付预算书;在编制预算款项时,须在备考一栏里详细注明"职员之人数,俸给之等差,以及办公费之邮电几何? 文具几何?"等;各机关所送支付预算书内不得再列政务官兼薪或支取夫马津贴类名目。⑦

4. 编制决算。第一,办理省县决算案。如江苏省,1930 年 3 月 27

① 《财厅派员催募建设公债》,《江苏省政府公报》1931 年第 730 期,第 6 页。
② 《催造各机关收支预算》,《江苏省政府公报》1927 年第 5 期,第 13—14 页。
③ 《各级法院十六年度预算书》,《江苏省政府公报》1927 年第 14 期,第 22—23 页。
④ 《准无锡带征亩捐抵补预算决算》,《江苏省政府公报》1930 年第 527 期,第 8 页。
⑤ 《催送十九年忙漕征收预算书》,《江苏省政府公报》1930 年第 560 期,第 4—5 页。
⑥ 《本年度预算采缩紧政策》,《江苏省政府公报》1930 年第 560 期,第 4 页。
⑦ 《财厅转令按期编造支付预算书》,《江苏省政府公报》1929 年第 88 期,第 16 页。

日省政府会同省党部召开党政谈话会，讨论事项第六项省党务整委会提议：请省政府确定省县财政之预算决算案。当经会议决定：交财政厅查案办理。4月8日由秘书处函请财政厅查照办理。① 第二，据情呈请省府决定决算。例如，江苏省无锡县呈财政厅，拟于"冬漕带征五厘，弥补十八年度决算亏欠"，经财政厅于8月26日提交第326次会议，议决照准。② 再如，江苏省昆山县向财政厅呈请：带征弥补十七年度县地方决算不敷费一角，经厅提请省政府委员会第261次会议议决："每亩准予带征七分，该县各项新增经费，即照七折计算。"③

5. 省库收支。第一，划定各县部分经费归入省库。例如，湖南省财政厅"在各省财政未充裕以前，暂依县政府经费支发办法第七条第二项后半段之规定"，"所有各县兼理司法经征法收，划定四成，拨归省库"。据此，江苏援照先例，也将各县兼理司法经征的收入划定四成，划拨给省库，"作为通案，藉昭划一"。④ 第二，核定县增加省库收入。如江苏省吴江县等"呈为条陈取缔粪段制度，改设全省清洁局，增加省库收入"，有鉴于此，财政厅批示："查取缔清洁事宜，自应由各县县长负责办理，无设立全省总局之必要，所请应毋庸议。"⑤ 第三，由财政厅办理省库拨付事宜。如江苏省政府委员会第183次会议议决："十七年度省库补助中学以下教育经费，半年定为十五万元，业已令行财厅迅予筹拨。"⑥

除了上述明确的职能之外，财政厅还履行了其他相关职能。例如监督县长交接事务。如"军事迭兴，各县县长更调频繁，往往数任纠缠不清，致清理无从着手。若必挨次盘查，势必以一任不结之交案，碍及数任，并将因数任不结之交案，几使一案皆不得结。长此套搭，则交案永无结束之日，实属不成事体"。针对于此，江苏省财政厅长

---

① 《函厅核办确定省县财政预决算案》，《江苏省政府公报》1930年第413期，第6页。
② 《准无锡带征亩捐抵补预算决算》，《江苏省政府公报》1930年第527期，第8页。
③ 《昆山县请带征县决算不敷费案》，《江苏省政府公报》1930年第365期，第10页。
④ 《各县经征法收拨入省库四成》，《江苏省政府公报》1930年第427期，第5页。
⑤ 《财厅批示二则：第二十号》，《江苏省政府公报》1931年第833期，第14页。
⑥ 《省库补助中学以下教费已令筹拨》，《江苏省政府公报》1929年第166期，第2页。

特拟定县长交代临时变通办法，"专为清理旧案而设"，"以递任衔接为原则"，"重在各清各任，设如甲任与乙任交代未清，乙任与丙任会算交代时，其旧管项下；自可以乙任列存数目为根据，仍由乙任负责。一俟甲乙两任算清之后，如乙任移交丙任之册，或有漏收浮支之款，即可由乙任随时知照丙任更正"。同时，发出第 340 号训令，令各县着手办理。同时，财政厅鉴于各县交替有未呈报者，为便于考核起见，发出训令第 341 号，通令各县县长自 1930 年 1 月起呈报备查，"所有交替人员姓名及委任机关卸任日期衔接开报，并照另单所开，将各任交代已未遵办情形逐一填注，限文到两日内缮单呈复，以凭核办"。并列出前后任县长交代的细节内容，分别注明。① 再如，协助中央款项。1929 年 3 月 12 日蒋介石电安徽省财政厅："中央值编遣之际，需款万急，有待各省协助共济，希速筹卅万元，剋日汇交财政部拨用。皖省财政固有困难情形，惟中央统筹全局较诸一省之困难尤甚，应共体艰巨，力顾中枢，勿得诿误，是为至要。并先电复。"同时，他又电浙江省财政厅长："复电只悉，惟近日需款万急。浙省固属困难，中央尤为艰窘，务希共体时艰，力维大局。除经常解款外，请即筹五十万圆汇交财政部，以济要需。至为殷盼。"②

三　财政机构的失效

从事实来看，国民政府时期省政府财政机构的职能不仅未能有效履行，而且还产生诸多腐败弊病。如江苏省财政厅指出，尽管建设公债，"用途既极正当，基金又臻稳固，与一切捐税之性质，迥不相同"，然而"第一期应募债额，迭经本厅文电交催，非止一次，各县局努力募解者，固不乏人，而迁延观望，任催罔应者，实居多数"。所以，逼得财政厅一而再、再而三地催促各县努力募债，说："需款孔亟之秋，未便再任延误"，"各地商民，急公之忱，不后于人，亟应

---

① 《财政厅整理各县交案》，《江苏省政府公报》1927 年第 1 期，第 4—6 页。
② 吴淑凤编注：《蒋中正总统档案：事略稿本》第 5 册，"国史馆"，2003 年，第 170—171 页。

踊跃认购，乐观厥成"。① 又如，据全省商民协会联席会议称：对于江苏省公债"久不发息"，致函省府"谨请筹款补发，以维信用"。由此可知，省政府发行公债后，未能兑现当初之诺言。原因在于江苏省发行的善后公债，"经指定苏省食盐加价各案抵充偿还基金，函请南京中交两行专案保管"，但是"第六军将银行存储各项公款，抵借饷款二十万元"；又于 1927 年 12 月，"以白总指挥回粤讨共，奉令饬筹开拔费，当因盐款竭蹶，不得已暂行提用前项加价银四万元"，所以造成债款"一时无从应付"。② 由此可知，省政府、财政厅对于原先发行的公债承诺一再拖延，不愿积极兑现。省政府信用也遭到重大质疑，省公债迟迟无法按期完成认购就是证明。其职能履行无法持续有效，主要原因有以下几个方面：

第一，厅长贪赃枉法，任用私人。例如，江苏省政府财政厅长张寿镛，"以腐化官僚待罪之身，而重筦江苏全省财政"，"引用僚属率多酬庸之私人，如现任之各税所长及县财务局长中，有为其亲家者，有为其女婿者，有为其长劝业银行时之同伙赔垫亏累者，有为其办理验契杂税以应得奖金报效交换者，牛鬼蛇神，殆难缕计，而该厅内部所有要职，亦多为昔日之贪污官吏，闻全厅职员，有党籍者仅一人"。又如，如皋县某税局长"为逢迎张氏起见，曾购赠其汽车一辆，该氏竟受而无愧于心，后曾经人告发，省府有案可稽"。再如，江苏省政府财政厅"既立有畜类统捐之名目，则凡牛羊鸡豕，自应并在其内，乃张氏因承收猪税者为其戚属，独将猪税除外，另立猪只特税名目"。③

第二，厅长擅自改政，抗令不遵。整理地税、废除苛捐、改良税收是"地方财政切要之图"，然而江苏省政府财政厅长张寿镛任职两年以来，"因循玩忽，办法毫无"，"其已决定升科升漕及增加附税之地，财部业已三令五申，应依照建国大纲，不得超过地价百分之一，

---

① 《财厅派员催募建设公债》，《江苏省政府公报》1931 年第 730 期，第 6 页。
② 《苏省公债暂难发息原因》，《江苏省政府公报》1928 年第 30 期，第 25 页。
③ 溶溶：《赶快改组江苏省政府！》，《江苏评论》1929 年第 3 期，第 4 页。

而该厅长视若弁髦，对于各县加赋成分适合与否，曾不一加稽核，畸重畸轻之现象，实为前此之所无，匪特不符部令抑且违反租税平等之原则"。同时，国民政府财政部设特派员公署，然而"该厅长可以抗不移交，各税所比额可以任意亏短，而不予考核。各财务局长于旧税不知整理，而新税则层见叠出，人民控于部而部仍行厅，控于厅则厅曲予回护，查而不办"。①

第三，违抗中央法令，加重附税。例如，1931 年湖南省财政厅从前"举办湖南善后捐，几乎无户不捐，无人不捐，苛细强暴情形，甚于猛虎，人民叫苦连天，到处皆是"，最近又举办特种物品出产税，"各处设立征收局及查验局，实无异乎厘金局卡复活"。② 又如，1931 年福建省财政厅"对于国民政府厉行裁厘停收特税之际，不特不遵令施行，而且变本加厉，征收值百抽五之变相厘金，并类似厘金之过路税，及实行茶业、鱼业、竹木业等各营业税，均有该省今日税票可查，已属违法多端"。同时，"纵容属局，例外勒索。各地巧立名目，如厦门之测量费，每亩竟收二元之多"。③ 再如，1932 年据江西省九江绸缎匹头业同业公会等电称："江西省政府值此民穷财尽之际，竟藉口于清匪善后，举办特种物品产销税，按货征税，设局立卡，为俨然变相之厘金。" 又据全国磁业代表请愿团呈国民政府称："赣省政府举办清匪善后产销税，磁船被阻百余艘，不能下行，事情迫切，请严电制止等语。"据此，监察院弹劾江西省财政厅厅长吴健陶"举办特种物品产销税，违抗中央法令，重苦人民"。④

第四，厅务混乱。"财政厅为筦握全省财政之机关，省县之预算决算、与夫收支考核等等，自必有其一定常轨"，但自张寿镛任职以来，"国款与省款，既混乱不清，收入与支出，毫无结报"。公债基金

---

① 溶溶：《赶快改组江苏省政府！》，《江苏评论》1929 年第 3 期，第 4 页。
② 《湖南省财政厅长张开连违法征收特种物品出产税案》，《监察院公报》1931 年第 6 期，第 112—113 页。
③ 《福建财政厅长何公敢违法征收案》，《监察院公报》1931 年第 4—5 期，第 160 页。
④ 《提劾江西财政厅厅长吴健陶举办特种物品产销税案》，《监察院公报》1932 年第 16 期，第 112—113 页。

"亦为其移作别用，致使市价低落，既损债权人之权利，且妨省公债之信用"。①

第五，监督不力。例如，1931 年国民政府监察院曾派参事去湖南省实地查复，报告说："湖南各县正税之外，增设附加税甚多，如亩捐、房捐、教育捐、团防捐等，几遍全省。其中虽有维持地方治安，及举办教育不得已之经费，但是大多数归于中饱，徒为病民累商。"此外，隄工捐中"当事人员中饱竟达数十万元之巨，尤为骇人听闻"。②

第五节　教育机构

省教育行政机关作为省政系统中一个重要组成部分，其重要性不言而喻。民国学者称：省教育行政机关"为一省教令发行之中心，而居教育行政系统上之中间位置，有奉上令下之权"。一方面是代表中央，充当中央耳目，"中央以远踞京都、耳目难周之故，不得不派遣代表，以与地方人民合作"；另一方面则是将地方需要上呈中央，地方人民"有所建议，亦难直诉于中央，于是可转托中央之代表代达"，所以说省教育行政机关乃是上传下达、承上启下之中间重要枢纽机关。③

一　教育机构的设置

国民政府对于教育一直非常重视。早在 1925 年国民政府第一次公布《省政府组织法》就有设立教育厅的规定。④ 广东省政府改组后，即设立教育厅。规定教育厅掌理全省教育行政事务，由许崇清任厅长，

---

① 溶溶：《赶快改组江苏省政府！》，《江苏评论》1929 年第 3 期，第 4 页。
② 《湖南省财政厅长张开连违法征收特种物品出产税案》，《监察院公报》1931 年第 6 期，第 142—143 页。
③ 张季信编：《中国教育行政大纲》，商务印书馆 1934 年版，第 122—123 页。
④ 《国民政府公报》第 1 号第 1 册，第 6 页。

因许崇清请假，由马洪焕代理。① 1927 年 7 月，国民政府修正公布
《省政府组织法》，规定省政府在必要时候增设教育厅，分管教育性质
事务。厅设厅长一人，由国民政府任命，省政府委员兼任之。② 1928
年 4 月，《省政府组织法》第四次修正公布，除试行大学区制之省区
外，省政府之下设教育厅。③ 1930 年 2 月，国民政府第五次修正公布，
废除大学区制，各省政府均设教育厅。④

　　国民政府统一全国后，各省教育机构设立情况不一。第一类，省
教育厅作为教育主管机关，一直存在。如江西省自 1927 年省政府成立
后，教育厅一直存在，并通过《江西省政府教育厅组织法》，规定教
育厅受省政府之指挥监督，掌管全省教育行政事宜。⑤ 第二类，省教
育主管机关实行调整。例如，江苏省和浙江省两省实行大学区制，因
而在省政府内不设教育厅，直至 1929 年才统一设教育厅。大学区制取
消后，全国省教育行政机关"遂一律复其教育厅之名称"，但此时对
于省教育厅组织，"中央并未明文规定，盖留有各省自由伸缩之余
地"。⑥ 1929 年国民政府任命陈和铣暂行兼代江苏省教育厅长，并颁发
江苏省教育厅铜质大印一颗，文曰：江苏省教育厅；铜质小章一颗，
文曰：江苏省教育厅厅长。9 月 13 日教育厅厅长陈和铣在江苏省政府
大礼堂宣誓就职，"并择定旧府学宫地址，设厅办事，即日启用印
章"。⑦ 又如，1929 年国民政府任命陈布雷为浙江省教育厅长后，陈氏
即返回杭州，"接受浙大一切卷宗及事务"，开始办公，"所有已定职
员，昨已由厅通知，于八日以前，到厅任职"。⑧

　　国民政府时期省教育机构各不相同，主要是依据教育事务"繁简

---

① 曾庆榴：《广州国民政府》，广东人民出版社 1996 年版，第 142—143 页。

② 《国民政府公报》（宁字）第 9 号第 11 册，第 14 页。

③ 《国民政府公报》第 53 号第 16 册，第 4—7 页。

④ 《国民政府公报》第 388 号第 36 册，第 2—4 页。

⑤ 《江西省政府教育厅组织法》，《江西省政府公报》1927 年第 2 期，第 10—11 页。

⑥ 张季信编：《中国教育行政大纲》，商务印书馆 1934 年版，第 119 页。

⑦ 《江苏省教育厅呈第一号》，《江苏省教育厅公报》1930 年第 1 期，第 1 页。

⑧ 《浙教育厅明日正式成立》，《福建教育周刊》1929 年第 38 期，第 33 页。

不同"而设立，但在整个组织体制来看，其所设科处的结构形式"大致相仿佛"。从实际情况来看，教育厅中"设科之多寡，以各该省教育事业之繁简而定"，如江苏省设五科，热河、浙江、辽宁省则设四科，福建、安徽等省则设三科，宁夏、西康、绥远、甘肃等省则设二科。"其间差别虽多，然其趋势尚倾向一致。"① 现将具体情况分述如下：

第一类：内部分设三科。例如，江西省教育厅依据 1934 年 9 月省务会议通过的《江西省政府合署办公施行细则》，对内部机构进行改组：秘书室掌理撰拟机要文电事项，分配各科文件及复核文稿，编审各项规程、计划、报告出版物及保管图书等；第一科主要掌管教育经费；第二科主要掌管本省中学以上各级各类学校、留学及在省外大学及专科学校赣籍学生；第三科主要掌管县地方教育行政、小学及幼儿教育、义务教育、社会教育等；督学指导员负责督促、指导地方教育。②

第二类：内部分设四科。例如，浙江省教育厅成立后，内部组织由四科构成，大致情况如下：设秘书三人，下设第一科掌高等教育、中等教育、留学；第二科掌初等教育；第三科掌社会教育；第四科管总务事宜。③

第三类：内部结构是五科。例如，江苏省教育厅成立后，设秘书三人，承厅长之命，办理机要事宜；分设五科，每科设科长一人，科员若干人，分任各科事务。第一科分设二股，第二科分设三股，第三科分设二股，第四科分设三股，第五科分设四股；另设督学若干人，酌设雇员若干人，设各种委员会、编审员；必要时置技正、技士各若干人。④ 由上可知，省教育机构因时势变化而相应发生变革，国民政

① 张季信编：《中国教育行政大纲》，商务印书馆 1934 年版，第 119—121 页。

② 刘治乾主编：《江西年鉴》（第一回），江西省政府统计室，1936 年 10 月，第 147—149 页。

③ 《浙教育厅明日正式成立》，《福建教育周刊》1929 年第 38 期，第 33 页。

④ 《江苏省教育厅办事细则》，《江苏省政府公报》1929 年第 247 期，第 1—3 页。

府因统一和维持统治需要，对教育机构按照现代科层制组织并进行改革。①

二 教育行政的运作

1. 办公机制。各省教育机构按照科层制原则设立，并按规定办理各项事务，分工明确。如前述江苏省教育厅第一科设二股，第一股办理高等教育、留学事项，第二股办理职业教育、各种学术机关事项；第二科分设三股，第一股办理中等教育、师范教育，第二股办理小学教育、幼稚教育、地方教育机关之设置变更事项，第三股办理小学教员之检定、私立小学、学龄儿童事项；第三科分设二股，第一股办理民众教育、补习教育、识字运动、图书馆事项，第二股办理公共体育、文化事业、其他社会教育事项；第四科分设三股，第一股办理各机关预算、决算之编制，收入、支出之审核、教育经费之规划事项，第二股办理统计事项，第三股办理教育财产之保管、出纳事项；第五科分设四股，第一股办理撰拟文书，职员进退、考勤、考试、不属于各科各股事项，第二股办理公报、出版物、政令宣传事项，第三股办理文件之收发、缮校事项、案卷之保管、印信之典守事项，第四股办理庶务、特种事务事项。另再设督学若干人，承厅长之命，分任视察全省教育事宜；设各种委员会，办理计划和推行各项教育事宜；设编审员办理编审图书；设技正、技士各若干人，办理教育上所需之技术事务。②

2. 厅务会议。教育厅成立后，为解决厅务而举行厅务会议。如江苏省教育厅1929年9月13日成立后，21日就召开了厅务会议。现将第一次会议记录录出，以见当时厅务会议情况，也可见决策过程：

---

① ［德］马克斯·韦伯：《经济与社会》下卷，林荣远译，商务印书馆1997年版，第278—279页。

② 《江苏省教育厅办事细则》，《江苏省政府公报》1929年第247期，第1—3页。

江苏省教育厅第一次厅务会议纪录

时间：1929 年 9 月 21 日下午 2 时

地点：厅长室

出席人员：陈和铣　黄绍鸿　谢炘　韩寿晋　李家瀚

主席：陈厅长

记录：韩寿晋

下午二时开会，主席恭读总理遗嘱。

讨论事项：

1. 清理积案。议决：即日组织各科联合办公处，规定时间，逐件审定办法，分别核办。

2. 十八年度教育经费预算案。议决：（1）于最短时间内，召集教育经费委员会，确定十八年度预算。（2）查明十六、十七两个年度教育经费实收数，及其实支数，以供参考。（3）由各科克日会同拟定十八年度总预算标准，以备送会讨论。（4）各学校所收学宿费，及校产收入，均应编列省总预算收入门。（5）未经中央大学教育行政院核准，而事实上已经各校挪垫之临时费，提交教育经费委员会解决。

3. 关于中央大学教育行政院颁布之各项法规，应如何审查修正案？议决：（1）由本厅秘书，及各科科长，组织审查会议。（2）推姚鹓雏为编审会议主任。

4. 调查省立各学校，及社会教育机关现在状况案。议决：通令于一星期内，详细列表呈报。

1929 年 10 月 29 日召开第三次厅务会议，至 12 月 26 日，共召开了 9 次厅务会议。[1]

3. 教育行政会议。各省教育厅组织条例中"并无是项组织之规

---

① 《江苏省教育厅第一次至第九次厅务会议纪录》，《江苏省教育厅公报》1930 年第 1 期，第 3—8 页。

定",但"为适应需要起见","汇集全省教育界之意见而谋改进之方",各省相继组织省教育行政委员会。安徽、湖南、湖北、河南、山东等省"均有是项会议之召集"。① 此类会议均由省教育厅主持和主办,组织实施。

三 职责的履行

(一) 职权规定

1928 年国民政府颁行的《省政府组织法》规定:除试行大学区制的省区外,各省政府下设教育厅,办理以下事务:各级学校,教育及学术团体,图书馆、博物馆和其他教育行政事项等。② 1930 年国民政府又修正规定,对教育厅办理事务作了一些变动,如办理社会教育、博物馆、公共体育场等。③ 总体来看,作为行政机关,省教育行政机关要承担上下两方面的职权:一方面是将中央各项计划、政策等传达给基层教育组织,即"根据于中央所定之计划及施行之标准,为国家教育之监督、指挥、整顿计划之代表",成为中央之代表;另一方面又要将地方之实际教育状况上报给中央,并监督各基层教育机关,即"又须根据于地方之需要,而为相当之计划,并监督整饬所属之县教育行政机关",成为地方之代表。④

(二) 实际履行的职责

从相关事实来看,省教育机构在一定程度上履行了组织法所规定的职责。大致情况如下:

1. 学校事务。第一,审核小学校长任职资格、条件,并委任校长。例如,1930 年江苏省教育厅通令各县教育局长,迅速按照《江苏省县立小学校长任免及待遇暂行规程》,将所有各级小学校长,无论新任、继任,"一律遵照该规程第二条及第四条规定,由教育局报由

---

① 张季信编:《中国教育行政大纲》,商务印书馆 1934 年版,第 122 页。
② 《国民政府公报》第 53 号第 16 册,第 4—7 页。
③ 《国民政府公报》第 388 号第 36 册,第 2—4 页。
④ 张季信编:《中国教育行政大纲》,商务印书馆 1934 年版,第 123 页。

县政府，转呈本厅核夺"。但各县遵照办理较为滞后，遭到教育厅训斥，于是又特令："于文到半个月内，务须遵照规程，将该县全部各级小学校长，一律报由县政府，转呈本厅核夺饬遵，以符功令，毋得再延。"① 第二，成立附属性学校。例如，按照《江苏省行政机关及学校附设民众学校颁发大纲》规定，要求各校附设民众学校。教育厅通令各校在开学之际"亟应从速筹备"附设民校，"限期九月底以前，一律成立"，同时指出所需经费"于各该校原预算各项目内，按照支用性质，分别樽节腾用"，并将办理情形"连同民校开学报告书，克期具报备核，毋稍延玩"。② 第三，查实各地学校概况。例如，江苏省教育厅催报实验小学的概况。教育厅通令各学校在学期结束后，依照此前厅所颁行的实验小学概况报告表中表格式样详细填写报告。然而，各校办理情况并不理想，如教育厅所说：此事早从 1930 年度就开始了，"而尚未见填报前来"，于是又再次"令催填报，以资考核"。③

2. 学术团体事务。第一，审核批准学术团体。例如，江苏省教育厅根据省立中等学校教育研究会、省立社会教育研究会组织情况，认为这两团体组织单位"均为法人，而非自然人"，而依据社会团体组织程序、文化团体组织大纲，"均无以法人为会员之规定"，所以依法不能成立；同时立即呈请中央训练部再次核示，得到答复是一致的。故于 1930 年 12 月 4 日下发训令曰："与法制不合，不能照准。"④ 第二，审核并批准学术研究会成立。如 1930 年南汇县教育局呈送《民众教育学术研究会简章》，江苏省教育厅查核简章后认为"尚无不合"，于是批准成立实行。⑤ 对教育性研究会学术团体审核并备案。如 1930年江苏省教育厅查核了上海县政府所上报的组织义务教育委员会情况，认为"大致妥洽"，并"指令准予备案"。⑥

---

① 《申令县立小学校长报厅核夺》，《江苏省政府公报》1930 年第 622 期，第 6—7 页。
② 《限期成立附设民众学校》，《江苏省政府公报》1930 年第 539 期，第 24—25 页。
③ 《令催填报实验小学概况》，《江苏省政府公报》1930 年第 559 期，第 7 页。
④ 《省立中校社会教育研究两会不许组织》，《江苏省政府公报》1930 年第 614 期，第 6—7 页。
⑤ 《南汇组织民教学术研究会》，《江苏省政府公报》1930 年第 614 期，第 7 页。
⑥ 《上海县义教委员会成立》，《江苏省政府公报》1930 年第 615 期，第 14 页。

3. 办理社会教育。例如，江苏省教育厅于 1930 年呈请省府，拨国学图书馆十九年度临时费五千元，专门用于"影印善本书籍之用"，7 月 28 日经省政府指令准予备案。① 同时，派员巡视地方，并整顿社会教育机构。例如，1930 年江苏省教育厅督学曹书田报告说，仪征"县民教馆长、馆员，对于民众教育，全无研究，致所办事业未能切中肯綮，应另选民教专门人员充任馆长，藉资整顿等"，于是教育厅"指令该县政府遵照办理"。②

4. 制订教育计划。第一，拟订教育行政计划并呈报省府转呈中央。例如，根据"行政院令饬按季预定三个月行政计划，呈报考核"，江苏省教育厅于 1930 年拟订完 1930 年度第一季（7—9 月）、第二季（10—12 月）行政计划，并报省政府转呈行政院鉴核。省政府指令"准予汇转"。③ 第二，填报教育施政计划。例如，江苏省教育厅于 1930 年下令催促各县迅速将十九年度教育施政计划上报教育厅，"以资考核"。④

5. 教育经费。第一，教育厅请求省府解决教育经费欠款，并咨文财政厅按时发款。例如，1930 年江苏省教育厅长在省政府委员会上提议："本省教育经费竭蹶万状，拟请迅予设法筹拨上年度欠发补助费，并循案按月拨发本年度补助费，以资救济案。"经议决：1929 年度补助费由财政厅先拨库券十万元，其余令财政厅照办。于是 10 月 7 日教育厅咨请财政厅查照，"迅予拨付库券十万元，交由江苏省教育经费管理处具领，以应急需"，另外 1930 年度每月补助费"设法按月照拨"。⑤ 第二，审核、备案学宿费。例如，根据江苏省颁行的《省立中等学校征收学生费用办法》规定："各校征收各项费用，须于每学期开学两个月以内，将一联收据送厅备查。"1930 年 10 月，教育厅训令

---

① 《影印国学图书五千元》，《江苏省政府公报》1931 年第 814 期，第 6 页。
② 《义征教育馆长不谙民教》，《江苏省政府公报》1930 年第 527 期，第 14 页。
③ 《教厅十九年度第一二季行政计划》，《江苏省政府公报》1930 年第 607 期，第 13 页。
④ 《教厅催报十九年度教育施政计划》，《江苏省政府公报》1930 年第 592 期，第 16 页。
⑤ 《咨请财厅先拨库券十万元》，《江苏省政府公报》1930 年第 568 期，第 25 页。

省立中小学，"兹限期将满，各校应即遵照规定，速将一联收据，连同上年颁发征收学宿费详表，克日依式填明，一并呈核"。①

除上述规定的职能外，教育组织还履行了其他职能。例如，教育厅长巡视各地教育。1932 年 12 月初江苏省教育厅厅长周佛海巡视江北，考察地方教育。据考察报告记载：周佛海带队，随行人员包括第二科科长陈锡芳、第三科科长相菊潭、督学曹书田、编审主任易君左等，于 1932 年 12 月 1 日出发，前往江北各县实地考察。先到南通，稍事休息后即赴省立南通中学视察，周佛海亲询一切甚详，随由王校长引导视察全校校舍设备布置，暨普通科军事训练、师范科图画等课；并召集该校各部主任暨训导人员谈话。谈话毕赴膳堂巡视。晚间又赴各自修室一一视察，亲询学生以各科学习情形及心得，并指示读书之方法，直至九时许始返寓所。次日再往省立通中视察十二班。视察毕，即赴通中实验小学，应该校校长之请，向儿童训话。训话毕，视察教学情形及校舍设备。旋赴城北小学视察，并环视校舍一周，详询儿童课外活动情形，指示指导方法。下午二时视察县立女师实小，对于低级及复式教学最为注意，课外活动室等处，亦亲往巡视。冒雨赴私立崇敬中学，详细视察，指示甚多。又赴县治民众教育馆三部，逐一考查对于该厅最近颁布之民众教育馆二十一年度最低限度标准工作实施状况，询核极详，直至五时始回寓所。第三日周厅长等赴讲演地点之南通剧场。首由主席张县长郑重致介绍，继由周氏登台，全场鼓掌热烈欢迎。下午复视察各处，先经县立体育场，适值通中崇敬两校赛球，略观片刻，即赴县立女师，由该校罗校长导引视察校舍设备，及女生课外活动等项；复视察该校所设之纪念小学一周，旋赴县立师范视察军事训练习字等课，及校舍等处，因天色渐晚，赶赴南通学院农科参观。当晚召集本城小学界同人等二百余人训话，最后由教育局周局长代表致答至十时而散。视察至 12 月 7 日结束。②

---

① 《教厅令饬呈报收费表》，《江苏省政府公报》1930 年第 585 期，第 9 页。
② 《周厅长江北教育考察记》，《江苏教育》（苏州）1933 年第 2 卷第 1—2 期，第 1—15 页。

四 效能与弊病

对于教育机构的效能如何，民国人士指出："惟吾国省教育行政机关，初因创设伊始，规模初具，组织既未曾完备，而省教育行政长官之人选，资格学识，两付缺如；继因省教育行政之职权未分，办理多所掣肘，而政局多故，教育于以波及。"[1] 其效能低下的表现如下：

第一，教育厅办事效能低下。例如办理填报各种表格事务过程中，并不如愿以偿，没有达到日常所想的那样：省厅令下发后，各种事务立即或很快办好，或尽力办好。结果是不仅没见到立竿见影的效果，而且一拖再拖，令省厅机构烦不胜烦，一再令催办理。例如，江苏省教育厅于 1930 年 10 月 7 日训令所属各机关迅速填报统计表，令曰："现查各校、局、教育机关均已陆续造送来厅，惟该局、校逾时已久，迄未送到，殊属玩忽！合再令催，仰于文到三日内漏夜赶速填报，以凭汇转！事关省政特饬要件，毋得再有延误，致干重咎！切切!! 此令。"[2] 同年 11 月 22 日，江苏省教育厅又令各县教育局、各级学校限期填报统计大纲调查表，说："嗣奉省政府令催，并经转饬依限填报……兹又逾限已久，该局、校仍未呈送前来，实属疏忽！合再令催，并检发表式……仰于文到三日内赶造送厅，以凭汇转，事关省府转饬要件，毋得再有违延，致干咎戾！切切!! 此令。"[3]

第二，办理社会教育效果并不良好。对此，民国学者早就看出："社会教育之提倡虽久，而成效厥鲜；社会教育之事业愈多，而流弊滋甚。民众教育馆虽陈列几张报纸，而民众不来，门可罗雀；公共体育场虽略备运动器具，而无人运动，门设常关。他如问字馆之仅有工役，讲演厅之绝无听众者，比比皆是。"[4] 试以江苏省社会教育情况为

---

① 张季信编：《中国教育行政大纲》，商务印书馆 1934 年版，第 123 页。

② 《令饬赶填统计表》，《江苏省政府公报》1930 年第 568 期，第 25 页。

③ 《令催统计大纲调查表》，《江苏省政府公报》1930 年第 607 期，第 17 页。

④ 樊兆庚：《办社会教育之人选标准》，《江苏教育》（苏州）1934 年第 3 卷第 10 期，第 45 页。

例说明。对于社会教育办理效果情况，江苏省教育厅自己承认说：各县社会教育"前于过去三年中，虽经努力推进，有移步换形之妙；然若严密论定，则究因一切设施，多属创设实验性质，其举凡足以表证于事功者，初不过东云露鳞，西云露爪；虽各已极妍尽态，而有偏无全，去栩栩然全神毕现之境地，盖犹未焉"。① 又如，社会教育机构政务废弛，贪污腐化。1932年江苏省教育厅督学视察江都县教育后报告说：民众教育馆馆长"藉口欠费，久不到馆，馆员九人，亦多不到，其在馆者，亦复袖手优游，无所事事"，办公室内"几案尘封，平日懈怠，不言可喻！尤可异者，该馆簿籍既无，即经费账据，经一再催索，始据缴送无可稽核之收支对照表及零星账单，临时费账单所列收入数目，又复与教育局历任交代账册不符"；民众图书馆馆长"亦常不到馆，馆员多至五人，而工作毫无可考，索阅账据，亦仅交到收支对照表，无可稽核，可知腐败亦达极点"。②

第三，教育厅长违法渎职。例如，1934年监察院弹劾安徽省教育厅长杨廉：一是泄露试题。"中学会考前一日，泄露试题"。二是滥委校长。"安庆女子中学校长最初为曹明焕，经学生家属指为不合法定资格，乃以曹所聘任之汪洪法代理。因曹抗不交代，又改委曹所聘任之教务主任程象潘代理。一月之内，三易其人"。厅长"未予审明资格，遽行委任，致起纠纷，疏忽之咎，自不能免"。三是侵占公款。"会考经费额定一万八千元，除怀宁为省会由教厅自办外，其余五区共支经费不足五千元，独怀宁区超出预算极多。是项账目，未曾公开呈报，显有蒙蔽贪婪情事"。③

第六节 建设机构

前现代时期历代王朝政府主张"内重外轻"，地方的建设囚属外

---

① 《发展各县社会教育之实施方案》，《江苏教育季刊》1930年创刊号，第1页。
② 《江都民图两馆长撤职》，《江苏省政府公报》1932年第1050期，第8—9页。
③ 《提劾安徽教育厅厅长杨廉违法渎职案》，《监察院公报》1934年第22期，第8—10页。

部，常规性的建设机构未能设置，因而地方建设效果极为低下。自 19
世纪中叶以来，晚清政府因内外忧患，不得不重视地方的建设，但随
着辛亥革命爆发和清王朝覆灭，地方建设效果仍不彰。

民国以来，各省建设机构普遍设立，因其管理范围呈现不同机构，
大致分为以下几种类型：第一，成立较多的厅组织分别管理。例如，
广东省民初已设立实业司；1925 年秋成立商务厅；1927 年夏实业厅成
立，兼理矿务。1928 年 7 月实业厅裁撤，归并建设厅办理。第二，成
立实业厅和建设厅。例如，福建省矿业事项从前由省长公署设科办理，
嗣改归实业厅，省政府成立以后划归建设厅。安徽省 1912 年 4 月成立
实业司；1914 年 1 月归并都督府实业科；1917 年 11 月成立实业厅。
国民政府统治后，1927 年 4 月改并政务委员会建设科，同年 8 月成立
建设厅。第三，仅成立实业厅。例如，江西省 1912 年设立实业司，
1913 年即行取消；至 1917 年始，一直设立实业厅。①

一 建设机构的设立

国民政府成立之初，于 1925 年 7 月 1 日公布《省政府组织法》，
其中第二条规定：省政府由七个厅组成，其中属于建设性机构的有建
设、商务、农工等。② 由于这时国民政府统治区域只有广东一省，所
以 1925 年秋商务厅成立，设科办理。1927 年夏实业厅成立，兼理矿
务；1928 年 7 月实业厅裁撤，归并建设厅办理。③ 国民政府北伐统一
过程中，随着占领省区的扩大，在各省逐渐设立省政府和建设机构。
不同时期呈现出不同的建设组织，例如有的先成立农工厅、实业厅，
后裁撤又被建设厅接收。换言之，建设组织有时不一定是同名，但其
职能却相同。省政府建设性的职能机构各省设立情况有所异同，大致
可分为以下几种情形：

其一，先后成立建设厅和农工厅。如江西省先后设立建设厅和农

---

① 《全国矿要览》，［出版情况不详］，第 86—89 页。（初步判断出版时间为 20 世纪 30 年代）。
② 《国民政府公报》第 1 号第 1 册，第 6 页。
③ 《全国矿要览》，［出版情况不详］，第 86 页。（初步判断出版时间为 20 世纪 30 年代）。

工厅。1927 年设立建设厅，掌理全省农、工、商、矿、交通、市政、土地事务，设厅长一人，掌理本厅主管事务，监督所属各职员，并所辖各机关等。[①] 同年，江西省政府又成立农工厅。1927 年 12 月省政府委员杨赓笙提议"江西省政府下有增设农工厅之必要，请公决施行案，并附提议书"，经第 70 次省务会议决议通过，推定委员彭程万兼任农工厅长，电请中央简任。[②]

其二，三种不同类型机构如建设厅、农工厅、农矿厅等，因省情需要相继设立。如江苏省 1917 年 12 月至 1927 年 5 月一直设有实业厅，建设厅自 1927 年 5 月 11 日"开始办公，接收江苏原有实业厅全部"。[③] 7 月 16 日在省政府第 25 次政务会议中修改通过《江苏省建设厅组织条例》。[④] 同时，江苏省农工厅又于 1927 年 11 月 14 日成立，厅长为何玉书。[⑤] 省政府第 6 次委员会议通过《农工厅组织条例》，规定农工厅受省政府之指挥监督，掌理全省农工行政事宜。[⑥] 1928 年 5 月农工厅改组为江苏省农矿厅。1928 年 5 月经中央政治会议议决通过，将农工厅改为农矿厅，并任省政府委员、原农工厅长何玉书兼农矿厅长。[⑦] 农矿厅成立后，建设厅也依据修正省政府组织法的规定重新划分事务职能，将原先负责的事务中"关于农业、渔业、牧畜、森林、矿业……移交农矿厅接管"。[⑧] 1932 年 1 月设省实业厅，至 1933 年 1 月撤销，事务归并建设厅。

二　建设机构的运行

（一）制度设计

各省因省情不同，建设机构内部结构也存在差异。国民政府统治

---

① 《江西省政府建设厅组织法》，《江西省政府公报》1927 年第 2 期，第 11 页。
② 《江西省政府令·第四五六六号》，《江西省政府公报》1928 年第 13 期，第 39—40 页。
③ 《建厅呈报政务办理情形》，《江苏省政府公报》1927 年第 7 期，第 43 页。
④ 《江苏省建设厅组织条例》，《江苏省政府公报》1927 年第 1 期，第 5 页。
⑤ 《农工厅长通电开始筹备》，《江苏省政府公报》1927 年第 10 期，第 37 页。
⑥ 《农工厅组织条例》，《江苏省政府公报》1927 年第 10 期，第 37 页。
⑦ 《农工厅改为农矿厅》，《江苏省政府公报》1928 年第 34 期，第 30 页。
⑧ 《建设厅改组及移交情形》，《江苏省政府公报》1928 年第 37 期，第 23 页。

前期对此并未作统一规定，北伐后才统一设立建设厅作为建设性机构，并规范内部机构的设置。例如，1927 年 7 月江苏省建设厅设厅长、秘书，下设技术科、文事科、总务科三科。同时，又设立设计委员会掌理土木工程、农林、采矿冶金、电机工程、机械工程等。在必要时设置调查测量工程等队，派出视察调查；对于专门问题，规定可委托大学、科研机构调查等。① 又如，江苏省农工厅于 1927 年 11 月设厅长一人，处理全厅事务。设秘书三人，承厅长之命，掌理机要事务，审核各科文稿，纂拟各种条例及单行法令等事项。下设四科：农事科、工事科、统计科、总务科，科设科长一人、科员若干人，管理各该科事务。为缮写文件和其他特别事项，酌用雇员，农事科、工事科酌量情形增设技士若干人。② 再如，江西省 1927 年设建设厅长一人，掌理本厅主管事务，监督所属各职员，并所辖各机关；设秘书三人，下设四科，每科设科长一人，科员若干人；设技正四人、技士若干人；设会计、庶务、书记、收发若干人。因关于全省建设事宜，得酌设考察及指导员；于必要时得设特种委员会。③ 从上文来看，国民政府时期省建设机构基本建立起科室层级，上下分层较为明确，固定事务明确，基本符合现代科层制。④

（二）运作机制

国民政府时期省建设机构运作机制主要表现在两个方面：办公机制和会议机制。前者主要是日常办公机制，包括公文办理等；后者主要是会议决策机制。

1. 办公机制。这种厅务办公机制已有省建设性机构实行。如江苏省建设厅的办公机制分述如下：（1）收发文件：本厅收到文件，除密件迳送厅长拆阅外，均由收发处登簿，由厅长室书记摘由编号呈厅长

---

① 《江苏省建设厅组织条例》，《江苏省政府公报》1927 年第 1 期，第 5 页。
② 《农工厅组织条例》，《江苏省政府公报》1927 年第 10 期，第 37 页。
③ 《江西省政府建设厅组织法》，《江西省政府公报》1927 年第 2 期，第 11—12 页。
④ ［德］马克斯·韦伯：《经济与社会》下卷，林荣远译，商务印书馆 1997 年版，第 278—279 页。

核阅后，发交秘书加戳分配。凡文件所附之现银钞票证券物品等物，于收文簿上注明数目，交总务科会计收存。其中关于技术文件，先送设计委员会签注意见，再行办稿。收发员于文件发出后，应将原稿及来文送文事科交管券员归档。凡已判行稿件，由文事科长发交缮写，经校对后盖印摘由编号封发。（2）办理文件：各科主管之文牍，由各该科科长分由本科职员拟稿送核后签名盖章，经由秘书呈送厅长核判。除特别情形者外，常规文件至迟不得逾五日，紧要事件应提前办理。凡与各科有关联之文件，应分送会核。凡调阅案卷须凭调卷簿送，由管卷员凭簿检取。（3）经费收支：本厅各附属机关之预算决算，须经设计委员会审核。总务科应于每月上旬将上月收支编印报告，分送厅长、秘书、设计委员会各科查阅。（4）办公考勤：除星期日例假外，办公时间是每天午前 9 时起 12 时止，午后 2 时起 5 时止，起讫均以摇铃为号。本厅置考勤簿，职员到散时，须亲自签名，逐日由秘书送厅长核阅。逢星期日例假日，酌留科员、雇员值日。凡本厅职员请假须填具假单，呈请厅长核准，但请假人须将经办事务委托他员代理。①

　　2. 会议机制。各省厅务会议的规定大致包括参会成员、会议程序、议决案等。一般来说，关于建设方面的事项在厅务会议作出决策。例如，江苏省建设厅 1927 年仅规定本厅每星期开厅务会议一次。② 直至 1933 年 11 月 17 日，江苏省政府委员会第 611 次会议修正通过《江苏省建设厅办事细则》，厅务会议出席人员包括厅长、秘书、技正、科长暨各股最高级科员，由厅长召集之。凡出席厅务会议者，均得提出议案，唯须将议案暨理由先行油印分配各员，俾资研究。临时动议者不在此限。③ 再如，江西省厅务会议出席人员一般包括厅长、秘书、科长、技正、技士、视察员，若有参加厅务会议必要情况下，经厅长指定者应列席会议。会议以厅长为主席，厅长因事缺席时，由厅长指定一人代理主席。设记录一人，由主席指定。暂定每星期五下午　时

---

①　《建设厅办事细则》，《江苏省政府公报》1927 年第 12 期，第 29—30 页。
②　《建设厅办事细则》，《江苏省政府公报》1927 年第 12 期，第 30 页。
③　《江苏省建设厅办事细则》，《江苏建设》1934 年第 1 卷第 1 期，第 7 页。

举行，时间如有变动，会议主席得宣告改期或延期。上次议决案至下次会议时，未经办理或办理未竣者，应由各该科处主管人员提出报告。议决案由记录呈奉厅长核定后，印发各科处办理。[①] 各省建设厅基本上均能按照规定相继举行厅务会议，厅务会议制度基本得到实行。如1928 年 9 月江西省政府建设厅召开第二十一、二十二次会议，会议记录如下：

江西建设厅第二十一次厅务会议

日期：1928 年 9 月 3 日

主席：熊育锡

记录：尹鑫

主席恭读总理遗嘱，全体肃立。

讨论事项：

提议拟订江西建设厅附设地质矿业调查所组织大纲案

议决：将名称内建设厅附设五字删去，改为江西地质矿业调查所组织大纲，指定科长梅行健，秘书许逢时、李中襄，技正周敏、卢其骏将条文修正后，俟下次厅务会议再行交议。

江西建设厅第二十二次厅务会议

日期：1928 年 9 月 7 日

主席：熊育锡因公赴京请假，秘书李中襄代

记录：尹鑫

主席恭读总理遗嘱，全体肃立。

一 讨论事项

1. 提议党义研究会如何筹备进行案

议决：定名党义研究会，推定秘书许逢时，科长杨洸，技士

---

① 《江西省建设厅厅务会议规则》，《江西建设公报》1931 年第 5 卷第 1—2 期，第 81 页。

钱品松，特务员汪岭梅、尹行信为起草员，拟具组织条例及研究办法，俟交下次厅务会议通过施行。

2. 修正地质矿业调查所组织大纲案

议决：照修正案通过，俟呈请省政府核准后施行。

3. 提议拟订江西工业试验所组织大纲案

议决：将条文修改，并删去第八、第十一两条，俟呈请省政府核准后实行。

4. 提议工业试验所筹备时间，程序预算案

议决：筹备地点因本厅房屋狭小，应另觅相当地点，并将预算数酌量增加，以三百六十元为限，余均照案通过。

二　临时动议

1. 筹备国货陈列馆案

议决：定于本年十月内开始筹备。

2. 新设各机关支领临时经费案

议决：由新设各机关将应领取数目按月匀摊，俟下次厅务会议就所收建设基金通盘筹划，分别匀配。

3. 本厅设立图书室案

议决：设立于厅内之春晖楼上，指定特务员祝定一筹备。①

三　建设机构的职能

（一）职能规定

建设厅是"国民政府省政府的一部，主管全省建设事宜"，包括铁路、公路、长途汽车、航政、邮电等的建造，管理；农、林、蚕、畜、桑、牧、渔业等；工艺、商业、采矿、冶金等；水利、塘工等的建造、管理。②建设厅职能大体如此，但是细致分析，各省建设机构有一定区别，所以职能的规定也有所区别。国民政府建政后，对于建

---

① 《江西省政府建设厅厅务会议纪录》，《江西建设公报》1928 年第 2 卷第 9 期，第 2—5 页。
② 高希圣、郭真：《经济科学大词典》，科学研究社 1934 年版，第 275 页。

设大致分为三类:第一类,公路铁道之建筑,河工及其他水利工程,建筑新市新村,土地之测量及其他土地建筑,其他建设事项。第二类,农矿厅:农业、渔业、牧蓄、森林之一般保护监督及奖进,农业、渔业各团体之组织指导,农村改良,佃夫地主间之争议,矿业的保护监督,矿务警察及矿工待遇。第三类,工商厅:工商业之一般保护监督及奖进,工厂,商埠,商品陈列及检查,度量衡,劳工团体,商会及其他商人团体,劳资争议等。① 尽管上述三厅的职能规定有所区别,或部分交叉,但就服务建设方面来看,三者均属职能机构服务建设同类。

具体来看,省建设机构的职能范围较广。例如,江苏省政府建设厅,下设技术科,掌理全省土地测量事项;全省铁路、道路、航路的建设、整顿、管理等事项;全省电灯、电力、电话、自来水、长途汽车设施的整顿、管理、监督等事项;全省海塘、河道等一切水利工程事项;全省各市乡市政及农村规划进行改良等事项;全省公共建筑程式,并审查工程材料等事项;全省农林蚕桑、垦荒、渔牧设施整理事项;全省采矿、冶金各项设施及地址调查事项;全省工商业监督、指导等事项;全省权度检定、检查、推行事项;全省实业、工厂委托计划及检验事项;其他技术上一切事项等。② 再如,1934 年江西省建设厅根据《江西省政府合署办公施行细则》,重新厘定职能。秘书室撰拟机要文电事项,各县建设行政之监督等;技术室职掌电气事业、化学及机械工业、矿业及地质调查、农林及蚕桑垦殖、土木工程等;第一科职掌农林、蚕、茶、渔牧、狩猎之保护监督奖励及调查统计,农林水利垦荒湖田之设施改进、耕地整理及耕作改良、合作事业指导等;第二科职掌工商矿业之保护监督提倡奖励及调查统计,农工商生活状况之调查统计,劳资争议之调查统计处理,工商农渔团体之组织指导监督,工厂公司、实业银行、商场交易所之处理,商品之陈列及检查,

---

① 《国民政府公报》第 53 号第 16 册,第 6—8 页。
② 《建设厅办事细则》,《江苏省政府公报》1927 年第 12 期,第 29—30 页。

度量衡之检查及推行，路政航政之设施监督，公用事业之设施保护监督奖励，市区及新村之设施等。[①]

（二）职能的具体履行

省政府建设职能机构主要履行全省的公共建设方面的职能，繁杂多样。现将主要的职能分述如下：

1. 交通建设。一是限期完成公路修筑。如1929年据安徽省建设厅长李范一呈，奉令"限本年九月以前造成京芜马路，已加紧督饬赶办，境内路工，准可在限期前告竣"。5月24日国民政府文官处函知江苏省政府，5月29日江苏省政府训令建设厅："所有江苏境内路工，亦应依限告竣……令仰该厅长加紧督饬修筑，务期依限完成，勿稍违延！切切！此令！"[②] 再如，1929年4月12日蒋介石电江苏省建设厅厅长王柏龄，要求"宁杭马路急须赶筑，务于端午节前赶成，不可延滞"。[③] 又如，1930年江苏省镇江县党部呈请，"从速建筑镇坛路"，据此省政府"饬建设厅核办"，于是建设厅遵令后回复说：奉令后立即"饬令镇江金坛两县建设局局长遵照，将该路列入本年应筑路线，于征工内筹备兴筑"。[④] 二是议定、支配公路经费划拨。有的建设厅向省政府提请拨款修筑公路。如1929年9月11日江苏省政府委员会第224次会议上，建设厅厅长王柏龄提议："修筑省立医院附近之小码头小关巷一带马路，拟请饬财厅于省款项下，拨助五百元，俾得早日观成案"，经议决通过，令财政厅在预备费项下拨发经费，并令建设、财政两厅遵照办理。[⑤] 有建设厅拟请拨款修补旧路，保养新路。如江苏省建设厅认为：马路修养乃是"建设厅职责所在，万难漠视"，所以建设厅厅长孙鸿哲向省政府提议划拨省会马路修养专款，"按月拨

① 刘治乾主编：《江西年鉴》（第一回），江西省政府统计室，1936年10月，第152—153页。

② 《令依限完成境内京芜马路》，《江苏省政府公报》1929年第161期，第11—12页。

③ 吴淑凤编注：《蒋中正总统档案：事略稿本》第5册，台北："国史馆"，2003年，第365页。

④ 《厅复建筑镇坛路案办理情形》，《江苏省政府公报》1930年第535期，第11页。

⑤ 《议决拨款修筑省立医院附近马路》，《江苏省政府公报》1929年第248期，第13—14页。

交省会建设工程处，专供修补旧路、保养新路之需"，经于 6 月 20 日第 304 次省政府委员会议议决原则通过，交财、建两厅会商拟定具体办法，并呈报省府核定。① 建设厅还支配和报销建筑经费。如江苏省建设厅以房屋过少，"不敷支配，拟就隙地建筑平房，为员役卫兵宿舍"，并预算工料各费共需洋 4656 元，经省政府第 179 次委员会议决通过，由财政厅如数拨付。现该项工程业已完竣，核算支用工料费洋 3162.68 元。② 三是督促各县筑路。如江苏省 1930 年度征工筑路，"业经电饬于 12 月 1 日开工"。于是，建设厅电令高淳、扬中、上海、松江等 32 县县长、建设局长、建设事务所询问："究竟该县筹备已否就绪？是否遵限开工？"并要求各县迅速电报，"毋得藉故推诿，或游移其词，致干究诘"。③ 同时，建设厅根据县公路建设特殊情况而变通办理。如 1929 年江苏省建设厅向省政府呈报：奉贤县征工筑路因有特殊情形，请准予变通办理。7 月 30 日省政府指令照准。④ 四是扩大铁路车站建设。如江苏省建设厅呈请省政府扩充建设铁路南门车站，"自南门车站起点之中正路第一段工程，预算在本年九月十五日以前，即可完工，请呈省府核咨铁道部，转饬将南门车站扩充"，同时自 9 月 15 日起，"京沪路来往各项列车，统于南门站停车售票，以利交通"。⑤

2. 电力通信建设。一是办理电气公司注册事宜。如 1927 年 7 月 29 日建设厅下发批令说：南通通明电气股份有限公司续请备案注册，"应按照原有公司条例注册各项，补缴注册费五十元，及股本实数借贷对照表，呈送前来，再行核办"。⑥ 二是办理电话经费手续。如 1927 年 11 月 10 日江苏省建设厅在一份呈报中说：该厅经办江南、江宁等九县长途电话经费过程中，曾由财政厅开出一张三万元通知书，但"实收武进、江宁、溧阳、溧水等四县解到第一期装设费银一万五千

---

① 《议决拨款修养省会马路》，《江苏省政府公报》1930 年第 470 期，第 24 页。
② 《令建设厅补报建筑余款用途》，《江苏省政府公报》1929 年第 240 期，第 7 页。
③ 《电令高淳等县呈报征工筑路情形》，《江苏省政府公报》1930 年第 613 期，第 6 页。
④ 《奉贤征工筑路准予变通办理》，《江苏省政府公报》1929 年第 213 期，第 10 页。
⑤ 《建厅请咨铁道部扩充南门车站》，《江苏省政府公报》1930 年第 472 期，第 17 页。
⑥ 《南通通明电气公司续请注册》，《江苏省政府公报》1927 年第 3 期，第 48 页。

元，而实支电杆木五千根及旅费等共计银二万七千六百七十八元三角三分八厘"。收支相抵后不敷计一万二千六百七十八元三角三分八厘，暂由该厅在他项存款中挪移补充。……送呈审核，准予备案。① 三是筹办无线电事宜。如1928年4月25日省政府委员缪斌"为训育民众，传布命令，提出科学起见，特提议省政府应装设无线电放大接音机"，经省政府委员会第55次会议议决后，令建设厅积极筹办。② 四是派员接收并管理电厂。如江苏省政府1928年10月21日指令建设厅派员前往接收耀华电灯厂，并相应派员管理、具报。③

3. 水利建设。第一，督促运河办理机构继续运行。如江苏省建设厅刚成立不久，1927年6月13日建设厅长就给上下游堤工事务所、运河工程处、平剖面测量事务所等下令：案查江北运河工程，关系重大，七百里之河身，千余万人民之生命财产托命于斯！现在伏汛将届，堤工险要，在在堪虞。于本厅未正式接受该处所以前，所有防护工程，务须积极进行，不得怠忽。设有疏虞，该处所等责任所在，本厅决不宽解！凛凛慎之，切切此令。④ 第二，先派专员查勘，再筹款动工兴建。如江苏省建设厅奉省政府令，会同水利处查该办理宝山沿河石塘水患，先"派工程专科技师前往，会同宝山塘工局实地查勘，决定办法"，然后再筹款兴工。⑤ 第三，办理水利、运河治理等经费。向省府呈报每月收存治运经费。如江苏省建设厅厅长王柏龄1929年7月5日，向省政府呈送五月份苏行收存治运经费清册，请鉴核备案，省府"指令准备案"。⑥ 第四，注重对运河的管理。如1930年江苏省建设厅严禁运河轮船倾倒废弃煤渣。因运河行驶的轮船"往往倾弃煤渣入河，实属有碍交通"，对此建设厅前时曾下发禁令，然而弛禁效果不佳，又据淮安县长王振宇呈请厅通令沿运各县，"转饬护轮队负责严

① 《建厅呈报经办长途电话之收支计算》，《江苏省政府公报》1927年第11期，第33页。

② 《省县将装设无线电话机》，《江苏省政府公报》1928年第31期，第29页。

③ 《指令建设厅派员接收耀华电灯厂》，《江苏省政府公报》1928年第58期，第38页。

④ 《运河堤工亟待注意》，《江苏省政府公报》1927年第1期，第5页。

⑤ 《拟议中之宝山海塘工程》，《江苏省政府公报》1927年第1期，第6页。

⑥ 《建厅呈报十八年五月份收存治运经费》，《江苏省政府公报》1929年第198期，第8页。

禁，轮船倾弃煤渣入河，以利交通"。于是，建设厅再次"令饬江都、高邮、宝应、淮阴四县，遵照办理"。①

4. 市政建设。第一，核实开建新市。建设厅根据萧县筹办筑路兴市计划，查核认为："徒山口至陶楼系属行军要道，其中山路一段崎岖不平，自应准予兴筑汽车路，以利交通，至城内旧有北仓官基开辟新市场，事关市政，亦应准予照办。"一方面"训令该县长俟工竣分别核实呈报"；另一方面则将此呈报省府议决通过和备案。② 第二，划分市政管理事务范围。如1930年建设厅厅长王柏龄提议"城市区公所，应将关于市政工程一切事项，移交市政工程处办理"，于12月20日经省政府第250次委员会议议决通过，并令民、建两厅遵照办理。③

5. 乡村建设。审核乡村合作社事宜。如1927年江苏省农民协会筹备委员会呈报省政府"请开办乡村合作社，明定乡村合作社法，以提高农民经济地位，并拟具乡村合作社组织法草案"，"当经省政府令饬建设、民政两厅会同核议具复"。10月两厅将核议情形会衔呈复，认为："现值民智未开，民德未淳，虽有良法美意，稍一不慎，失败随之。目前似应先由政府会同党部及农民协会作充分之宣传与训练，俾农民均知平等互助之精神。俟农民银行正式成立时，再择定交通较便、民智较开之乡村，先行试办。待有成效，逐渐推广，较会便捷。"同时，由建设厅厅长叶楚伧审查原订法规并签注，经省政府指令"准如所拟办理"。④

6. 土地事务。第一，管理土地。如1928年江苏省建设厅呈省政府说：查"有黄河滩荒地数百亩，土质颇佳，向归淮阴县管辖，一半荒芜，一半由零星农户佃垦，收租甚微，所有房屋坍塌无遗，殊为可惜"，该地"滩地平整，适合农场之用"，可归清江第一农事试验场。即令"淮阴县拨归该场应用，并派员监视接收"；同时由该厅拟定

① 《建厅再令禁轮船煤渣倾入运河》，《江苏省政府公报》1930年第470期，第24页。
② 《萧县筹办修路兴市》，《江苏省政府公报》1928年第21期，第27页。
③ 《令知市政工程应移交市政工程处办理》，《江苏省政府公报》1930年第332期，第3页。
④ 《省农协请设乡村合作社》，《江苏省政府公报》1927年第8—9期，第68—69页。

"以麦玉蜀大豆为重要试验品",并令试验场切实整理。① 第二,查明和办理土地纠纷。如1928年淮阴县农民呈控第一农场,将黄河滩营地订立四址木桩,生计垂绝,省政府令建设厅查复。据该厅呈复说:令第一农场持平办理。② 又如,1929年江苏省阜宁县长呈报盐城县长"违背协议,擅行提早筑坝",据此,建设厅"当以此案关系淮水西注暨海水倒灌以及裹下河各县水利至深且切,亟应标本兼治,业经令行江苏省水利局查核办理",并呈报省政府备案。③

7. 仲裁纠纷。据浙江省建设厅统计,1928年6月至8月、1929年3月至10月两个时期,除海宁无案可稽外,杭属各县向厅请求仲裁之佃业纠纷案件共有49起;1929年6月9日至8月14日该厅又处理全省佃业纠纷67起。④

除了上述职能之外,建设厅还履行了其他相关职能。例如,改进农业技术。如江苏省"恒患螟灾",一年损失在二十万元以上。1928年农矿厅呈送省府农业除螟撮要十册,其内容包括秧苗时期的驱除法,如秧田点灯诱蛾,秧田时期用网捕蛾,用手捕杀等,并列出一些参考书,如江苏省昆虫局出版的《江苏省三化螟之研究》《除螟浅说》等。⑤

四　建设机构的弊端

国民政府时期各省相继开展建设,但建设机构中的弊病却非常严重,主要有以下几个方面:

第一,政出多门,争执常生。例如,国民政府控制浙江后,浙江

---

① 《建厅呈复第一农场接收黄河滩地办理情形》,《江苏省政府公报》1928年第32期,第24页。

② 《建厅呈复第一农场接收黄河滩地办理情形》,《江苏省政府公报》1928年第32期,第24页。

③ 《建厅呈复办理盐城筑坝纠纷案情形》,《江苏省政府公报》1929年第160期,第16页。

④ 邢必信等编:《第二次中国劳动年鉴》(中)第二编,社会调查所,1932年,第176—177页。

⑤ 《农矿厅呈送除螟撮要》,《江苏省政府公报》1928年第52期,第18—28页。

省建设厅"仍按前章，继续征收采运黄砂管理费"，然而建设厅不仅未能有效服务管理，而且还将代办权假手于公司，因此引起诸多争执。1931 年，"因代办发给采砂运单事务之大昌公司，于上海设立稽查分所"，砂商、船户群起抗议，并呈诉于中央各部院及浙江省建设厅长，要求"核减砂价及管理费，并裁撤该代办人大昌公司在上海设立之稽查分所"，同时砂商同业公会及船户代表指"财政部已咨请浙江省政府转饬撤销"，而建设厅却"抗令不遵"。对此，国民政府却为之辩护，认为建设厅并无过错，理由牵强。①

　　第二，任用非法之人，贪污舞弊。譬如，1931 年 12 月 26 日国民政府监察院弹劾安徽省建设厅长刘贻燕：第一，任用非法之人。现经委充宣芜广路工程监督金猷澍，"确曾因案被控，而受刑事处分，现在上诉案犹未销"。第二，低价出售公有资产。安徽造币厂，"创始前清光绪年间，至民初停办，后无人过问。刘贻燕于吴忠信主皖政时，提议以废铁作价出售，旋于本年春间，以每吨三十五元计算，售于上海信记铁厂，计重四百十吨二千零四十磅，易得一万五千元弱"。"价值百余万元之厂，乃以一万数千元售出，无怪舆论之哗然已"。第三，涉嫌贪污舞弊。宣城之水东煤矿是"皖省最大矿产，且为熟矿"，原先"每日可出煤八十吨，每年报厂盈余约有十余万元之数"，然而，建设厅长刘贻燕"竟称无法维持，以八十万元贱价，售与商人姚雨耕，分二十年缴款"。"盖在建厅当日若循贸易常例，货款两交，以此八十万金存之国库，以一分起息，年亦可得八万金。今刘贻燕允订二十年交款合同，平均计之，年得四万。以视价款全数利息，仅及其半，损失之数，实为可惊"。②

　　第三，厅长玩忽职守。例如，1932 年 9 月 10 日监察院弹劾湖南省建设厅长谭常恺 1931 年 9 月 18 日至 12 月"秘卖矿砂，供给日本制造军用品"，"贪图厚利，私约日本，运销各种铅锑，且系制造军用品材

　　①　《国民政府公报》第 1088 号第 66 册，第 4 页。
　　②　《提劾安徽建设厅长刘贻燕贪污舞弊案》，《监察院公报》1933 年第 21 期，第 103—105 页。

料"，"丧心病狂，甘心卖国，罪大恶极"。[①] 至 1933 年 10 月 26 日国民政府政务官惩戒委员会认为，湖南省建设厅厅长谭常恺，"职责所在，理应严密防阻，乃事前既未予以制裁，事后又空言无法监察，无从查考，希图诿卸，殊属玩忽职守"。同时，"当国难严重之时，何得藉口已订契约，即不顾事实，仍陆续填发运单，擅予出口，影响国防，如此重大失职，应严予处分"。议决将其免职，并停止任用十年。[②]

第四，建设厅勾结他厅，侵犯民权。例如 1937 年 6 月 24 日望江县农民代表茅经明等人向蒋介石呈控说，安徽省建设厅勾结财政厅，"假借省营垦务之名，侵占华阳河两岸民地，群情惶骇，不可终日"，两厅"派队测丈，夺取民产，与民争利"。[③]

---

① 《提劾湖南建设厅厅长谭常恺秘卖矿砂供给日本制造军用品案》，《监察院公报》1932 年第 16 期，第 122 页。

② 《湖南省建设厅厅长谭常恺秘书矿砂案》，《监察院公报》1933 年第 21 期，第 107—108 页。

③ 《茅经明等电请制止安徽财、建两厅假借省营垦务之名，侵占华阳河两岸民地》，国民政府档，中国台北"国史馆"馆藏，档案编号：001 – 057500 – 033。

第 三 章

省运作机制

国家政治乃是动态的一系列运行过程。这一过程中，政府作为公共权力机构，需要通过设置机构、组织及其人员等推行各项政策法令，亦即政府的运作机制。省政府作为地方执行国家法令、政策的最高机构，是主要的决策、执行和监督机构。在整个政治体系中，省政府承担着中央与基层的承转枢纽角色，其运作机制关系到政令施行和社会治理。处于现代中国转型过程中的国民政府，其实行的省政府运作机制具有时代的烙印和自己的特色。若要了解国民政府的省政运作机制，必须探明省政决策机制、执行机制和监督机制如何。

第一节 决策机制

一般来说，决策在政治运行中居于核心地位，对整个管理活动起着决定性的作用。帝制时期"一切政治行为的目的，在巩固统治者的权力和弹压被治者的反动，设官所以事君，所以牧民，民可使由之，不可使知之，故政府的事务不繁，官吏的数目亦用不着多，组织更无须讲求道德及技能的要求，止于忠君爱民则已足。"然而，进入中国现代转型过程中后，这种政治运作无法适应现代政治社会的复杂情状，因为"其事繁任重"，所以"不仅应当组织完备，数量增多，还要技能娴熟，分工治理"。① 国民政府时期，为实现真正统一全国，必须完善机构和各级组织的运作机制，即发挥有效能力。

一　委员合议制的渊源

国民政府统治以前的地方行政决策机制主要是独任制或首长制，即行政事务的决定权专属于一人，取决于个人的行政机制。国民政府统治下的地方行政决策机制却一改以往制度，主要实行合议制或委员制，即行政决定权不属于一人，而是取决于两个人及以上的行政机制。② 省委员合议制的实行，一方面是遵从孙中山的委员制思想，"遵奉总理遗教"；另一方面则是为了适应实际情势，"含有'历史因袭'及'一时便利'两大因素在内"。③ 换言之，国民政府实行合议制，乃是取决于时下的特殊情状作为权宜之计，后逐渐成为常态性的地方政治制度。

（一）历史时势之承继

清末官制改革中，就有幕职分科与直省会议厅的运行机制。关晓红研究指出："幕职分科与直省会议厅相互配合，促使直省政务决策的模式，由督抚独断和幕友私人参谋向行政合议制转换。与此同时，局所的整合裁并，也在各省谘议局的监督及部院收权的压力下逐渐进行。"④ 这种督抚分科治理和省厅合议运作模式一直延续至民国。

北洋政府一方面对地方行政统一规范；另一方面则延续清末以来的省厅分科和合议制度。1913年1月8日袁世凯以临时大总统令，公布《划一现行各省地方行政官厅组织令》《划一现行各道地方行政官厅组织令》《划一现行各县地方行政官厅组织令》（以下简称《划一令》）等法令，并通令全国"按照政府计划，以民国二年三月以前为

---

① 张云伏：《欧美公务员制》，商务印书馆1935年版，第2—3页。
② 朱采真：《现代行政法总论》，世界书局1932年版，第95—96页。
③ 陈世材：《改革中央政制刍议》，《中国新论》1935年第8期，第8页。
④ 关晓红：《从幕府到职官：清季外官制的转型与困扰》，生活·读书·新知三联书店2014年版，第221—222页。

限，一律办齐"。① 其中《划一现行各省地方行政官厅组织令》规定，各省开始实行地方军民分治。根据规定，各省另设省行政公署，作为省行政机关。省行政公署设民政长一人，总理全省政务，由中央任命。民政长下设一处四司，即总务处、内务司、财政司、教育司、实业司。各司长总理本司事务，以民政长名义执行公务，均不独立对外。司下设若干科，科由科长和科员组成。② 1914 年 5 月，袁世凯为进一步加强对地方的控制，颁布新省官制，将民政长改为巡按使、行政公署改为巡按使署，取消行政公署原设各处、司。巡按使公署内设政务厅，作为行政枢纽，下辖总务、内务、教育、实业四科。另设直属财政部的财政厅，重要事件可径呈总统，关于省经费的支配，则受巡按使监督。不久又将地方武装划归巡按使指挥和管理，并赋予巡按使监督财政、司法权。

袁世凯复辟帝制失败后，省制又有变化。1916 年 7 月，北洋政府下令改巡按使为省长、巡按使公署为省长公署，设立政务、财政、实业、教育四厅，参事会、交涉署和警务处。其中财政、教育、实业三厅及交涉署、警务处属中央有关部和省双重领导。总之，省行政制度前后经历了三次变化，总趋势是要加强中央对地方的控制，削弱军阀的权力，但在当时并没有做到这些，地方政权实际上仍然操纵在拥兵自重的军阀手中。③ 从制度设计上来看，北洋政府时期省行政实行的是行政首长制和省厅分科合议制相结合的运作模式，在地方行政改革意义上具有一定的进步意义。因而，有学者指出，这是近代中国首批全国性整理政区和行政机构的命令。④

（二）孙中山的委员制思想

孙中山对其所创建的革命党始终坚持领袖集权，同盟会的领导体

---

① 中华民国政府印铸局：《政府公报》第 243 号第 9 册，上海书店 1988 年影印本，第 146 页。

② 中华民国政府印铸局：《政府公报》第 243 号第 9 册，上海书店 1988 年影印本，第148—149 页。

③ 张星久、祝马鑫：《新编中国政治制度史》，武汉大学出版社 1993 年版，第 297—298 页。

④ 傅林祥、郑宝恒：《中国行政区划通史·中华民国卷》，复旦大学出版社 2007 年版，第35 页。

制是总理制，国民党时改为理事合议制（孙中山任理事长），中华革命党复改为总理制，中国国民党起初仍为总理制，自改组后成为有总理的委员制。即使是这样，在委员制上特设总理，"总揽一切"。党章规定总理为中央执行委员会的主席，对中央执行委员会之决议，有最后决定之权。可以说，这样的领导体制实质仍是个人集权制。①

其实，对于委员制，孙中山历经一个从不用到接受的动态过程。孙中山对于委员制的弊病有深刻的认识。1923 年 7 月他在《致徐谦函》说："兄以俄国以委员制而兴，瑞士以委员制而治，以今日中国必当行委员制之佐证，是犹近人所谓闻盒可食，归而煮其箕也。不知俄之委员，纯然革命党之委员，决不容有他党分子之混迹其中；瑞士之委员，纯然民治之委员，决不容有帝制军阀之列席其内，较之兄今所主张之委员制，则如何？时至今日，尚欲以委员制而解决中国之时局，是益益其纠纷而已。……今欲解决中国之纠纷，非革命不可。从此我行我素，不向其他。"② 1924 年 1 月孙中山在演说中再次提到，实行总理集权制的原因在于：作为中国革命党之发起人，"革命事业并没有完成，就是因为党之本身不巩固的缘故。所以党中的党员，均不守党中的命令，各自为政，既没有盲从一致信服的旧道德，又没有活泼于自由中的新思想"。后来，孙中山在二次革命失败后，"想设法改组，但未成功"，所以，"那时我没有法子，只得我一个人肩起这革命的担子，从新组织一个中华革命党。凡入党的人，须完全服从我一个人，其理由即是鉴于前次失败，也是因为当时国内的新思想尚未发达，非由我·人督率起来，不易为力"。③

孙中山为什么后来又愿意接受委员制？他经过深思熟虑后说：因为时代发生变化，经过多年的革命历练后，"到现在已经十年了，诸

---

① 张晓辉：《孙中山与国民党委员制》，《民国档案》2014 年第 4 期，第 95 页。

② 中华民国史事纪要编辑委员会编：《中华民国史事纪要（初稿）》（1923 年），中华民国史料研究中心印行 1980 年版，第 10 页。

③ 孙中山：《关于列宁逝世的演说》，1924 年 1 月 25 日，中国社科院近代史所等合编：《孙中山全集》第 9 卷，中华书局 2011 年版，第 136—137 页。

同志都已习惯了，有人以此次由总理制改为委员制，觉得不大妥当"。但是要知道"彼一时，此一时"，"现在有很多有新思想的青年出来了，人民的程度也增高起来了，没有人觉得中国的革命应在二十年以后了。我们从事革命的事业，国民只以为太慢，不以为太快了。故此次改组，即把本党团结起来，使力量加大，使革命容易成功，以迎合全国国民的心理"。① 对此，有学者认为，孙中山采用委员制，是国民党建党思想的又一次重大变革，主要是受了苏俄"以党治国"观念的影响。集体领导是苏联共产党创制的权力分配原则，在苏共党章中，集体领导是"党的领导的最高原则"。中国国民党一大时，孙中山改组国民党，领导体制模仿苏共，实行委员制，对国民党进行集体领导。②

（三）吸收西方民主思想

委员制是顺应现代政治民主思潮，吸取民主制度中集体合议制度的结果。当时有学者总结委员制的优点如下：1. 可以防止专制。委员制的国家行使政治权，既是由多数人的合议，自不易为一人所操纵；所以要防专制，最好行委员制。2. 可以避免政潮。3. 可以多网罗人才。委员制的名额较多，可以使多方面的人才以平等的资格，担负首脑责任，较少"沧海遗珠"的憾事。③ 从制度设计来看，委员合议制优点较多：一是可以扫荡专制政体的遗毒，合议制足以防止帝制的复活；二是不易发生专制流弊，独裁式的行政组织不免要流于专制，大概行政权膨胀的结果，每每侵害司法权的独立，妨害立法权的行使，以致民权失其保障；三是可以补救行政人选的缺陷。④ 国民政府实行委员制，主要是有鉴于自民国以来，北洋军阀兴起，中央无法控制地方割据势力，尤其是袁世凯等个人独裁。对此，有学者认为："因为

---

① 孙中山：《关于列宁逝世的演说》，1924 年 1 月 25 日，中国社科院近代史所等合编：《孙中山全集》第 9 卷，中华书局 2011 年版，第 137 页。

② 张晓辉：《孙中山与国民党委员制》，《民国档案》2014 年第 4 期，第 95 页。

③ 李朴生：《改善现行委员制的必要》，《行政效率》1935 年第 3 卷第 3 期，第 195 页。

④ 朱采真：《现代行政法总论》，世界书局 1932 年版，第 95—96 页。

合议制是富有民主意味的，军阀时代政治上的独裁专制，所留给一般人的印象太深了，所以凡事足以避免一切独裁专制的方法，无不尽量采用，省政府的采取委员制，亦无非在迎合这种时势的要求。"即使委员制出现诸多弊病，但为防止军阀再兴，"委员制维持至今，没有改变"。①

二　委员合议制的实行

（一）军政时期

1. 军政时期制度设计。在军事统一时期，国民政府在广东等个别省份施行，其后随着国民政府统治区域的扩大，省政府委员会合议制逐渐在其他各省推行开来，南京国民政府成立后，直至全国普遍施行。事实上，在国民政府的历史上，1925 年的国民政府成立，远比 1927 年的南京政府更具有标志性意义。王奇生认为，"就党治体制而言，南京国民政府基本上是广州、武汉国民政府的继承和延续"。② 其实，就政治制度来看，南京国民政府不仅继承和延续广州、武汉国民政府，而且处于继承与摆脱左右摇摆之中。

由于军事善后政治的特定需要，所以对省组织的创建需要及时指定委派，这也符合孙中山在《建国大纲》中提出的主张："在军政时期，一切制度悉隶于军政之下。"③ 省政府委员制度始于广东省政府的改组。1925 年 7 月 1 日，国民政府在广州成立，并颁行《省政府组织法》，明确规定省政府在接受国民党指导监督和国民政府命令的前提下，处理全省政务。④ 7 月 3 日，原广东省长公署改组为广东省政府。当时国民政府偏隅广东一省，七名中央党政要员同时兼任省政府各厅长，共同组成省最高权力机构——省务会议，形成中央与省府一体化

---

① 陈柏心：《中国的地方制度及其改革》，广西建设研究会 1939 年版，第 64 页。
② 王奇生：《革命与反革命：社会文化视野下的民国政治》，社会科学文献出版社 2010 年版，第 198 页。
③ 《中华民国法规大全》第 1 册，商务印书馆 1936 年版，第 14 页。
④ 《国民党各级政府组织法规选编》，国家编制委员会编印 1982 年版，第 85 页。

组织。^① 至此，广东省政府便成为中国历史上第一个"党治"省政府。这种由各厅长组成省最高权力机构的运作模式，不仅改变了以往地方行政制度中实行的独任制，而且也为后来在其他各省实行省政府委员制提供了可借鉴的模式。1926 年 11 月 10 日，国民政府修订公布《省政府组织法》，正式确定省政府委员会由省政府委员七人至十一人组成，行使省政府职权，决定省内一切政务。^②

国民政府北伐过程中，为应对军事特别需求，采取应变措施，对新军事占领省份实行组建临时委员会制度，以稳定地方秩序。由国民革命军总司令或各地军事占领区的最高负责人拟定名单，呈请国民党中央政治会议和国民政府委任，组建临时权力机构。省政决策机构主要以政务委员会为形式。例如，1926 年 9 月 18 日蒋介石致电国民党中央政治会议主席张静江、国民政府主席谭延闿，电文曰："湖北军事，交孟潇负责办理，民政以邓演达为政务委员会主席，财政以陈公博为财政委员会主席。另设湖北临时政务会议，由中正兼任主席，入赣期间，派孟潇代理之；凡民、财、军政，皆由政务会议通过，该会直属于中央党部。"^③ 9 月 23 日湖北省政务委员会在汉口成立，"成立后即着手于内部组织"，并召开第一次政务委员会，"嗣后因与财政事件关系密切，改与财政委员会开联席会议"。^④ 又如，国民革命军攻占南京后，也是首先成立江苏省政务委员会。1927 年 4 月 6 日江苏省政务委员会筹备会致电中央党部、国民政府，宣告筹备会成立。电文曰："中央委任江苏省政务委员会委员鲁涤平、李富春、李隆建、高尔柏、戴盆天、侯绍裘、张曙时等，今日开第一次谈话会。决议先行成立筹备会。推定李富春、李隆建、侯绍裘、张曙时为委员，张曙时兼秘书

① ［日］深町英夫：《近代广东的政党·社会·国家——中国国民党及其党国体制的形成过程》，社会科学文献出版社 2003 年版，第 261—262 页。

② 《国民党各级政府组织法规选编》，国家编制委员会编印 1982 年版，第 86 页。

③ 中国第二历史档案馆编：《蒋介石年谱（1887—1926）》，九州出版社 2012 年版，第 610 页。

④ 《湖北政务报告》，见郑自来、徐莉君主编《武汉临时联席会议资料选编》，武汉出版社 2004 年版，第 54 页。

主任，以冀在最短期间，促成正式政府。"[1]

除了政务委员会形式，国民政府军事统一时期还存在其他的委员会形式。一是临时政务委员会。例如，1927 年 1 月蒋介石电福建军事长官何应钦令中说："闽政治临时组织，决照鄂赣办法，设福建临时政治会议为最高机关"，"此外政务与财政两委员会均请兄酌定。财政委员会主任，以财政处长兼之，至委员则每会九人至十五人，皆由兄以中正名义委之"。[2] 再如，1927 年北伐军抵达杭州后，国民党中央指派蔡元培、褚辅成、陈其采等组织浙江省临时政务会议。3 月，浙江省临时政务委员会成立，接收原省长公署直辖各厅，并制定《浙江临时政治会议大纲》，大纲规定：本会议以革命军总司令部所委任之委员九人组织之。在议决全省政治上兴革事宜，交政务、财务等委员会执行。本会议议案，由主席提出讨论后，取决于多数。本会委员均有提出议案于主席之权。唯临时动议，须有附议者，始得付议。[3] 4 月 18 日，国民党决定裁撤浙江省临时政务委员会，改设浙江省政务委员会，负责筹备建省事宜并执行政务。[4]

二是战地政务委员会。1928 年 3 月第二次北伐开始后，国民革命军总司令部为方便作战顺利进行，设战地政务委员会，处理战区内民政、财政、外交、司法、交通各政务，直隶于国民革命军总司令部，受国民革命军总司令指挥。战地各政务统由委员会主持办理。若作战逐次进展，所辖区域内之某部认为已脱离军事范围时，即划归主管机关管理之。5 月 8 日公布《战地政务委员会组织规则》，规定该会职掌在不抵触中央法令范围内，可颁布临时法令，战地民政、财政、外交、司法、交通各官史均由战地政务委员会任免之。同时规定设置秘书处、民政处、财政处、外交处、司法处、交通处等机构。北伐任务完成后，

---

① 中共江苏省委党史工作委员会编：《第一次国共合作在江苏》，内部发行，1995 年，第 224 页。

② 王正华编注：《蒋中正总统档案：事略稿本》第 1 册，台北："国史馆"，2003 年，第 28 页。

③ 高平叔编：《蔡元培全集》第 5 卷，中华书局 1988 年版，第 132 页。

④ 袁成毅：《浙江通史》第 12 卷下，浙江人民出版社 2005 年版，第 31 页。

战地政务委员会于 1928 年 6 月 24 日撤销。[①]

2. 军政时期委员制运作。国民政府在其占领的省份实行临时性政务会议制度，政务会议基本上得到运作。1925 年 7 月 3 日广东省政府成立后，即召开第一次省务会议。

> 出席者有：主席许崇智，委员古应芬、廖仲恺、孙科、宋子文；缺席者：许崇清、陈公博。议决内容：（一）另新编口密电码函送民政厅分发各县长。（议决）照办。（二）直辖各机关职官由省政府直接委任；各科科长，各县县长，各局所长。（议决）照办。（三）训令所属各机关人员接委后，每月应将行政情形书面报告一次，并认真遵依党训宣誓暨先帅遗嘱，克尽厥职。（议决）照办。（四）关于民政事项各案卷，由秘书处函前省署攻务厅，请移交民政厅接收。（议决）照办。（五）关于民团管属事宜，应归民政厅抑军事厅，请国民政府委员会议决。（议决）照办。（六）关于金库独立请省务会议议决。（议决）通过。（七）请财政部定金库条例。（议决）照办。（八）建设厅提议，请省政府函建设部，将该部案卷器具于七月四日上午十时移交建设厅接管。（议决）照办。（九）建设厅提议，请省政府令行后列各机关，于七月三日起直接归建设厅管辖：治河处、航政总局、电报总局、电话局，广三铁路局、广九铁路局、粤汉铁路局、公路处。（议决）照办。[②]

国民政府建都南京后，为便于更好统治江浙地区，很快就成立了江苏省政府。1927 年 5 月 2 日江苏省政府召开了第一次政务委员会议，会议记录如下：

---

① 戚厚杰等编著：《国民革命军沿革实录》，河北人民出版社 2001 年版，第 91 页。

② 广东省档案馆编：《民国时期广东省政府档案史料选编》第 1 册，广东省档案馆 1987 年版，第 2 页。

江苏省政府第一次政务会议

时间：1927 年 5 月 2 日

地点：国民政府委员会议室

出席委员：高鲁　陈和铣　叶楚伦　张寿镛　钮永建　郑毓秀　张乃燕　何玉书　何应钦

主席：何应钦

主席宣告开会，恭读总理遗嘱。

讨论事项：1. 组织省政府秘书处问题。决议：暂由叶委员担任。2. 省政府各厅厅址问题。决议：民政、司法两厅设旧省长公署，教育厅设河海工程学校，建设厅设前实业厅。3. 省政府宣言及就职通电。决议：推叶委员起草。4. 省政府开办费问题。决议：请财政委员会垫二万元。5. 省政府会议细则问题。决议：推高、何、叶三委员起章。6. 省政府印信问题。决议：请国民政府颁发。

主席宣告散会。①

江苏省政府又于 1927 年 11 月 1 日召开第五十次政务会议，具体时间：下午 4 时 50 分，地点：常务委员会议室，出席委员：钮永建、何玉书、陈和铣、张寿镛、高鲁，列席人员：张乃燕（刘藻彬代）、叶楚伦（朱文鑫代），主席：钮永建，记录：丘誉。会议内容分为：报告事项和讨论事项等。② 从整个政务会议记录来看，1927 年 5 月 3 日至 11 月 3 日 6 个月时间里，江苏省政府召开 50 次政务会议，1 个月约召开 8—9 次会议。历次政务会议召开、报告、讨论、议决等运作模式基本一致，只是出席人员、议决内容方面有所区别而已。③

---

① 《江苏省政府第一次政务会议记录》，《江苏省政府公报》，江苏省政府秘书处编，1927 年第 1 期，第 1 页。

② 《江苏省政府公报》，江苏省政府秘书处编，1927 年第 8—9 期合刊，第 9—10 页。

③ 历次江苏省政务会议详细情况，请参见《江苏省政府公报》第 1 期至第 9 期政务会议记录。

(二) 训政时期

国民政府定都南京后，为稳固后方，加强对江浙的控制，便着手对省政进行完善和改革。

1. 省政府委员会制度修订。1927 年 10 月国民政府第三次修正公布《省政府组织法》，决策的核心机制——委员合议制始终未变，只是在其他方面作了些许技术性的变革：第一，委员由国民政府任命，九人至十三人组织省政府委员会，行使其职权。第二，省政府委员会设主席一人，由国民政府就省政府委员中指定之。第三，省政府委员会之例会，由主席召集之，有必要时，或委员三人以上之提议，应即召集特别会。第四，省政府委员主席，因故不能执行职务时，得由该委员会互选一人暂行代理主席职务，但须呈报政府核示。[①] 此后，各省逐渐由政务委员会、临时政务会议等临时机构改组，正式成立省政府委员会，标志着省政步入正轨。例如，1927 年 7 月 25 日，国民党中央政治会议通过决议，决定将原浙江省政务委员会改组为浙江省政府委员会，7 月 27 日，任命张静江、蒋中正、马叙伦等十四人为浙江省政府委员，指定张静江为浙江省政府主席，马叙伦、颜大组、蒋梦麟、程振钧、阮性存、周凤岐、李伯勤分别兼任民政、财政、教育、建设、司法、军事、土地七个厅的厅长。[②] 再如，1927 年 10 月国民政府通过江苏省政府改组案，指定钮永建为主席，任命叶楚伧兼秘书长，任命茅祖权、张寿镛、陈世璋、何玉书四名委员分别兼任民政、财政、建设、农工厅长，任命陈和铣、高鲁、张乃燕、刘云昭、何民魂五人为不兼委员。1928 年 3 月 19 日又增补缪斌、钱大钧为不兼委员。11 月 3 日，各政府委员宣誓就职，省政府委员会正式成立，即举行第一次会议。11 月 18 日，江苏省政府委员会发表成立宣言。

为进一步规范省政府委员合议制的运作，各省相继制定省政府委员会议事规则。例如，江苏省政府制定《江苏省政府委员会议事规

---

① 《国民政府公报》第 3 号第 12 册，第 11 页。

② 袁成毅：《浙江通史》第 12 卷下，浙江人民出版社 2005 年版，第 31 页。

则》，并在委员会中决议通过，该规则规定："会场秩序：会议之前、开始、会议中和会议结束等环节，本会议应行讨论事项，应于开会前两日提交，交由秘书处议事科编订议事日程，油印分送各委员，但遇有紧急重要事项，得临时动议。开会时，由秘书长报告，请推定主席，恭读总理遗嘱，然后宣告开会。会议时，议事科科长得列席，以司纪录，但遇所议案件认为情节重大、应守秘密时，则令其暂行退席。纪录范围须照各委员所发言论，摘要纪录，并应于每议决后为简明之报告，每次纪录，并应由主席复核签字。委员如有事故不能出席时，应先期具函请假。开会时，由秘书长报告，非经会议许可后，不得派代表出席。讨论终结及延会闭会，由主席宣告之。会议时间：分为日常会议和临时会议，每周开例会两次，以星期二、五日下午一时至三时行之。如果必要时，经委员二人以上之请求，得召集临时会议。会议内容：主要包括报告和议决两大项内容，分为重要文电之报告事项；中央交议事项；委员提议及各厅建议事项；荐任职人员之任免事项；民众团体请愿事项；制定暂行条例规章及单行法事项；关联两厅以上之处分事项；其他重要事项。会议程序：大致分为议案提出、讨论等步骤程序，凡议案须变更议事日程时，应由主席咨询出席委员，无异议方得提出讨论。凡议案如与某机关有关系者，得召集其主管人员出席陈述咨询。凡议案有审查之必要者，由主席指定委员若干人为审查员，审查完竣具报告书并于会议时出席说明。同属一事之议案，得并案讨论之。已经议决之议案，经委员一人提议二人以上之联署，并经出席委员之赞同，得提出复议。凡议案经主席讨论后，原提案人自愿收回时，如无异议，自可撤回。若其他委员认为有讨论之必要，经二人以上之附议，仍得继续讨论。本会议须有在宁过半数议员之出席，方能成会。出席委员过半数之同意，方能决议。可否同数时，主席加入表决。本细则自会议议决之日生效，但有未尽事宜，委员会得随时修改之。"①

---

① 《江苏省政府委员会议事规则》，见民国法政学会编行《省行政法》第 2 编，1928 年，第 3—6 页。

2. 委员制的实际运作。从当时的省政府委员会会议记录观察，各省政府委员会运行基本正常，委员合议制得到较全面的施行。这方面的史料很多，试举几例。例如，江苏省政府正式改组成立后，即于1927年11月3日召开第一次省政府委员会会议。会议情况如下：

江苏省政府委员会第一次会议记录

时间：1927年11月3日下午4时30分

地点：委员会议室

出席委员：钮永建　茅祖权　何民魂　何玉书　陈世璋　张寿镛　高鲁　刘云昭

张乃燕（刘藻彬代）、叶楚伧（朱文鑫代）、陈和铣（告假）

主席：钮永建

记录：丘誉

下午4时30分开会，主席恭读总理遗嘱，全体肃立。

主席报告：省政府委员今日就职，委员会宣告成立，目下应进行各事项，请众讨论。随由各委员提出问题，详加研究，并得决议如下：

1. 起草省政府委员会成立宣言问题。决议：由秘书处起草，提会审核

2. 呈报中央党部及国民政府问题。决议：由秘书处办理，全体委员列名

3. 补行就职典礼问题。决议：定于11月11日上午9时举行

4. 例会时间问题。决议：定每星期二、五两日下午2时半准时举行

5. 何玉书临时动议：拟请指定司法厅原址之一部分为农工厅筹备地点，请公决

决议：通过

6. 主席临时动议：全省水陆公安管理处前请借拨开办费2千元，经议决先借拨1千元，惟开办伊始，在在需款，现已用去

1340 余元，而筹备尚未就绪，拟请再借拨 2 千元，以应急需，俟筹备完竣，再行实支实销，是否可行，请公决

　　决议：行财政厅照拨。①

再如，1928 年湖南省政府改组后正式成立，6 月 2 日召开第一次省政府委员会常会。

湖南省政府委员会第一次常会会议记录

1928 年 6 月 2 日

主席：鲁涤平

委员：陈嘉祐　陈嘉任　李隆建　何键　刘召圃　刘岳峙

请假委员：张定　曾继梧

列席人员：秘书长陈容

记录：杜否予

开会如仪

讨论事项：

1. 主席提：电请国民政府颁发印信案

议决：通过，印信未奉到以前，暂提用民政厅印信

2. 主席提：每星期常会次数及日期，应如何规定案

议决：每星期开常会二次，定星期二、星期五两日，午前十时起至午后一时止

3. 李隆建提：限期成立新预算案

议决：新预算须于 6 月内成立，7 月 1 日遵照实行，在预算未成立以前，6 月应支款项由财厅依照旧预算提出会议，审查施行

4. 主席提：新政府成立，应将军事，民政，财政，教育，建设，司法 6 项专案，逐次讨论，以定施政方针案

---

① 《江苏省政府公报》，江苏省政府秘书处编，1927 年第 10 期，第 10—11 页。

议决：照案通过，并定下周内逐日分别讨论，先期通知各厅准备议案及各种附件，于开会前交秘书处，列入议事日程。①

从《安徽省政府委员会会议汇要》的内容来看，安徽省政府从1927年11月召开第一次委员会开始，直至1932年6月为止，有会议记录的共召开42次会议。② 另据浙江省政府秘书长沈士远对省政府委员会会议的记载，1929年7月1日至12月31日6个月内，省政府委员共开会46次；起于第235次，迄于第280次。综计经过会议的报告事项540件，讨论事项523件，关系机密之报告讨论事项47件，合计1110件。"法定会期系在每周星期二及星期五两日，偶因临时人数不足，宣告延会，暨缘特别原因，变通提前或顺延一日开会者，亦有数起"。③ 再从四川省政府委员会的会议记录来看，从1935年2月18日至6月25日，共召开33次委员会。④

除了上述正式会议的举行，省政府有时根据特殊情况举行非正式会议。省政府委员会非正式会议大致分为两种：一种是临时会议，即为了应对某种突发事件，或解决具体某一问题而专门召开的临时性会议；另一种则是谈话会议，因有的省政府委员请假无法出席，故而委员不能全部到齐开会，出席委员不过半数，无法举行正式会议，故改为谈话会议。上述两种非正式会议均是权宜之变而实行的省政决策形式，其实与正式会议并无太大差别，均能通过议决案。例如，1928年6月1日湖南省政府召开委员第一次临时会议，详细情况如下：

湖南省政府委员会第一次临时会议

主席：鲁涤平

① 《湖南省政府委员会会议记录》(1928年6月—1929年2月)，《鲁主席主湘任内政治汇编》下卷，湖南省政府秘书处编印，1929年，第2—3页。
② 《安徽省政府委员会会议汇要》，"序言"，安徽省政府秘书处编印，1932年。
③ 沈士远：《浙江省政府秘书处十八年下半年工作之回顾》，《心声》1930年第1卷第2期，第34页。
④ 《四川省政府委员会会议记录》第1辑，四川省政府秘书处编印，1935年。

委员：陈嘉祐 陈嘉任 李隆建 何键 刘召圃 刘岳峙 张定

请假委员：曾继梧

列席人员：秘书长陈容

记录：杜否予

开会如仪

讨论事项：

1. 李隆建提：榷运总局局长罗迈辞职，亟应遴员接替，以重税收案

议决：辞职照准，保荐彭兆璜继任，并令该员先行到差

2. 李隆建提：督禁局局长张振武辞职，亟应遴员接替，以重税收案

议决：电请武汉政治分会李主席，迅遴派廉明干员接替

3. 李隆建提：煤油特税局局长李绰然辞职，亟应遴员接替，以重税收案

议决：电请武汉政治分会李主席，遴派廉明干员接替。

4. 省政府对于武汉政治分会行政系统关系案

5. 中央税与地方税之划分案

6. 在湘部队支配军费案

议决：各案电武汉组织，请予裁答，并派员前往接洽。①

其实，其他省份也有类似的临时会议。例如，1930年3月江苏省政府召开了第四届委员谈话，决定事项：下星期（24日）起，每日上午八时举行临时会议，讨论各项重要事宜，函知各厅会。② 1935年8月2日"因人数不足"，江苏省政府委员会的例会"改开谈话会"，决定：一、六合县长杨思礼辞职照准，遗缺调淮阴县长祁云龙接充，递

① 《湖南省政府委员会会议记录》（1928年6月—1929年2月），《鲁主席主湘任内政治汇编》下卷，湖南省政府秘书处编印，1929年，第1—2页。

② 《江苏省政府公报》，江苏省政府秘书处编，1930年第394期，第1页。

遗之缺调泗阳县长董辙接充，所遗泗阳县长，委瓯审合格之法规编审委员会何昌荣代理。委龚慕兰为苏州女子中学校长，彭大铨为省立东海民教馆长。二、通过省会二十四年度义务教育实施计划。三、准教奇裁编审一员，增督学一员。①

（三）改革时期

省政府委员合议制在全国实行之后，运作效果不佳，遭到严重批评。1934 年 8 月 1 日蒋介石在致中央政治会议的电报中认为：现行省政府组织法颁布实施数年，"各省虽已形式上组织完成"，但实际上"办事则困难极多，凿圆枘方，格格不入"。② 为革除弊病，国民政府采取了一些有针对性的措施。1934 年 7 月，国民政府军事委员会委员长南昌行营公布《省政府合署办公办法大纲》，目的就是"力谋地方政务之推进，保持省府意志之统一，及增进一般行政之效率"。③ 1936 年 10 月，行政院正式公布《省政府合署办公暂行规程》，对之前公布的《省政府合署办公办法大纲》加以法律上的确认而已，内容基本一致。④

据此，各省在原有基础上，对省政府委员会议事规则加以修正。例如，1935 年 2 月 25 日四川省政府委员会通过《修正本委员会议事规则案》，内容包括关于表决之规定，应酌加修改，以符现制。兹拟将第十条末句由主席加入表决，修正为由主席决定之；第十一条末句主席以次付表决，修改为应取决于主席；第十二条表决以举手表示赞同或用记名投票行之，全条删除。⑤ 随后，四川省政府制定的《四川省政府委员会议事规则》公布，其改革方面的要点包括委员会会议由

---

① 《苏省府昨开谈话会》，1935 年 8 月 3 日，《申报》（上海）第 3 张第 10 版。

② 《蒋介石为陈述改革省政各理由并送省政府合署办公大纲事致中央政治会议电》，1934 年 8 月 1 日，中国第二历史档案馆编：《国民党政府政治制度档案史料选编》下册，安徽教育出版社 1994 年版，第 357—359 页。

③ 《国民政府军事委员会委员长南昌行营公布〈省政府合署办公办法大纲〉》，1934 年 7 月，中国第二历史档案馆编：《国民党政府政治制度档案史料选编》下册，安徽教育出版社 1994 年版，第 346—348 页。

④ 《行政院正式公布〈省政府合署办公暂行规程〉》，1936 年 10 月 24 日，中国第二历史档案馆编：《国民党政府政治制度档案史料选编》下册，安徽教育出版社 1994 年版，第 365—367 页。

⑤ 《四川省政府委员会会议记录》第 1 辑，四川省政府秘书处编印，1935 年，第 11 页。

主席召集之。常会定于每周二、五两日午后一时开会；特别会开会日时，由主席临时定之。议决事件由主席执行之。每次会议时间以二小时为限，届时由主席宣告闭会；逾时讨论未完，得由主席延长或中止之。开会中委员退席，须经主席同意。讨论一事件，以三十分钟为限；逾时得由主席延长或中止之。议事以出席委员过半数之同意决之；可否同数时，由主席决定之。讨论结果有数说时，应取决于主席。议案有应付审查者，得设审查委员会审查。审查委员由主席就出席委员指定之。会议记录由主席及秘书长签名其上，于下次开会时，由秘书长宣读后，即行付印，送达各委员。① 其他各省也是如此，基本上在省府实行合署办公后加大省主席在决策机制的重要性。例如，最明显的就是关于委员会议事件，如委员中意见不一致时，皆取决于主席，无提付表决之必要。②

委员合议制改革之后，尽管形式上仍是委员合议，但在实际运作中却提升省政府主席的决定权和话语权。例如，四川省合议制度改革后，在省政府委员会议决过程中明显地加大省政府主席的权力。1935年3月第六次会议中，委员兼建设厅长郭昌明提议：请从速核定各县征工筑路人员考成条例及各县征工筑路委员会组织条例案。经讨论后决议：两条例草案大体可行，再交秘书处，呈由主席核定施行。③ 会后，据秘书长邓汉祥报告：各县征工筑路委员会组织条例及征工筑路人员考成条例已"由秘书处审核完竣，呈经主席核定，送交建厅查照施行"。④ 四川省政府委员会第七次会议中，教育厅长杨全宇提议：拟具四川省政府教育厅督学办事细则，请核定案。经讨论决议"交秘书处审查后，送请主席核定施行"。⑤ 不仅议案最后要经过主席的审核决定，而且主席不出席委员会时，仍具有决定权。例如，1935年4月12

---

① 《四川省政府委员会议事规则》，《四川省政府委员会会议记录》第1辑，四川省政府秘书处编印，1935年，第12—14页。

② 《四川省政府委员会会议记录》第1辑，四川省政府秘书处编印，1935年，第11页。

③ 《四川省政府委员会会议记录》第1辑，四川省政府秘书处编印，1935年，第23页。

④ 《四川省政府委员会会议记录》第1辑，四川省政府秘书处编印，1935年，第24页。

⑤ 《四川省政府委员会会议记录》第1辑，四川省政府秘书处编印，1935年，第30页。

日召开的四川省政府委员会第十四次会议上，省政府主席刘湘"因劳致疾，暂须静养，不能到府视事，面嘱本府事务由秘书处多负责任"，同时主席决定"聘王平秋为县政人员训练所副主任兼教育长"，议决县训所学员入学甄审事宜时，仍要"依主席意旨，拟聘张表方、胡文澜、邵明叔、尹仲锡、卢作孚、王平秋、龙国桢为委员"。最后决定都是通过。① 由此不难看出，省制改革后的决策机制明显地加大省政府主席在此制中的权力和地位，致使省制逐步趋向于主席独裁制，委员合议制逐渐沦为形式，成为主席操控委员会和委员的工具。

三　委员合议制的效能

（一）职能的规定

国民政府在 1930 年前的制度设计中并没有明确规定省政府委员会的议决内容。1930 年 2 月第五次修正公布的《省政府组织法》中才明确规定省政府委员会议决的内容，包括省政府所发的省令和省单行条例及规程，对于所属各机关的命令或处分，增加或变更人民负担事项，地方行政区划之确定及变更事项，关于全省预算、决算事项，处分省公产或筹划省公营业事项，执行国民政府委托事项，地方自治监督事项，省行政设施或变更事项，咨调省内国军及督促所属军警团防、绥靖地方事项，省政府所属全省官吏任免事项，其他省政府委员会认为应议决事项。② 其后的省制规定中，省政府委员会的议决内容大体类同。从议决内容不难看出，省政府委员组成的省政府委员会总揽全省的立法权、行政权和监督权，几乎集全部权力于一身，成为一省之内所有权力的来源。委员合议制作为国民政府特有的省政运作制度，省政府委员会议决的权力几乎垄断全省事务，拥有决策的范围极为广泛。

（二）委员会的职能

根据实际运作情况来看，省政府委员会议实际履行了以下几个方

---

① 《四川省政府委员会会议记录》第 1 辑，四川省政府秘书处编印，1935 年，第 84 页。
② 《国民政府公报》第 388 号第 36 册，第 1—2 页。

面的职能：

第一，议决法规、条例等。凡省内重要事务都要经过省政府委员会这一法定形式集体合议后，决定处理办法，而非一人作出决定。例如，1936年6月一个月，浙江省政府委员会就制定并颁行了10条省单行法规。

表3—1　　1936年6月份浙江省政府委员会颁行省单行法规一览表

法规名称	颁行日期	经第几次省务会议通过	法规要旨	备考
修正浙江省立图书馆章程	6月4日	第822次	重行修订职员任用办法	
修正浙江省立体育场章程	6月4日	第822次	重行修订职员任用办法	
修正浙江省西湖博物馆章程	6月4日	第822次	重行修订职员任用办法	
修正浙江省民政厅卫生实验处规程		第831次	按照实际情形加以修正	于6月30日呈请行政院鉴核备案中
浙江省委任职公务员铨叙委托审查委员会办事细则	6月11日	第825次	依照铨叙部各省委任职公务员铨叙委托审查办法第十三项制定	咨请铨叙部查照备案中
浙江省渔业管理委员会组织规程	6月19日	第828次	发展全省渔业增进与民福利并充实护渔力量	
修正浙江省各区营业税征收局组织规程	6月20日	第827次	补充规定员额官等	呈请行政院鉴核备案中
江浙两省箔类营业税征收局组织规程	6月20日	第827次	补充规定员额官等	呈请行政院鉴核备案中
浙江省编联水上保甲实施办法	6月26日	第831次	依照中央编联水上保甲法案及本省编组船户保甲办法订定	民政厅呈请核颁

续表

法规名称	颁行日期	经第几次省务会议通过	法规要旨	备考
浙江省管制各种汽车及汽车驾驶人暂行办法	6月27日	第831次	利便随时得以征调集中	建设厅呈请核颁

资料来源:《浙江省政府工作报告》,浙江省政府秘书处编印,1936年,第3页。

第二,议决施政纲领、政令等。例如,江苏省政府第281次委员常会,委员程振钧等审查李蔚唐呈请设立农村改进实验区,拟具意见及简章预算一案意见,报请公决案。议决:通过。第307次委员常会,据民政厅、保安处会呈,拟具巢湖水上公安局整顿办法及长淮水上公安局整理大纲,提请公决案。议决:通过。第327次委员常会,据民财建三厅会呈,遵令会同核复议设安徽农民借贷所一案,检同修改办法大纲暨加拟各办法,并附表式,请鉴核案。议决:照办。① 江苏省政府的施政纲领也要通过省政府委员会。江苏省政府1933年下半年度施政纲领,经省政府委员会第626次会议通过。② 1934年9月,江苏省政府委员会决议通过1934年度施政纲领。③

第三,议决官吏任免。大致分为三个方面:一是行政督察专员的任免。例如,安徽省政府第300次委员常委会,奉豫鄂皖三省剿匪总司令部训令,任命席楚霖、周君南为安徽行政督察专员,应由省政府遵章分别加委兼驻在地县长,并行知各该区所辖县政府案。议决:交民财两厅并案办理。第303次委员常会,民政厅提议:委任各区行政督察专员兼任驻在地县长。议决:通过。④ 二是县长的任免。例如,安徽省政府委员会第279次委员常会议决通过了民政厅提议:灵璧县

① 《安徽省政府委员会会议汇要》,安徽省政府秘书处编印,1932年,第10页。
② 《苏省施政纲领》(廿二年度下半年度),1934年6月15日,《申报》(上海)第3张第10版。
③ 《廿三年度苏省施政纲领》,1934年9月15日,《申报》(上海)第3张第12版。
④ 《安徽省政府委员会会议汇要》,安徽省政府秘书处编印,1932年,第16页。

长孙克宽辞职，遗缺请以王肖山试署；太和县长杨颖之调省，遗缺请以张则民试署；婺源县长江恢阅辞职，遗缺请以刘炎试署案。第281次委员常会议决通过了民政厅的提议：颍上县县长彭澜辞职，遗缺请以张鼎家试署案。①又如，1930年7月11日浙江省政府委员会第326次会议上，议决通过了民政厅长的提议：诸暨县长徐之圭迭请辞职，拟予照准遗缺拟以谢荫民试署；拟沈衔书为传染病院院长。又如，1930年7月15日浙江省政府委员会第327次会议上，民政厅长提议：乐清县长沈金相恳请辞职，拟予照准，遗缺拟调云和县长周赓昌试署，递遗云和县长缺并拟以李钧南试署案；拟请将宣平县长金宏免职候查，遗缺并拟以尹志仁试署案。上述提案均议决通过。②三是其他官吏的任免权。例如，浙江省政府1930年7月1日第323次委员会上，议决通过民政厅长的提议，秘书许炳堃呈请辞职，业予照准，所遗秘书拟以科员黄仁浩升充案。1930年7月4日第324次省政府委员会上，议决通过主席提议，本府秘书楼金鉴业经呈准辞职，遗缺拟以建设厅技正沈昌调充案。③

第四，议决经费预算。例如，1937年8月20日上午8时江苏省政府委员会召开第925次会议，主席陈果夫提议：民政厅、财政厅案呈：省立医院请拨5000元，为购办药品器械，该款在何项开支，祈公决案。（决议）照准。款在省总预备费内开支。主席陈果夫提议：导淮入海工程处呈送事业结束费预算书，计列11205元。经饬据建设厅签复，似无不合，应否照准，请公决案。（决议）照准。款在导淮入海工程费节余项下开支。④又如，1936年6月浙江省政府第825次委员会中，建设厅长呈陈开遂路所需木料给价及酌拨运费案，业经衢县区行政督察专员召集关系各方商议办法，并会拟变更预算所需增加经费可否准予追加检附，原呈预算祈核议案。决议：准予拨款八万元，不

———————

① 《安徽省政府委员会会议汇要》，安徽省政府秘书处编印，1932年，第22页。
② 《浙江省政府行政报告》（1930年7月份），浙江省政府秘书处编印，第5—6页。
③ 《浙江省政府行政报告》（1930年7月份），浙江省政府秘书处编印，第5页。
④ 《江苏省政府公报》，江苏省政府秘书处编，1937年第2666期，第15—16页。

另征料。① 再如，安徽省政府第296次常委会，据怀宁首席县长呈，勘定三三旅六九八团搭盖棚所地点，计需工料洋六十六元四角一分。议决：照准。第300次委员常会，据财政厅呈为审核怀宁首席县政府代办三十三旅用具计算书表等件，尚属相符，拟请核销，并请示可否在二十一年度总预备费项下支给案。议决：照准。②

第五，议决设置机构。例如，1936年6月浙江省政府第831次委员会上，蚕丝统制委员会呈报筹设缫丝委员会，计划缫丝事宜，检附办法，请予鉴核一案，应否准予备案，请核示案。决议：修正通过。1936年6月浙江省政府第828次会议，行政院代电在京设置国民经济建设运动委员会总会筹备委员会，所有各省市分会及各县支会应即派定筹备人员，同时设置迅赴事功案。决议：推定建设厅伍厅长、民政厅徐厅长、财政厅程厅长为筹备委员，以伍厅长为主任筹备委员。③

第六，议决社会公共事务。有的议决是革命烈士纪念事务。例如，安徽省政府第293次委员常会，主席提议：拟定安徽省五烈士省葬筹备委员会办事处组织规则，请公决案。议决：照修正案通过。第295次委员常会，主席提议：拟由本省捐助建立革命先烈黄公克强铜像及纪念碑堂，经费五百元，祈公决案。议决：通过。④ 有的议决是因公而亡的抚恤。例如，安徽省政府第292次委员常会，据教育厅呈，据安徽大学校长程演生等呈，为教育经费管理处科长姚毓麟请恤一案，据情转呈，乞鉴核示遵案。议决：交民教两厅查案拟复。第310次委员常会，据民政厅呈复，奉令以据烈士遗族汪宸森呈为先父汪镕革命殉难，请援给恤一案，饬厅核议复夺等因，遵令核议复请鉴赐核办案。议决：依照党员条例第七条第（二）项之规定，酌给一次恤金八百元。第311次委员常会，据财政厅呈，为饬发建设厅长营葬费五千元和休宁王故县长治丧费一千元，应否在二十一年度总预备费项下动支，

① 《浙江省政府工作报告》，浙江省政府秘书处编印，1936年，第4页。
② 《安徽省政府委员会会议汇要》，安徽省政府秘书处编印，1932年，第20—21页。
③ 《浙江省政府工作报告》，浙江省政府秘书处编印，1936年，第4页。
④ 《安徽省政府委员会会议汇要》，安徽省政府秘书处编印，1932年，第32—33页。

请示遵案。议决：准在总预备费项下动支。[1] 有的议决是灾害救济。例如，安徽省政府委员会第 319 次委员常会，准灾区募赈会函，送各县组织募赈分会章程，请令未被匪灾各县遵照办理案。议决：通过。第 320 次委员常会，准灾区募赈会函，为与刘建设厅长接洽妥协，借皖中南急工赈之款移缓就急，必须以七邑之善后专款为担保，请提会讨论见复案。议决：电商商会救济水灾委员会工作组。准灾区募赈会函，为经本会议决修改本会章程，请查照分别加入案。议决：照准。[2]

上述省政府委员会的运作，形成独有的决策机制：省政府主席主持和省政府委员集体议决相结合的独特机制。这种机制产生了以下结果：一是限制了省政府主席的权力。因为全省几乎所有事务必须经过省政府委员会通过，否则就没有效力。因此，有人称：省政府主席"在行政上无独立之能力"，"无统驭各厅之权，遂难综览全局"，而"各厅处不受省府指挥，迳自决定政策，直接发布政令"，"对省政为有效之节制"。[3] 二是省政府全体委员参与议决，并非主席一人独断专行，具有一定民主进步价值，至少在形式上扩大了参与成员，形成多数人政治参与机制。有学者总结委员合议制优点，他说，"全省一切行政事务须经省府委员会议决，一方面可收集思广益之效，一方面亦使省主席无法独自擅权，各省府委员系由中央政府任命，对省主席有牵制作用，可以完全铲除割据称雄之弊端"[4]。

四　决策机制的弊病

省政府委员合议制的运行，表面上看"集思广益"，但结果却常常是"意见纷歧，责任不专，处理事机颇感濡滞"。[5] 有学者概括说：

---

① 《安徽省政府委员会会议汇要》，安徽省政府秘书处编印，1932 年，第 33—37 页。

② 《安徽省政府委员会会议汇要》，安徽省政府秘书处编印，1932 年，第 42—43 页。

③ 霁明：《中国省制问题》，《新西康》1946 年第 4 卷第 1—2 期，第 29 页。

④ 李国祁：《闽浙两省制度、行政与人事的革新（1927—1937 年）》，《"中央研究院"近代史研究所集刊》（台北）1980 年第 9 期，第 79 页。

⑤ 《各省省政府对于省政府组织法之意见》，政治档案，中国国民党文化传播委员会党史馆藏，馆藏号：政 11/4.1。

"省政府采委员会制度，实施以来，流弊迭见。"① 概括来说，省委员合议制运作的弊病主要表现在以下几个方面：

第一，决策效率缓慢，难以应付繁杂和突变事务。对此，有学者指出：因为省政府委员会是合议的机关，如人选不良，便又变成多头主张的机关，而且一切的重要事务，关于行政方面的，必须经过合议机关的会议与议决，这自然很难应付紧急的事务。"以现在的事实观之，不独省政府对于紧急的事务不能即时实行，即普通的中央命令或政策亦不能负责实行"。② 早在 1933 年，蒋介石在全国内政会议上提出《修改地方行政机关组织案》，其中也揭示出省政府委员合议制的弊病。他指出，《省政府组织法》"中规定应提交会议事件之范围太广"，"全省行政乃重一切具体事实，几无一事不须省政府委员会之议决，不特展转耽延，有失敏捷之效；会议频数，徒贻废事之讥；流弊所至，不可胜言"。③

第二，议决案执行效率低。委员合议制无形之中造成省厅之间"各自为政，情形隔阂。以致政令纷歧，下级机关无所适从。各厅处间遇有问题，彼此行文咨复，往返周折，迁延时日"。④ 有学者敏锐指出，由于委员合议制的执行，造成"决定一种行政方针没有一个独任的省长肩负责任"，加之当时中国尚缺乏"民治精神素养的人，少数人没有服从多数人的习惯"，因此"各委员彼此又不愿合作，对于多数决定的政策，也不愿牺牲成见，切实赞助，或更从事破坏，则该项政策的实施，将更感困难"。⑤

第三，省厅矛盾，未能协调连贯。1935 年蒋介石直接管辖的军事委员会委员长行营所编的《军事委员会委员长行营政治工作报告》中就指出，按现行省组织法来看，各省"形式上虽已组织完成，而实际

① 李洁：《改革省政的三项建议》，《胜利》1939 年第 42 期，第 3 页。

② 李廷樑：《改革省制的商榷》，《时论》1937 年第 45 期，第 15 页。

③ 《抗战中的中国政治》，中国现代史资料编辑委员会编印，1957 年翻印本，第 21—22 页。

④ 霁明：《中国省制问题》，《新西康》1946 年第 4 卷第 1—2 期，第 29 页。

⑤ 李廷樑：《改革省制的商榷》，《时论》1937 年第 45 期，第 15 页。

上办事仍多困难"。省政府各厅处"均系骈肩而立，各成系统，各固范围，各私财用，权则相争，过则互诿。一切设施，多以本厅处或本局之立场为观点，甚乏共维全局之精神，常致彼此矛盾，省府所属之下级机关，每因是而无所适从，不得不敷衍粉饰以塞责"。① 省政府既与各厅处分立，致使整个省政机构"形成支离破碎之局面，省政府委员会因循散漫"，"精神不能集中，运用不能灵活。各厅长及委员之政见，均可尽量提付省府委员会决议施行，对于全盘省政，无人作整个之计划"。②

第四，责任不明，无人负责。1933 年全国内政会议中，蒋介石所提的"修改地方行政机关组织案"中明确提道：省政府会议制无人负行政全责，"无论何项行政，非其主管机关，自难充分明了。形式上虽经会议，实际上仍待主管官之说明。以事不素习，案积如林，而欲千俄顷之间，决其可否，非互相附和，以主管官之意为从违，即借以挟持，以议案之通过为交换，甚至急项举办之件，因彼此牵制而不克施行，苦心擘画之案，因任意增删失其效用。主管厅之取巧者，借会议为诽谤卸责之具，为省府主管者，反因会议而失监督之权"。③ 省政府委员合议制的运作后果之一，就是"一切政策的推行，既要经过合议，多数取决，个人的意见即使不赞成，也不能不服从，且有不便向外人表示自己异议的态度；所以政策的成功或失败，到底是什么人的责任，不易明白"。④

第五，议而不决，议决执行脱节。时人认为，省政府委员人数甚多，在委员会内势不能均有适当的位置即主席、厅长之实职，那些未能占据实职的不兼职委员则"便会形同'伴食'，会议时唯唯诺诺，

① 军事委员会委员长行营编：《军事委员会委员长行营政治工作报告》，军事委员会委员长行营，1935 年，沈云龙主编：《近代中国史料丛刊》（三编）第 25 辑第 249 册，文海出版社有限公司 1985 年影印本，第 2—3 页。

② 霁明：《中国省制问题》，《新西康》1946 年第 4 卷第 1—2 期，第 29 页。

③ 中国现代史资料编辑委员会编：《抗战中的中国政治》，中国现代史资料编辑委员会编印，1957 年翻印本，第 22 页。

④ 李廷樑：《改革省制的商榷》，《时论》1937 年第 45 期，第 14 页。

无所可否，故有合议之名，未必符合议之实"。天才不易发展，"人性
是大智不常，而多是中才之士，那末雄才大略，远瞻高瞩的委员，很
不容易得，中才的委员们了解，不免受着相当的掣肘，便不能充分发
展其天才"。① 省政府设置各厅分掌各项事务，但省政府是整个的，这
种分立的组织相互间自应有统筹协调的枢纽，依法令上看，省政府委
员会就是负着统筹协调的责任，但事实上省政府委员会并未达到这种
任务，以致各厅形成分割的局面。厅与厅间步调不齐，精神各异，关
于行政上的轻重次第，缺乏整个计划，以致时有抵触，政治上的不协
调，达于极点。②

　　尽管省政府委员合议制作为特殊的决策机制，在建政和稳定政权
及省内一些事务的议决等方面，确实履行了职权和发挥了功能；尽管
国民政府在 20 世纪 30 年代对省制进行改革，力图矫正以往弊病，但
从整体来看，该决策机制实际上与当时政治、军事等方面脱节，实际
处于失效状态，无法应对当时抗日、稳定局势的各种危机应变，呈现
出整个省政运作的低效能状态。国民政府的省政运作机制存在着法弊
和时弊，改革无法彻底进行和有效完成，效能无法持续。这主要源于
国民政府很多政治制度应付战时之特色，即在北伐时期中"逐渐建
设"，"其后逐渐扩充以至于今日"。③ 因此，国民政府时期省政运作出
现了左右摇摆不定的态势：一方面，在面临内忧外患的恶劣现实环境
下，国民政府因自身实力有限，不得不进行行政改革，不得不时常变
革，以便稳定统治；另一方面，又因其处于复杂的现代社会，其历史、
现实的复杂状况，其行政运作机制极为不畅，效能低下，无法满足各
阶层民众的期望，更无法满足国民政府统治之目的。由此可知，省政
府委员合议制运作未能如愿，不仅没有达到原本预期的效果，而且产
生了诸多弊病，呈现"异化"。民国有识之士早已觉察，道："委员制
在一个素有民主训练，而政局又复安定的国家，是可以收其利的。反

---

① 李廷樑：《改革省制的商榷》，《时论》1937 年第 45 期，第 15 页。
② 陈柏心：《中国的地方制度及其改革》，广西建设研究会，1939 年，第 197 页。
③ 陈世材：《改革中央政制刍议》，《中国新论》1935 年第 8 期，第 8 页。

之，在一个关系复杂，政局又常遭遇严重的问题的国家而行委员制，是不容易收其利而容易承其害的。尤以地方政制组织为甚。"①

第二节 执行机制

一国拥有良好的制度固然必要，但关键之处在于制度的运用是否得当，效果如何。民国学者早已注意及此。陈之迈提出，以往若干论中国政治者常问："为什么西洋优良的政治制度到了中国，便成为逾淮之橘？"他说：这个问题似乎可以在运用的方面着眼来寻求答案。②国民政府政令执行主要体现在上级机关向下级机关下发政令，而下级机关相对应地执行上级机关所下发各种政令。对于这种执行机制，一般体现在中央政府下发政令到地方各行政层级。

一 军政时期政令的执行

行政组织首先要"决定行政政策，和厘定法规来表现行政政策"。③ 早在国民政府成立之前，省政执行机制一般分为以下几个步骤：先由省之上级机关发令，中经省长或省长公署（相当于省政府），再由省发令至各厅执行。例如，1924 年 8 月 21 日孙中山大元帅发出第430 号训令，令文如下：

令大本营财政部长叶恭绰、广东省长廖仲恺

为令行事：案查前此政务会议提议：一切税捐仍交地方主管官厅直接办理，除印花税应归财政部经理外，其余糖捐、桑田、酒精、火柴各捐，均应由广东财政厅征收。业经议决，应即实行。除分令广东省长转饬财政厅、财政部照办外，仰该部长、省长即

① 李廷樑：《改革省制的商榷》，《时论》1937 年第 45 期，第 15 页。
② 陈之迈：《行政机关的运用》（上），《新经济》1943 年第 8 卷第 9 期，第 156 页。
③ 陈之迈：《行政机关的运用》（上），《新经济》1943 年第 8 卷第 9 期，第 156 页。

便遵照,转饬广东财政厅遵照,仍各将交收日期分报查核。此令。①

由上可知,大元帅发出训令给省长,再由省长饬令财政厅执行。这是国民政府成立之前的省厅执行机制的一般情况。

1925 年 7 月 1 日国民政府在广州成立后,即颁布《省政府组织法》,实行新省制,明确规定省政府要在国民党指导监督和国民政府命令前提下处理全省政务。确定了省政执行机制:省政府在国民党指导监督和国民政府命令下,处理全省政务,由民政、财政、教育、建设、商务、农工、军事各厅组成。各厅长共同参加组成省务会议,并至少每月一次以书面形式向省务会议报告其职务经过情况。省行政之命令经省务会议议决后,由主席、主管厅长署名,最后以省政府名义发布。省政府设秘书处,承省政府命令,掌理秘书事务。② 在制度设计方面,国民政府并没有明确规定省政府的执行机制。7 月 3 日,原广东省长公署改组为广东省政府。同日,《广东省政府宣言》发表,宣称:"本省政府根据中华民国国民政府所公布之省政府组织法"宣告成立,"自今以后,在中国国民党指导监督之下,受国民政府之命令,以处理本省政务"。③

军事统一时期国民政府主要的统治区域是广东省。广东作为革命根据地,其运作方式至关重要,影响于国民政府奠都南京,施行训政建设时期的行政运作。政令执行机制基本分为以下几个方面:

第一,国民政府作为中央政府,直接下令至省政府。例如,1926年 5 月 7 日国民政府下发第 235 号令,令文如下:

---

① 《给叶恭绰廖仲恺的训令》,1924 年 8 月 21 日,见中国社科院近代史所等合编《孙中山全集》第 10 卷,中华书局 2011 年版,第 560 页。

② 《省政府组织法》(1925 年 7 月 1 日),《国民党各级政府组织法规选编》,国家编制委员会编印,1982 年,第 85 页。

③ 《广东省政府宣言》,1925 年 7 月 3 日,《中华民国国民政府》,[出版情况不详],1925年,第 33 页。

令广东省政府：

……会员列炳被选为广东北上外交代表团代表之一，不料于三月十八日因爱国运动死于段贼祺瑞之手……东莞县耆民陈荣珍词称：有子陈桂琛蒙各工团推举为广东外交代表团代表，北上努力，近因大沽口外交问题，率领群众请愿，致遭惨害。查陈桂琛系敝会职员，特为此事开会讨论，佥谓应予抚恤奖励……其遗族之困难，自应设法救济，当经敝会开干事会议，提议先致列陈两家属每予临时恤金二十元，并调查其家庭状况嗣后，再按月量为接济之补助。业经决议通过在案，准函……呈悉仰候，再令广东省政府从速拟议恤金额数，呈候核定，再饬财政部筹发可也。……此令。①

随着国民政府统治区域的扩大，国民政府下发令文至多个省份。例如，1926 年 11 月 2 日国民政府下发给广东省政府、广西省政府、湖南省政府第 617 号令：

现准中央执行委员会政治会议函开，中央农民部提议，地方行政官吏欲防止农民协会或农民自卫军自行拘捕罪犯，应切实保障农民利益，自不致有直接行动，如不幸有此种案件发生，只应函报高级农民协会设法矫正，不能藉口摧残，请议决，令饬各省政府转饬各地方行政官吏，一体奉行一案，经本会第三十七次会议议决，交国民政府照办……此令。②

第二，国民政府直接给省政府各厅下发训令。由于统治区域较少，国民政府军政时期大部分执行机制主要是中央直接执行，较少中间经省政转接，因而省制运作的执行机制较为简单。例如，广东省政府成

---

① 《国民政府公报》第 6 册，第 12 页。
② 《国民政府公报》第 9 册，第 32 页。

立之初，七名中央党政要员同时兼任省各厅长，共同组成省最高权力机构——省务会议，形成中央与省政府一体化组织。① 当时国民政府偏隅广东一省，沿袭以往省厅制度，由国民政府直接下发至各厅，由各厅按照相关指示批示办理。例如，1926 年 5 月 7 日国民政府令第238 号：

> 令广东建设厅长孙科：
>
> ……现接唐生智感电称：到粤电何以迟缓？若是现值军事时代，电政关系最大，长沙发出之报六小时内可到坪石，粤辖各局应请赶急设法整理，免误戎机等语，查电政关系至为重要，合即令仰该厅长遵照认真整理，以利戎机，仍将遵办情形报查。此令。②

第三，国民政府不经中间行政层级省政府，直接越级向省政府所辖的行政机构下发训令。这一时期，国民政府"因广东领土太大，以一个民政厅来指挥，当然有鞭长莫及之势"，为"严格管理各县行政之方便起见"，广东省现分东江、西江、南路、北江、广州五区，每区暂各设行政委员一人。③ 一般情况下，省政府执行中央命令，再由省政府转饬各下属组织和官员。例如，1925 年 11 月 21 日下发第 197号令至省政府，并由省政府转饬所辖各行政委员遵照办理。令文如下：

> 令广东省政府
>
> 为令行事：任命周恩来为广东东江行政委员，甘乃光为广东南路行政委员，业经明令公布在案。查其所辖区域：东江当以惠、

---

① ［日］深町英夫：《近代广东的政党·社会·国家——中国国民党及其党国体制的形成过程》，社会科学文献出版社 2003 年版，第 261—262 页。

② 《国民政府公报》第 6 册，第 16 页。

③ 王振钧：《国民政府基础巩固：中山先生逝世一年后之广东政绩》，《国民新报副刊》1926 年，第 20 页。

潮、梅全属属之，南路当以恩开、两阳、三罗、新兴暨高雷、钦廉各属属之。合行令仰该省政府即便分别令饬遵照。此令。①

然而，国民政府在军政统一时期，为便于政务执行，同时国民政府与省政府很多方面职能一体化，故而，国民政府为政务执行的快速高效，而直接向省政府的下属机构下发训令，而不经过省政府。例如，1926 年 5 月 7 日国民政府直接给广东省琼崖各属行政委员张难先下发第 240 号令：

> ……据琼崖各属行政委员张难先呈：请委琼崖绥靖专职，及假该委员与绥靖权职有关之名义等情，是否可行……查各区防军高级长官自应负该区绥靖专责，其各区绥靖委员应按照广东全省各区绥靖委员会组织法之规定办理，不必另立名义，以免纷歧。关于绥靖一切经费应由各绥靖委员会先行造具预算呈核准……此令。②

甚至有学者指出，"此五委员均直隶于国民政府，专管各区县知事之任免，与教育、交通、财政、警察诸事务，而尤特别注重于交通，严令各县知事，分区筑路，限一年之内，全省得通行汽车"。③

第四，中央部会直接向厅下发指令和批示等。国民政府内部所设置的监察院等机构，因政务性质而直接可以向省政府的厅下发指令和批示等。例如，1926 年 8 月 28 日国民政府监察院下发给广东省建设厅的批示：

---

① 《国民政府任命周恩来甘乃光分任东江南路各属行政委员及其职权等令稿》，见中国第二历史档案馆编《中华民国史档案资料汇编》第 4 辑，江苏古籍出版社 1986 年版，第 48 页。
② 《国民政府公报》第 32 号第 6 册，第 18 页。
③ 王振钧：《国民政府基础巩固：中山先生逝世一年后之广东政绩》，《国民新报副刊》1926 年，第 20 页。

批商民冯子初呈诉违章苛征案，已转函艰涩会同查办由

具呈人：商民冯子初

为违章苛征，知法犯法，乞查办由，

呈悉，业已据情转函广东建设厅查办，仰即知照，此批。①

再如，1926 年 9 月 15 日国民政府监察院下发给广东省财政厅的批示：

批商民成永安呈诉退办已久按饷揸留案，仰径呈广东财厅核办

具呈人：协群公司商人成永安

为退办已久，按饷揸留，请转咨发还由

呈悉，仰迳呈广东财政厅核办可也，此批。②

1926 年北伐开始后，随着国民革命军占领区域进入长江流域，统治范围日渐扩大，因而相关的事务急剧增多，随之必须对省政加以细化和修正。如 1926 年 11 月 10 日加以修正和细化，规定：省政府的职权由国民政府任命省政府委员七人至十一人，组织省政府委员会行使。省政府委员会设常务委员三人至五人，由省政府委员会推选之，并由常务委员互推一人为主席，常务委员会按照省政府委员会议决，执行日常政务。省政府一切命令及公文须经全体常务委员并关系厅厅长之署名行之。③

总之，省政权力的统一、省县组织的设置，有利于各种事务的执行。在国民政府支持和管理之下，省政府取得了可喜的成绩，巩固了国民政府统治基础。王振钧在陈述广东政绩时说：广东省基本实现了军政统一、财政统一、民政统一。"省县市政府之组织大纲，已由国

---

① 《批商民冯子初呈诉违章苛征案》，《监察院公报》1926 年第 27 期，第 13 页。

② 《批商民成永安呈诉退办已久按饷揸留案》，《监察院公报》1926 年第 27 期，第 95—96 页。

③ 《国民政府公报》第 50 号第 9 册，第 12—13 页。

民政府决定，并发交省政府遵照实行改组。省政府组织通过，即日实行。县政府组织大体通过，三个月后实行。在此三个月内，组织一委员会，以养成县政府各种人材。并草拟县政府及市政府组织法"。[1] 然而，军事时期省行政时常受到其他军运方面的影响和冲击、干扰，以至于省政无法按照法制规定施政，执行能力有限。

二　训政时期政令的执行

国民政府建都南京之后，对于各省所下发政令，基本同军政时期一致。大致为以下几种执行机制：

1. 国民政府直接给省政府下发政令。有学者指出："中央与地方政府是一个并存的共同体，地方政府经常要就其事务与中央政府发生联系，或须中央政府核准及备案，或须报告中央政府，或须向中央政府请示，或须与中央政府协商；反过来，中央政府也经常需要公布法律、法规，发布命令、指示，任免人员，宣示事实，裁答陈请等，这就产生了双方的公文往来。"它们是双方政治沟通的最经常的渠道和途径。[2] 作为中央政府，国民政府通过以下几种方式下达至各省政令：

一是国民政府只对一省下发政令，例如，1927 年 6 月 2 日国民政府下发天字第 20 号训令，令文如下：

> 令江苏省政府：
>
> 据金陵下关商埠局局长周坞秋呈称，一下关商埠局应否归并一案，奉何委员玉书来函云：已经省委员会议对于此案，公推叶委员楚伧出席政治委员会提议已公决，由市政厅接收等。[3]

二是国民政府下发至多省。例如，1927 年 6 月 3 日国民政府下发

---

① 王振钧：《国民政府基础巩固：中山先生逝世一年后之广东政绩》，《国民新报副刊》1926 年，第 20 页。

② 李国忠：《民国时期中央与地方关系》，天津人民出版社 2004 年版，第 414 页。

③ 《国民政府公报》（宁字）第 5 号第 10 册，第 21 页。

天字第 29 号训令,令文如下:

> 令江苏、浙江、福建、安徽、广东、广西、贵州省政府:
> 查各省政府并所属各厅组织条例及颁行一切章程规则,应呈送政府审核公布。如有因地制宜特殊情形,订定单一法者,亦应呈报备案。……令仰该省政府遵照办理,此令。①

三是下发全国各省。例如,1927 年国民政府天字第 67 号训令,令文如下:

> 令各省省政府:
> 现准中央执行委员会政治会议咨开,为咨行事,本会议第 100 次会议决议,县行政一律用县长制,并慎重县长人选……咨请政府查照,并请克日通令各省切实遵行……此令。②

2. 国民政府作为中央政府,直接下令至厅。例如,1926 年 5 月 7 日国民政府下发第 236 号令,令文如下:

> 令广东实业厅厅长李禄超:
> 据管理粤汉铁路事务徐苏中呈称:……据广东商务厅呈复……查该公司集股继续开采狗牙洞煤矿,事关发展实业,抵制外煤,自应力予赞助,期收宏效。……奉令……呈悉,所拟办法于矿业路政两有裨益,仰即由该管理再与地利公司商订详细借款办法呈报,查核并候令行广东实业厅转饬该公司知照可也……此令。③

---

① 《国民政府公报》(宁字)第 7 号第 11 册,第 12 页。
② 《国民政府公报》(宁字)第 6 号第 10 册,第 5—6 页。
③ 《国民政府公报》第 6 册,第 13—14 页。

有意思的是，国民政府可越级下发训令，便于执行政务，而民众上诉却不能越级呈诉，理由在于不明统系，紊乱行政系统。国民政府对此曾下发布告禁令。例如 1927 年 6 月 22 日国民政府发出布告第 7 号，嗣后关于地方行政方面的越级呈诉概不受理。"本政府刷新民治，求达下情，业将中央与地方行政划分治理，各设专司，所有人民呈诉事件，自应依级呈请，不容稍有逾越。现查本府逐日收受来问，每多越级迳达，不向该管官署投递，殊属不明统系，亟应剀切申明，以昭划一。合行布告各界人民，一体周知。嗣后，凡属地方行政范围事件，应各迳呈该管官署核办，不得越级呈府，致紊统系。如系请愿或诉愿等事，应归本府范围者，亦须注明姓名职业住址足印花，俾完手续。自布告之后，倘再越级具呈，本府概不受理，以清界限而重职权。仰即遵办，勿违，特此布告"。①

在省政府收到中央下发政令后，要对政令进行一定的处理，于是出现相对应的政令下发机制。有的省政府转发国民政府及其行政院的政令。例如 1937 年 8 月 7 日江西省政府下发财三字第 15886 号训令：

令各厅、处、会、院、局、署、县：

案奉：行政院二十六年七月六日第 514125 训令内开：案奉国民政府二十六年六月三十日第 537 号训令内开：为令遵事：案准中央政治会议二十六年六月二十四日函开：案准中央执行委员会函开：查有勋劳于国家或地方之人员故后，经中央议决公葬者，向例均交原籍省市政府办理，惟公葬费用如何支给，尚无划一办法，兹经本会常务委员会第四十五次会议决议：公葬费用至多不过五千元，经中央核定后由国库支给在案，应请转函政府等因；兹经本会第四十八次会议决定照办，相应录案函达，即希查照转行各机关知照。等由；准此，自应照办。除函复并分行外，合行令仰知照，并转饬所属一体知照。此令。等因；奉此，除分令外，

① 《国民政府公报》（宁字）第 7 号第 11 册，第 71 页。

合行令仰知照，并转饬所属一体知照。此令。等因；奉此，除分令外，合行令仰该□知照！此令。①

有的省政府转发中央部会之政令，例如 1937 年 2 月 27 日安徽省政府发出建实字第 1361 号训令，令文如下：

令各行政督察专员公署、县政府：

案准实业部二十六年一月二十七日，商字第 52037 号咨开：案准中央政治委员会秘书处二十五年十二月十六日函开：准中央执行委员会秘书处移送中央民众训练部函一件，为拟于商会法施行细则内，增加：执行委员及监察委员开会时，不得委托代表出席一条。请转陈核示等因，经陈奉中央政治委员会第三十次会议决定：交实业部，相应抄同原件，函达即希查照核办等因准此，当将原案呈请行政院鉴核在案。兹奉院令准予备案。除以部令公布，并分行外，相应检同修正条文一纸，咨请查照，转饬所属遵照。等由，并附……准此。除分行外，合亟抄发原条文一纸，令仰转饬所属一体遵照。此令。②

3. 省政府下令至各厅处。按照省政府组织法，各厅处组成省政府委员会，但并没有明确省政府就是各厅处的上级机关，可以直接下令。但在事实过程中，省政府有意无意给各厅处下发各种令文。例如 1930 年 5 月浙江省政府发出秘字第 1910 号训令：

令建设厅：

准省执行委员会训练部函送，浙省商人组织统一办法，及由

---

① 《奉令为公葬费用至多不过五千元，经中央核定后由国库支给》，《江西省政府公报》，江西省政府秘书处编，1937 年第 878 期，第 8—9 页。
② 《安徽省政府公报》，安徽省政府秘书处编，1937 年第 747 期，第 6—7 页。

县市商人组织统一委员会组织细则，请饬属知照。……准此经于本政府委员会第 311 次会议提出报告在案，合行抄发原附办法细则，令仰该厅知照，并饬属一体知照，此令。①

4. 省各厅处直接下令至各县及所属。例如，1928 年安徽省教育厅直接给各县教育局、省立各教育机关下发第 6321 号训令：

> 各县教育局、省立各教育机关
> 修明政治，必须职有专司，责无旁贷，尤应砥砺廉隅，为民表率。政务官不得兼薪，事务官不得兼差职，迭经明令严禁在案。乃实力奉行者固居多数，间亦不免有阳奉阴违情事，为此重申令，嗣后政务官即因政务上之必要而兼差职，亦不得兼薪，并不得有支取夫马津贴类似兼薪之事项。事务官则绝对不得兼差职，倘敢故违，以贪墨论，即予褫职惩办。各该管长官，须随时认真查明具报，毋稍瞻徇，用副政府整饬官方，崇尚廉洁之至意，此令。②

有的厅对某一县长直接下发训令。例如，1930 年浙江省民政厅直接给新昌县长卢寿祺下发第 11519 号令，令文如下：

> 令新昌县县长卢寿祺：
> 案查各县政治工作例，须按月编成报告专呈送核，惟查该县长自到任以来，迄未据造送，殊属疏忽，应予申诫，除注册外，仰迅将未造送各月政治工作报告分别赶造齐全呈送备核，毋再延误，干咎，此令。③

有的厅对本省各县直接下发训令。例如，1930 年浙江省建设厅给

---

① 《浙江省政府公报》1930 年第 920 期，第 6—8 页。
② 《安徽教育行政周刊》1928 年第 1 卷第 33 期，第 6 页。
③ 《浙江省政府公报》1930 年第 920 期，第 15—16 页。

全省所有县长、市长发出第 1711 号训令，令文如下：

> 令各县县长、各市市长：
>
> 据浙江省度量衡检定所呈称，度量衡器具调查表业已遵照度量衡临时调查规程制定，并经分行各县市查填，汇转在案，请予令催依限查填汇报。事关划一权度，自应迅予查报，以凭统计，除指令并分令外，仰即遵照办理，此令。①

有的厅直接奉省政府政令，然后对所辖各机关下发训令和指示。例如，1927 年 8 月 19 日江苏省民政厅下发第 793 号训令，令文如下：

> 令各县县长、江苏水上警察厅厅长、各县公安局长：
>
> 案奉省政府和训令第 1451 号开，此次蒋总司令宣言辞职，一般民众心理或未明政局状况，不免恐慌，但首都所辖军事、政治仍各负责有人，省市秩序如恒，决无意外之处，所有各该厅服务人员，一言一动，人民观听所系，尤宜处以镇静，安心办事，慎毋得有轻信谣言、擅离职守等事，致贻庸人自扰之讥，而失政府表率之重，除通电江苏水上警察厅暨各县县长注意提防治安，遏止谣惑，随时具报外，合行令仰该厅长即便饬属一体遵照……此令。②

由上可知，省政府及其各厅对于政令执行处于割裂局面，一方面由于中央政府及院部等代表中央行政级别的行政组织分别可以向省政府或厅下发政令，致使中央组织将省厅分割开来，分别下发政令；另一方面，省政府与厅处向基层政权分别下发政令，又将基层政权分割开来。这样就形成中央及其院部以线条型的纵向向基层下发政令，形

---

① 《浙江省政府公报》1930 年第 920 期，第 18—19 页。
② 《江苏民政厅公报》1927 年第 33 期，第 5 页。

成纵向条条政令控制系统，同时，省政府及其基层政权作为整体来看，省府与各厅处、县府与各局处于分裂局面，未能形成有效的协调一致的整体，被分割成一块一块的独立系统。

第三节　办公机制

为了提高行政运作效能，有必要对行政运作过程作技术性改进。马克斯·韦伯指出："根据全部经验，纯粹的官僚体制的行政管理，即官僚体制集权主义的、采用档案制度的行政管理，精确、稳定、有纪律、严肃紧张和可靠，也就是说，对于统治者和有关的人员来说，言而有信，劳动效益强度大和范围广，形式上可以应用于一切任务，纯粹从技术上看可以达到最高的完善程度，在所有这些意义上是实施统治形式上最合理的形式。"① 换言之，对办公制度实行技术性方面的改进和提高，有利于权力整合，巩固统治。国民政府建成后，各省政对于办公制度作了技术性改进。

一　办公考勤制度

现代行政制度需要借助严格的行政管理班子运作，行政人员在服从官职的前提下，把职务视为唯一的或主要的职业，须接受严格的、统一的职务纪律和监督。② 同时，国民政府时期各省政务繁杂，因此必须对办理事务和办公时间作相应便捷的规定，以便提高行政效能。因此，为维护行政机构的正常工作秩序，提高办事效率，严肃纪律，使行政人员自觉遵守工作时间和劳动纪律，省政府实行考勤制度。

第一，实行签到制度，并对违反者惩处。国民政府成立之初，省政府便严格要求各机关办公人员严格实行签到制度。例如，1927 年江苏省政府规定：各科人员须按时到办公厅办公，并须于考勤簿签到，

---

① ［德］马克斯·韦伯：《经济与社会》上卷，林荣远译，商务印书馆 1997 年版，第 248 页。
② ［德］马克斯·韦伯：《经济与社会》上卷，林荣远译，商务印书馆 1997 年版，第 246 页。

其有病或因重大事故不能到会者，须具条请假。① 同年 9 月 26 日，江苏省政府委员叶楚伧又强调：签到"事虽小而关系却很大"，要求"各厅职员的名单，要写一张送到管理纪念周的第二科丘誉同志处"，便于核对；如果有职员请假，"也须由厅长写条子说明事由和人数；倘然三次无故不到，那就应该执行罚则了"。② 又如，1932 年江西省政府颁布《江西省政府考勤规则》，规定了各机关考勤签到和签退制度：各机关均置考勤簿，各职员必须按规定时间签到签退，其逾规定时间到公或先行散值者，应向长官声明缘由并注明簿内。并对不按规定办公人员实行惩处制度：凡迟到者签名其上，职员在一月内无故迟到三次者，以旷职一日论，旷职一日者申诫，二日以下者照扣薪俸，二日以上者撤职。考勤簿于办公前半小时交下，开始办公半小时后即收呈各该管长官核阅。同时，省府主席随时亲往各机关考察，遇有违反本规则者除将本员依照本规则第三条处分外，该管各级长官分别申诫。③

第二，坚守岗位，严禁擅离职守。办公人员作为行政岗位的工作人员，不得无故擅离职守，否则行政无人负责。行政机构为履行职责，实现机构正常运转，必须对行政人员加以工作纪律申明。但在政权建立初期，人心不稳，故而很多办公人员无故擅离职守，寻求安全庇护。为此，1927 年国民政府建都南京初期，就对各级政府机关服务人员发出训令，令饬不准擅离职守。训令指出："查本政府治下各级机关，各有专司，其服务人员，地位虽有不同，职守均宜自重；乃自近日政局微有变动，各机关在职人员，镇定自若，照常供应者固居多数，而希图规避，轻率离职者亦自难免。""惟值兹革命尚未完成，力争最后胜利之际，各机关人员，同隶革命旗帜之下，正宜淬励精神，努力工作，以报党国。若仍有擅自离职情事，何以肃纪纲而重职责？为此通令，自令到之日起，所有各机关服务人员，概不准擅离职守，违者分

---

① 《江苏省政府公报》，江苏省政府秘书处编，1927 年第 1 期，第 2—4 页。

② 《叶委员楚伧政治报告》，《江苏省政府公报》，江苏省政府秘书处编，1927 年第 6 期，第 54 页。

③ 《江西财政月刊》1932 年第 3 期，第 106 页。

别严惩不贷"。于是，1927 年 9 月 5 日江苏省政府下达第 1626 号训令，要求"令到之日起，所有各机关服务人员，概不准擅离职守，违者分别严惩不贷，当经令行各厅遵照；并转饬所属一体遵照"。① 国家社会发生重大灾难，也对行政机构造成重大冲击。一旦发生重大灾难，各县县长、公务员并不按照办公时间办公，而时常出现擅离职守，为严肃工作纪律，省政府对此作了严肃之禁令，要求所有公务员要勤政，正常坐班，不得无故请假。因发生重大水灾，1931 年 8 月 29 日江苏省政府召开临时会议，所以"通令诰诫各县县长、局长及所有公务人员，勤慎奉公，不得借故请假，擅离职守。如违，严惩不贷"。②

第三，实行统一办公时间。马克斯·韦伯认为，现代行政应制定行政人员履行职责的办公时间，目的在于要求行政人员"投入他的整个劳动力"。③ 国民政府建政之后，省政府对于办公时间分别作了相应变化和规定。1. 根据不同的标准规定了不同办公、作息时间。一是根据时令作了不同的规定。例如，1927 年江苏省政府公布办公时间：本会每日办公时间，夏令自上午八时至下午五时，冬令上午九时至下午六时，但有紧要事件，得延长时间。各种例假均照休息，但有紧要事件得临时召集办公。④ 1930 年 7 月 7 日，遵照省政府委员会第 310 次会议议决：天气渐热，省政府各厅处改定暑期办公时间，每日办公时间改为自上午 7 时至下午 1 时。值日办法，由各厅处酌定。⑤ 二是根据不同月份规定了不同办公时间。如 1932 年江西省政府按照不同月份、季节，对办公时间作了不同的安排，办公时间为八小时制：四月一日至六月底止，每日到公午前八时，退公午后五时，休息午前十二时至午后一时。七月一日起至八月底止，每日到公午前七时，退公午后三时。九月一日起至十一月底止，每日到公午前八时，退公午后五时，

① 《江苏省政府公报》，江苏省政府秘书处编，1927 年第 6 期，第 57 页。

② 《苏省委为运堤溃决全体自请惩处》，1931 年 8 月 30 日，《申报》（上海）第 4 版。

③ ［德］马克斯·韦伯：《经济与社会》下卷，林荣远译，商务印书馆 1997 年版，第 280 页。

④ 《江苏省政务委员会办事细则》，《江苏省政府公报》，江苏省政府秘书处编，1927 年第 1 期，第 2—4 页。

⑤ 《江苏省政府公报》，江苏省政府秘书处编，1930 年第 485 期，第 11 页。

休息午前十二时至午后一时。十二月一日起至翌年三月底止，每日到公午前九时，退公午后六时，休息午前十二时至午后一时。① 2. 统一了会议时间。例如，1927 年 5 月 14 日江苏省政府第八次政务会议上，委员张寿镛提议：省政府政务会议"每次不得超过两小时"。决议：以后例会时间规定三时至五时，准时开会。② 3. 对会客时间作了统一规定。早在 1927 年江苏省政府就规定在办公时间不得接见宾客，但是如果因公接见者，除接洽公事外，不得闲谈。③ 5 月 14 日江苏省政府第八次政务会议上，委员何玉书提议：应对会客时间进行合理规定，决议：规定每日午后一时至二时为会客时间，值日常务委员，必须到会。④ 4. 对办理其他临时性事务的时间也作了限定。例如，1927 年 5 月 28 日江苏省第十一次省务会议作了决议，要求按照省政府秘书处的建议，由各厅拟具施政方针草案，交秘书处汇总提会讨论，"限两星期内办理完毕"。⑤

二 办公技术性改善

（一）办公服饰统一化

公务人员的形象体现了公共权力组织的整个体制精神。若公务员穿着随意，五花八门，正装和休闲不分，则可能影响行政工作进程和机制效能。若公务员穿着服饰统一，整齐划一，则给人以积极向上的奋发精神，对办事效能具有一定促进意义。诚如章乃器所言：服装革命最重要的效能"还是要借那个焕然一新的气象，来振作振作萎靡的

---

① 《江西省政府考勤规则》，《江西财政月刊》1932 年第 3 期，第 105 页。

② 《省政府第八次省务会议记录》，《江苏省政府公报》，江苏省政府秘书处编，1927 年第 2 期，第 3 页。

③ 《江苏省政务委员会办事细则》，《江苏省政府公报》，江苏省政府秘书处编，1927 年第 1 期，第 2—4 页。

④ 《省政府第八次省务会议记录》，《江苏省政府公报》，江苏省政府秘书处编，1927 年第 2 期，第 3 页。

⑤ 《省政府第十一次省务会议记录》，《江苏省政府公报》，江苏省政府秘书处编，1927 年第 2 期，第 9 页。

人心"。^① 对此，省政府为改变以往办公形象，积极对办公服饰加以改革和统一。例如，1936 年江苏省政府主席陈果夫以各公务员所着之服装"极不一律，有着长袍者，有着西装者，有着学生装者"，为整齐划一，"特手谕各厅处，饬所属职员自四月一日起，一律改着中山装，在春秋季内概用藏青色彩，夏季则用白色，并说明中山装之式样，即系平昔所称之学生装，并非翻领及外形匹口袋之式样"。各厅处奉令，已饬属赶办。^② 又如，江西省也对省各机关公务员的制服作了统一规定和要求，并于 1935 年制定《江西省公务员制服办法》，规定：制服质料，以本省土布或国货布匹为限。制服式样，用中山装或学生装，春秋两季灰色，冬季藏青色，夏季白色，纽扣骨质，颜色与服色同。夏季用国货白色草帽，春秋冬季均用深灰色国货呢帽或布帽。袜用黑色，鞋用黑色皮鞋或布鞋。外套深灰色，胸前纽扣两行，每行三枚，最长过膝二寸。女制服用短衣黑裙，春秋两季衣用蓝色，夏季白色，所用衣裙尺度，照行营颁布取缔妇女奇装异服办法之规定，鞋袜黑色。男女公务员穿着制服时，左襟应佩带本机关证章。^③ 再如，河北省政府也对省内公务员的制服作了改善，1934 年 8 月 15 日"通令省市各机关，转饬所属职员，概须穿著部定公务员制服，以示整齐，而壮观瞻"。同时规定："秋季制服规定即照部定式样，材料用国贸藏青色哔叽布，上夹下单，每套四元余，为通用之制服，并须于本年 8 月 25 日以前做齐，以备服用。至冬季制服，业于本年 10 月 8 日通知本府职员一律制备，仍照秋季制服办法，惟颜色改用黑色，以符规定。"^④

（二）办公场所的管理

现代行政的运作原则是要"把办公室与私人住所分开"，目的是从"根本上把职务工作作为一个分离出来的领域同个人的生活范围分

① 章乃器：《服装革命》，《新评论》1928 年第 3 期，第 10 页。
② 《省属机关职员》，1936 年 3 月 29 日，《申报》（上海）第 3 张第 10 版。
③ 《江西省公务员制服办法》，《新生活运动促进总会会刊》1935 年第 28 期，第 4 页。
④ 《河北省政府实行新生活概况》，《新生活运动促进总会会刊》1935 年第 15 期，第 24 页。

开，把职位上的财物同官员的私有财产分开"。① 省政府作为国家行政机构中一个重要的行政组织，其运作应有特定的办公区域进行。例如，江苏省政府成立之初，借用场所开会和办公。1927年5月2日江苏省政府委员举行就职典礼后，"即假国府委员会会议室"召开政务委员会第一次会议。会后"即假国府一部分房屋办公"。② 直至5月13日才正式迁入南京市的旧省长公署，并且于次日起即在该处办公。③ 1929年2月18日，江苏省政府又由南京迁往镇江，按指定地点办公。1934年7月，"为力谋地方政务之推进，保持省府意志之统一，及增进一般行政之效率起见"，国民政府军事委员会委员长南昌行营公布《省政府合署办公办法大纲》，规定：省政府实行合署办公，各厅处如秘书处、民政厅、财政厅、建设厅、教育厅、保安处概应并入省政府公署之内；现在省公署如尚无足以容纳所属各厅、处者，应于可能范围内尽量并入，至少先并入民政厅及保安处，其余俟公署改建、扩充，再行陆续加入。④ 1936年10月，行政院公布《省政府合署办公暂行规程》，废止前颁的《省政府合署办公办法大纲》，主要内容均一致，在法律意义上加以确认而已。⑤ 大纲颁行后，各省相继奉行。例如，1936年湖北省政府合署办公之新厦顷已落成，十月一日迁入办公，民政、财政、建设、教育四厅及保安、秘书两处，并主席办公厅，均一律在内办公。⑥

（三）保密制度

行政组织作为独立于社会之外，其运作上具有一定自身独有的运

---

① ［德］马克斯·韦伯：《经济与社会》下卷，林荣远译，商务印书馆1997年版，第281页。

② 赵如珩编：《江苏省鉴》上册，新中国建设学会，1935年，第7—8页。

③ 《省政府第七次政务会议记录》，《江苏省政府公报》，江苏省政府秘书处编，1927年第2期，第1页。

④ 中国第二历史档案馆编：《国民党政府政治制度档案史料选编》下册，安徽教育出版社1994年版，第346—348页。

⑤ 中国第二历史档案馆编：《国民党政府政治制度档案史料选编》下册，安徽教育出版社1994年版，第365—367页。

⑥ 《行政改革消息：鄂省府合署办公新厦落成》，《行政研究》1936年创刊号，第226页。

作体制。其独立性主要体现在：办公人员的保密制度、信息保密等方面。国民政府奠都南京不久，就下发天字第 212 号训令："国家因事设官，各有职责，无论中央各省何项机关服务人员，对于经办事件，自应严守秘密，以免洩漏，而碍进行"，要求此令之后，"倘有阳奉阴违，仍前洩漏人员，应由各机关长官随时分别查明具报，依法严惩，并由中央各部署，暨各省省政府市政府分令所属各机关，一体遵照"。1927 年 8 月 5 日江苏省政府奉此训令，要求各机关人员不得泄露机密，交通报馆，即令行各厅转饬所属一体遵照。① 又如，1933 年 6 月 28 日江西省政府下发法字第四八五号训令，因奉国民政府军事委员会南昌行营之令，无线电音波所及范围甚广，为慎重起见，拟定《防止无线电泄漏暂行条例》，合行颁发，令各厅、处、署、会、局、县一体遵照。② 再如，安徽省政府发出保一缓字第 8299 号代电：查此次裁团改警，取消各团部及大中队部，所有历年收管文件，其中多关机要，应由各专员负责点收保管，以免散失洩漏。令十区各区司令遵照办理。③

第四节　公文制度

任何现代国家和政府均需要"持久稳定的、严肃紧张的和可预计性的行政管理"，行政管理中很重要的方面就是"十分重要的流通技术的条件"，"行政管理的精确细致需要有铁路、电报、电话，而且愈来愈和它们结合在一起"。④ 有民国学者认为，提高行政效率除了机构与人事以外，另一个重要的工具就是文书档案管理。⑤ 文书办理过程较为复杂，"由收文以至于发文，亦经过种种处理之手续，此等手续

---

① 《江苏省政府公报》，江苏省政府秘书处编，1927 年第 4 期，第 51 页。
② 《令发防止无线电泄漏暂行条例》，《江西省政府公报》，江西省政府秘书处编，1933 年第 56 期，第 34 页。
③ 《省政府代电》，《安徽省政府公报》，安徽省政府秘书处编，1937 年第 870 期，第 1 页。
④ ［德］马克斯·韦伯：《经济与社会》上卷，林荣远译，商务印书馆 1997 年版，第 249 页。
⑤ 陈之迈：《中国政府》，上海人民出版社 2012 年版，第 261 页。

之繁简快慢，与行政或公务进行上之效率有密切关系，故论行政效率者，莫不首先注意文书处理之是否迅速简捷"。① 因此，省政运作中一项重要内容便是文书管理及其效率。事实上，从国家政权建设来看，政府发出的公文政令的执行情况，"可以表示该机关推行政令的实况，并且也可以表示该机关权力到达的区域"。② 可以这么说，公文处理的实际情况，象征着上下级机关的权力及其范围，诚如陈之迈所言："照我国的惯例，命令是极严重的，受命令的机关是一定要切实全部执行的，发命令的机关因此也相当慎重，不敢随意为之。"③ 所以，在政府行政运作中，公文处理就是权力，任何事务均可从公文形式来判断和处理。"查处理公务，本以文书为凭，苟事无巨细，时无缓急，一一均按公文手续。"④

一 公文制度演变

前现代中国缺乏各种现代通信工具，地域辽阔，交通不便，地方行政中的公文处理过程极为缓慢。自19世纪中叶以来，中国被迫进入现代转型时期，地方行政事务急剧增多。尽管现代交通工具逐渐兴起，但仍有待于普及，所以说，"在近代行政上，文书不一定是重要的东西，因为交通意见的工具，除文书外，还有电话、电报以及利用灯的记号。但文书虽不是唯一的标示意见的工具，却是一个重要的工具"。⑤

文书处理，"一方面要运行，一方面又须稽核，若只顾手续简便，程序迅速，公文送出后，无从查考，则遗失错漏，流弊甚多，往往不能达到行政上之要求。故文书处理所应研究之问题，为如何方能于迅

---

① 周连宽：《公文处理法与档案管理法》，档案出版社1988年版，第1页。
② 甘乃光：《文书档案改革运动的回顾与展望》，1937年4月20日，见中国第二历史档案馆编《民国时期文书工作和档案工作资料选编》，档案出版社1987年版，第387页。
③ 陈之迈：《中国政府》，上海人民出版社2012年版，第263页。
④ 中国第二历史档案馆编：《民国时期文书工作和档案工作资料选编》，档案出版社1987年版，第212页。
⑤ 梅思平讲，清生记：《中国公文书的解剖》，《清华周刊》1934年第42卷第5期，第79页。

速、简单、便捷之中，兼收严密及易于稽核之效"。① 然而，传统中国官僚制度流弊诸多，最严重的则是操纵和办理文书的"幕僚及胥吏恶习"，"其习在于推诿，上以诿之下，下以诿之上，此习之成，实由老黄申韩之学说所致，胥吏恶习者，其习在于欺诈，对上则极尽曲迎谄媚之能事，对下则极尽欺诈威吓之手段，此习之成，自有其江湖组织之势力"。②

现代公文制度始于民国。民国成立后，为表明革命后的新气象，中央政府对公文作了统一规定。1912 年 1 月 26 日南京临时政府颁布了第一个公文程式条例，即《内务部颁发公文程式咨各部文》，"现今临时政府业已成立，所有行用公文程式，亟应规定，以期划一，而利推行"。并对公文程式作了规定，使用五种新文种：（1）令：下行文，即用于公布法规、任免官吏。（2）咨：平行文，即平行机关往复公文，也称咨文。（3）呈：上行文，即下级机关对上级机关的请示、报告文书，也称呈文。（4）示：俗称告示，即布告，是政府机关公开性的文件。（5）状：即人民群众对各级政府机关陈述和申诉之文。③ 1912 年 3 月 2 日，临时大总统孙中山下令，规定不许使用"大人""老爷"等称谓，称各级官员时均以职务名之，人民群众之间相互称"先生"或"君"等。这是中国文书史上的一次革命性的改革。1912年 11 月 6 日临时大总统公布《公文程式令》，规定：法律以大总统令公布之，事实之宣示及就特定事项对于一般人民命其行为或不行为之文书，以布告公布之。行政各官署无隶属关系者之往复文书，以公函行之。人民对于大总统及行政各官署之陈请，官署或官吏对于大总统之陈请或报告，下级官署对于上级官署或官吏对于长官之陈请或报告，行政各官署对于人民之呈，分别准驳之文书，以批行之。其中委任令、

---

① 周连宽：《公文处理法与档案管理法》，档案出版社 1988 年版，第 1 页。

② 徐照：《以新生活为中心的地方政治改进的理论及实施办法》，《行政评论》1940 年第 1 卷第 4 期，第 44 页。

③ 《内务部颁发公文程式咨各部文》，见中国第二历史档案馆编《民国时期文书工作和档案工作资料选编》，档案出版社 1987 年版，第 2 页。

指令等文书，得于政府公报公布之，公文书程式依附表所定等。[1] 北洋政府时期行政公文效率就已非常迟缓，效率低下，如内政部就指出："查本部日行公事，往往有已经呈定稿件，迟至数日或十数日始行发文者，在各厅司主任各员，虽无怠弛积压情事，而缮发延缓亦殊足碍事务之进行。"正因如此，1919 年 8 月 30 日内务部发出命令：嗣后各员司办理公文"应随到随办，对于缮发尤当认真督饬，从速办理，不得任意稽延"。[2] 其他层面的公文办理也非常糟糕，例如，1922 年交通部所辖各局处理公文情况，"按部局现行之公文程式，虽亦不甚繁复，然形势所拘，究无法使之简捷。譬如有一事奉部合局查议，以至局中备文呈后，其间经过手续至少约在十道以上。而行文之叙述则不能不因袭旧套，缮写印发等事，又不能不力求工整，盖不如此，即不合程式也"。[3] 有的公文处理则是被长久搁置，"案牍即多，往往有应办之文无因搁置，而向各机关查询事件，久未得报者，或至忘于催复，弊在稽考无方，遂致常多留牍"。[4]

为解决公文迟缓问题，提高行政效能，有省政府开始对公文制度进行改革。例如，1915 年 2 月 2 日湖南省巡按使公署公布《湖南省巡按使公署文书处理办法》，对办事权限、公文办理程序等方面做了明确规定：政务厅及办公室，按照条例规定权限，主办各项稿件，均陈请巡按使核定。但文件有应行协商者，仍须商同办理，除机要文件应交由办公室或即由承办人收存外，其有互相关联者，应随时抄送备考等。公文传递办理：每日到文，于当晚由收掌课分别重要、次要、例行暨主管各处，摘由登记，送陈巡按使或政务厅长检阅盖章，仍交由

① 《临时大总统公布公文程式令》，见中国第二历史档案馆编《民国时期文书工作和档案工作资料选编》，档案出版社 1987 年版，第 12—13 页。

② 《内务部令各员司办文应随到随办不得任意稽延》，见中国第二历史档案馆编《民国时期文书工作和档案工作资料选编》，档案出版社 1987 年版，第 175 页。

③ 《交通部全国第一次铁路文书会议案录》，见中国第二历史档案馆编《民国时期文书工作和档案工作资料选编》，档案出版社 1987 年版，第 196 页。

④ 《交通部全国第一次铁路文书会议案录》，见中国第二历史档案馆编《民国时期文书工作和档案工作资料选编》，档案出版社 1987 年版，第 207 页。

收掌课转送各处。遇有紧急重要文件，一经收到，应立时摘由登记，陈送巡按使或政务厅长核例。其办公室译电员接收电报，亦依照收受紧要文件办法，立时陈阅。政务厅各科收到文件，由科长分归各主管科员拟稿。办公室收到文件，即由各专员拟办。公文办稿处理：凡拟办稿件，应先由承办员及主管员署名签章，其在政务厅如系科员拟稿者，则送由科长复勘，汇送厅长核阅，均须署名签章，然后陈送巡按使核判等。公文保管、登记、统计：各项案卷由政务厅总务科收掌课保管。各处调阅，均应按照规定手续办理，均系应登公报文件，各承办处所须先于稿面签明，由收掌课汇送，总务科科长检查，再行发交政报处照登等。① 再如，1916 年吉林省长公署政务厅又根据实际公文运作情况，对相关文书程式作了规定，并制定《吉林省长公署政务厅议定各科文稿程式》，规定：批稿及指令稿，均改用单篇稿纸，并依照公文程式，于原具呈人姓名或令某喜姓著次行。还规定：稿后加盖科长、课长及科员衔名戳，长短须归一致，如系各厅局处堂稿，并劲用政务厅某科科长衔名。各雇员缮订稿本，务须加意整齐，并应于稿后，遵章署名，其缮文亦同。各科送稿，均应由拟稿及核稿各员，遵章依次盖章。稿面所印到科送稿，判回送签及印发归档月日，均应由各雇员随时填注。凡各科送稿，如有应用付登公报者，即由各科科长随时盖戳，或分别注明。凡文稿缮清后，须由主管科长详核点句，并于稿后填注日期等。②

　　由于北洋政府政局动荡不安，执政者更选频繁，军阀之间矛盾重重，因而造成文书处理手续烦琐，文书处理效率低劣。

二　公文制度革新

国民政府在宁都南京之前，因军事形势激烈紧张，有的改革也仅

---

　　① 《湖南省巡按使公署文书处理办法》，见中国第二历史档案馆编《民国时期文书工作和档案工作资料选编》，档案出版社 1987 年版，第 256—258 页。
　　② 《吉林省长公署政务厅议定各科文稿程式》，见中国第二历史档案馆编《民国时期文书工作和档案工作资料选编》，档案出版社 1987 年版，第 259—260 页。

局限于军政领域，未能有效全面关注办公机制和公文方面的改革。陈立夫回忆说，1926 年 7 月 22 日随蒋介石北伐，在国民革命军总司令部机要科工作的只有八个人，因"军事贵神速，前方所请求者，立即得到回复，自有助于军事效率"，加上"每天平均要处理 150 件左右的公文，时间实在是不够用，同时，蒋先生性子急"，因此，陈立夫"利用中国字的分类来处理档案"，即利用"笔划文卷分类制度"处理公文档案，结果非常便利，为北伐"贡献了极大的力量"。① 又如，1925 年 7 月 16 日广东省政府召开的第六次省务会议中民政厅长古应芬提议：呈请国民政府制定公文程式，并颁布遵守一案，经同意议决后，由省政府呈送国民政府委员会议："兹经众意金同，理合具文，呈请钧府制定公文程式，早日颁布，以资遵守，实为公便，谨呈。"②

国民政府奠都南京后，政治与行政管理上的弊端可谓积年愈深，由来已久。由于文书运作和档案管理方面沿袭旧例，公文手续烦琐，运转迟缓，档案管理紊乱，与现代政府所需十分不相适应。诚如时人所言："在国民政府统治之下，公文革命的呼声，常常可以听到；这因为旧式的公文，实在太僵腐了，不能和现在革命的时代相适应，当然有改革的必要。"③ 同时随着行政事务的扩大和增多，各层面各处的行政办公机制急需进行技术上和行政管理上的改革和改进，以便提高工作效能和达到快捷、方便、实用之目的。这不仅在中央机关层面展开，而且在省政府中也有积极改革步伐。中央层面的公文办公制度运动，主要有陈立夫在中央党部、蒋梦麟在教育部进行了相应的改革。之后，内政部次长甘乃光在行政院内设立行政效率会，以内政部为改革平台，对文书档案进行连锁办法之试验。④ 省政府层面的公文制度改革也是主要围绕公文办公机制改革为中心，对相关机制过程和环节

---

① 陈立夫：《陈立夫回忆录：成败之鉴》，正中书局 1994 年版，第 71—72 页。

② 《广东省政府公报》，1925 年第 2 期，第 52 页。

③ 朱翊新编：《现行公文程式集成》，世界书局 1946 年版，第 18 页。

④ 《文书档案改革运动的回顾与展望》，见中国第二历史档案馆编《民国时期文书工作和档案工作资料选编》，档案出版社 1987 年版，第 386 页。

等方面作相应的制度改革。一方面鉴于自身施政过程中的问题和困境，加以整理汇报于省政府，提出相应的公文办公机制改革的意见和建议；另一方面，省政府为有效进行办公制度改革，积极寻求各方现成之经验和成例。

（一）公文程式的统一

我国公文"经千百年的演变，有一套的格式，是相当宕板的"。[①] 国民政府定都南京初期，省政府运作中的很多公文未能统一，分歧不断，造成行政公文运转复杂化。在国民政府对于公文办公机制作出统一规范之前，省政府发挥自主功能，对于本省内相关公文程式作出相应的统一规范和整理。例如，江苏省政府成立初期，秘书处觉察到，现在"省政府成立匝月，所有外行文件之署名，以及对何机关，适用何项程序，均未定有标准，似不足以昭划一而资便利"。为公文统一化，便于行政运作效率的提高，有必要对公文作相应的规定和要求。1927 年 5 月 28 日江苏省第十一次省务会议作出决议，要求按照省政府秘书处订的建议，审定和通过了《暂订全公文程式案》，属于省政府单独拟订，暂行适用。内容包括：1. 统一名称，省政府对外行文，"不论对上或平行下行，概自称'省政府'。惟上行公文须将'省政府'三字书于侧旁。各厅同上，即自称某某厅是也"。2. 公文的署名办法，规定常务委员署名仍用本戳。但须另刊，以期适合地位。[②] 通过后，江苏省政府一方面转饬各厅县一体遵照办理；另一方面于 6 月 3 日呈请国民政府审定，并乞通令各省一体遵行。[③]

公文程式：

第一条，关于各级行政机关程序

---

① 陈之迈：《中国政府》，上海人民出版社 2012 年版，第 262 页。

② 《省政府第十一次省务会议记录》，《江苏省政府公报》，江苏省政府秘书处编，1927 年第 2 期，第 9 页。

③ 《暂行公文程式》，《江苏省政府公报》，江苏省政府秘书处编，1927 年第 4 期，第 49—50 页。

1. 上级：呈

2. 同级：咨或公函

3. 下级：命令

第二条，关于各级党部程序

1. 中央党部：呈或公函

2. 省县区各党部：公函

第三条，关于国立，省立，公立，私立各级学校程序

1. 国立：公函

2. 省立：命令

3. 公立：命令

4. 私立：命令

第四条，关于法定各会各协会程序

1. 属于全国者：公函

2. 属于特别市者：公函

3. 属于省者：命令

4. 属于县市者：命令

第五条，关于人民之呈请或呈诉，以批示行之。

第六条，关于民众之宣示，以布告行之。①

再如，1927年江西省政府就制定出《暂订公文程序》，对于省政府处理相关公文的程式作了明确统一的规定，并且强调"以奉到国民政府颁定公文程式之日为止"，主要内容包括：1. 省政府对于中央党部、国民政府均用呈，对于国民政府各部、各省政府均用咨；省政府对于省党部用公函，各县市各级党部由省党部转；省政府对于本省各行政机关及地方法院用令及批，各行政机关、地方法院对于省政府用呈。2. 各厅对于各部用呈，对于本省各厅、各省各厅均用咨，对于各市政府用令及批；各市政府对于各厅用呈，参照湖南省长沙市，广东

---

① 《暂行公文程式》，《江苏省政府公报》，江苏省政府秘书处编，1927年第4期，第51页。

省汕头、江门等市规定;对于所属各机关用令及批,各机关对于主管机关用呈;对于不相统属之机关用公函。3. 省政府暨各厅对于人民团体用令及批,人民团体对于省政府暨各厅均用呈;省政府暨各行政机关、地方法院对于人民用批,人民对于省政府暨各行政、司法机关用呈。①

再如,1928 年 6 月 4 日湖南省政府委员会第二次常务委员会上,就对省政府与各厅对外公文书行手续作了以下议决:依中央颁行省政府组织法第 3 条之规定,省政府各厅对于主管事务,除中央法令别有规定,或省政府委员会别有议决者外,由各厅以命令行之。②

为统一公文程式,便于公文处理,1927 年 8 月 13 日国民政府公布《公文程式条例》,明确规定,凡处理公事之公文书,概以本程序之规定,同时对公文书类别作了以下统一规定,如:令:公布法令、任免官吏及有所指挥时用之;通告:宣布事件时用之;训令:凡长官对于所属官吏有所谕饬或差委时用之;指令:凡长官对于所属官吏因呈请而有所指示时用之;任命状:任命官吏时用之;呈:下级官署对于直辖上级官署,或人民对于官署有所陈述时用之;咨:同级官署公文往复时用之;咨呈:非直辖而等级较低之官署对于高级官署用之;公函:不相隶属各官署公文往复时用之;批答:各官署对于人民陈请事项分别准驳时用之。文书要求必须记明年月日及长官姓名,分类分年,编订号数;除密件外,皆应于政府公报公布等。③ 6 月 11 日国民政府修正公布《公文程式条例》,对相关条例内容作了补充和完善,如:1. 令:公布法律条例或其他法规预算,任免官员,及有所指挥时用之;2. 训令:上级机关对下级机关有所谕饬或差委时用之;3. 指令:上级机关对于所属下级机关因呈请而有所指示时用之;4. 布告:宣布事件

① 《江西省政府暂订公文程序》,《江西省政府公报》,江西省政府秘书处编,1927 年第 1 期,第 58 页。

② 《湖南省政府委员会会议记录》,见湖南省政府秘书处编《鲁主席主湘任内政治汇编》下卷,1929 年,第 3—5 页。

③ 《公文程式条例》,见中国第二历史档案馆编《民国时期文书工作和档案工作资料选编》,档案出版社 1987 年版,第 262—263 页。

或有所劝诫时用之；5. 任命状：任命官员时用之等。有的内容作了改动，如：呈：下级机关对于直辖上级机关有所陈述时用之；状：人民对于公署有所陈述时用之；公函：同级机关或不相隶属之机关公文往复时用之；批：各机关对于人民陈述事项，分别准驳时用之。最后要求文书用语体文，并得分段叙述，使用标点。[①] 11 月 15 日国民政府再次修正公布《公文程式条例》，主要内容与上述条例一样，仅是在某些方面作了具体规定，如：令：公布法令，任免官吏及有所指挥时用之；呈：五院对于国民政府，或各院所组织之机关对于各该院及其他下级机关对于直辖上级机关，或人民对于公署有所陈请时用之。要求五院对于各省政府及其所属机关以令行之等。[②] 1928 年国民政府内政部颁布《暂行公文革新办法》，对公文的习用套语、公文结构、白话用语、标点等作了革新和统一规定，而且加强了公文用语中的党治精神，如规定：废止"致干未便""毋许妄读""实为恩便"等陈旧相因之官僚口吻之语，要使用党化精神之用语；一律免用公文往来中艰涩语句、孤僻典故、虚伪誉词等；一律革除往日下行公文中"胡涂昏聩""荒缪已极"等有悖平等原则之词；凡批示、布告之类一律采用白话，并用新式标点，"俾通晓文义者，一目了然，即不识文字者，亦可一听即解"。[③]

由上可知，省政府根据自身实际和中央政府的规定，制定出新式公文程式，并对公文格式作了统一和详尽规定，文种减少，分类明确，这些成为省政运作过程中公文行文、运转和处理的基本原则。公文程式的统一规定，对于省政权力统一和统合控制，便于公文处理，有利于提高行政效率。正如陈之迈所说："行政院行政效率的研究，曾自文书改革入手，现在的制度虽尚有许多可改正的地方，但是已经较之

---

① 《公文程式条例》，见中国第二历史档案馆编《民国时期文书工作和档案工作资料选编》，档案出版社 1987 年版，第 263—264 页。

② 中国第二历史档案馆编：《民国时期文书工作和档案工作资料选编》，档案出版社 1987 年版，第 265 页。

③ 《暂行公文革新办法》，见中国第二历史档案馆编《民国时期文书工作和档案工作资料选编》，档案出版社 1987 年版，第 276—277 页。

往日简便甚多。"① 尽管如此，省政府公文运作中仍存在诸多弊病：一是公文程式相当板滞。公文中有一套专门术语，"非老于此道的人不易畅利运用"。例如如何"摘由"，何事应用"指令"，何事应用"训令"，"等因奉此"，"等由准此"，"等情据此"等。二是现行公文程式全文转引。例如，"叙述一件案子的原委时，往往无不辗转征引全文，层层的套用下去，冗长而繁琐，非熟谙公文程式的人，不但不能率尔操觚，而且根本不易看懂"。②

（二）公文处理的改进

公文办理最重快速有效，"处理事务，以敏速为功，一涉稽延，非失机宜，即易滋丛生"。③ 公文行政中主要决定迟快的主要环节就在于办理公文的程序之中。因此必须对公文处理的过程各个环节加以改进，这样才能提高公文行政的效率。同时，文书运行之程序，不论何种机关，也不论文书办理的办法及手续如何，其必须具备的程序包括分配、拟办、呈核、拟稿、呈判、缮写、校对、用印、发文、归档十个重要阶段。④

国民政府建都之后，省政府相继成立，随着行政工作的运作，对公文处理提出革新办法。例如，1927 年江苏省政府成立不久，省政府委员会就提出并通过《江苏省政府委员会办事规则》，对公文运行的程序进行了科学化设计和规划。收文流程：外来文件统由收发员加盖某年某月某日收到戳记，摘由编号，登入总收文簿，汇送秘书处，由主管秘书核阅，按所属性质分则汇呈秘书长核定，分发各厅。其由会处理者，则逐出主管秘书分发各科，拟定办法，呈送秘书长覆核后，分别办稿。收到来电，应由收发人员即送译电员，详译摘由登簿，送秘书长核阅。如系密电，可不摘由，即时送阅，以免延搁。传送流程：

---

① 陈之迈：《中国政府》，上海人民出版社 2012 年版，第 264 页。

② 陈之迈：《中国政府》，上海人民出版社 2012 年版，第 263 页。

③ 中国第二历史档案馆编：《民国时期文书工作和档案工作资料选编》，档案出版社 1987 年版，第 175 页。

④ 周连宽：《公文处理法与档案管理法》，档案出版社 1988 年版，第 4 页。

各科收到文件，应逐件照摘事由，登入本科收文簿，分派办理。各科事件如有互相关系者，应由各科协商办理，并得各述意见，签呈秘书长核定。各科接到各厅及各科函查事件，应即刻查覆，不得延搁。承办各员拟稿后均须盖章负责，由科汇送秘书处，由主管秘书盖章，转呈秘书长核行，仍交承办员发缮。缮就应详细校对，送印发行，并于本科收文簿盖一已办戳记，将原稿连同来文归档，责成管卷人员负责。办理流程：各科每日所办事件，每日应填具处理公文日报表，将"来文去文机关""事由""处理方法""承办人员""备考"各栏，填明逐日送秘书处，于开会时备各委员检阅，明了会务经过。各科送稿簿，应分最要、次要两种，最要应速办者，即于簿外边加以红色标记，一览便明，其文件须立即办竣，不得隔宿。次要者，则以普通簿登记之，至多不得愈三日，务须办竣发行，如字数及抄件过多，或因查覆未到，得陈明理由暂缓时间。文件归档，无论何人检阅，均须开条调取，俟发还时，再将原条收回，以昭慎重而防遗失。公文印制：凡文件付印时，监印员应声明稿内已经秘书长盖章，或常务委员二人盖章，标明先行印发字样者，方可用印。发文流程：凡发出文件，须由收受文件之机关或人员加盖图章于送文簿上，以备查考。邮寄者则将寄信执照粘存发文簿内，或由邮局于发文簿内加盖日戳亦可。①

国民政府也注意到公文的改进，一方面督促省公文改进；另一方面也带动和启发公文改革。同时要求公文承转规范明确简化，如规定：如果公文承转多录全文，"有时耗时费事，脐肿累赘，不堪卒读"。因此，除事实上有录写全文之必要时，应另抄附送外，一律撮录要略，不可辗转全录，总以词达意宣为准。即旧式公式下行平行，亦多系摘录来文要义，或抄发原文作为附件；上行公文并有"除原文有案邀免令录外，尾开云云"之格式，即系撮要之法，尽可仿效。不可于拟稿时希图省事，仅写"令开云云，此令。"致形宂离。要求公文叙述的

① 《省政府委员会办事细则》，见民国法政学会编行《省行政法》第二编，1928 年，第 6—10 页。

结构简单扼要，"凡一案内有连叙数字，而可以分段叙述者，应提纲挈领，分段另行，以醒眉目"。① 1933 年 8 月 26 日行政院又令发《各部会审查处理公文改良办法》，由秘书处将四次各部会审在处理公文改良办法报告，汇齐整理编为总报告印成小册，先送各部审阅。嗣据军政、教育等部提出意见，经再付审查，旋复据报告，遵经于 8 月 18 日在行政院开会审查，结果议决六项，请鉴核等情前来，当经提出本院第 121 次院议决议："照审查意见通过，公文采用标点办法，各省市政府应自 10 月 1 日起实行。"② 1933 年至 1935 年期间，内政部次长甘乃光提出文书档案管理办法，即文书档案连锁法。具体办法是通过统一编号、统一分类、统一登记三个环节，把机关的总收发室和总档案室连锁在一起，加强文书档案的管理。例如收文，经分类编目后，登录于总收文簿，每份复写三张，一张存收发处，一张存总档案室，一张传阅后存总务处文书科。由于文件已在收发处统一编号、分类和登记，文件办结即可归档。③

蒋介石对于公文处理也有明示，要求限期完成，否则惩处承办者。1934 年 9 月 7 日蒋介石下发对延误公文处理失职者须给予惩处的手令，手令要求"嗣后无论何种公事，如在一星期以上尚未批核完竣者，必须通知该原公事之机关，叙明延迟之理由，并声明展期之日数，否则作为有意延宕。贻误职责者惩处，准令该原公事机关人直接向本委员长告发。凡普通公事批发之时间不得过四十八小时，违者亦照前律惩处"。④ 1934 年 7 月 1 日国民政府军事委员会委员长南昌行营公布

① 《暂行公文革新办法》，中国第二历史档案馆编：《民国时期文书工作和档案工作资料选编》，档案出版社 1987 年版，第 276—277 页。

② 徐望之：《公牍通论》，民国丛书第 3 编 44 册，上海书店出版社 1991 年影印版，第 289—290 页。《各部会审查处理公文改良办法》，见中国第二历史档案馆编《民国时期文书工作和档案工作资料选编》，档案出版社 1987 年版，第 283 页。

③ 甘乃光：《文书档案连锁办法之试验——内政部初期试验之报告》，《行政效率》1934 年第 10 期，第 425—428 页。

④ 《蒋介石对延误公文处理失职者须给予惩处的手令》，中国第二历史档案馆编：《民国时期文书工作和档案工作资料选编》，档案出版社 1987 年版，第 378 页。

《省政府合署办公办法大纲》，明确规定大纲的目的在于"地方政务之推进，保持省政府意志之统一，及增进一般行政之效率"，其中对于公文处理的要求为：办公地址方面，要求各厅处并入省政府公署之内；合署办公后一切文书概由省政府秘书处总收总发，由主管厅、处承办，分别副署或会同副署，签呈主席判行；省政府所属各厅处上对中央院部，下对专员、县长或市长及其所属之科或局，均不直接往覆文书，概以省政府名义行之。省政府及各厅、处之文书，应采科学管理方法，务期迅速缜密简便，每日、每周文书之收发及承办，尤应分类、摘由、列表，互送各厅、处长及主席查考，但特别机关事件，一时不宜宣布，应由主席及主管厅、处独负其责者，不在此限。率先在湖北、河南、安徽、江西、福建五省实施。①

1934 年 11 月内政部根据此项大纲通咨"川、湘、赣、鲁、冀、绥、贵、桂、粤、浙、南京等各省市政府，于规定时间内一律实行合署办公"，除河南、湖北、安徽、福建、宁夏、广西六省均于年内实施外，其余如江苏、浙江、陕西等省及上海市等，"均以此制确足矫正积弊增加效率，先后仿照实行"。② 至 1936 年 10 月 24 日，行政院公布《省政府合署办公暂行规程》，重新以法定形式确认了大纲内容，并补充和完善之：各厅、处对于行政院所属主管部、会、署之命令，应径行呈复。各厅、处依其职权监督、指挥直辖职员或直辖机关之事务进行者，在不抵触省令之范围内，仍得自发厅令、处令或布告。凡省政府名义之文书，由主管厅、处分别或会同主稿、呈主席判行，并由主管厅、处长副署。前项呈判文书，主席认为有修改意见或办法之必要时，交由各主管厅、处修改之。同时废止了大纲。③

1937 年 7 月 16 日行政院行政效率促进委员会又拟定了《改进各

① 中国第二历史档案馆编：《国民党政府政治制度档案史料选编》下册，安徽教育出版社1994 年版，第 346—348 页。

② 张景瑞：《各省合署办公之实施及其成效》，《汗血月刊》1937 年第 9 卷第 1 期，第 67 页。

③ 中国第二历史档案馆编：《国民党政府政治制度档案史料选编》下册，安徽教育出版社1994 年版，第 366 页。

机关文书处理办法》，对各机关文书处理提出几条改进办法：一是将文书分为最要、次要、例行三类，由各机关长官指定该机关各级主管职员分级负责。二是各机关通行文件应力求统一，避免重复。三是不另用公文呈送各种例报表。四是存转之附件根据需要份数随文送发，以免辗转查抄延误时日。五是承转公文应注重摘取要点，不得全部照抄，但有必要情形者自为例外。六是推动印刷公文办法，择其体例相同者，预先印就。七是改革收发文簿册，节省登记手续。八是为便利公务之接洽，减少公文之往返起见，各机关如各省省政府与各厅处及各厅处相互间，应随时或以电话或以其他方式相互接洽，以增效力。①

　　国民政府宣布推行省政府合署办公制度后，各省在中央督促之下奉令相继实行。例如，江西省"自奉蒋委员长颁发之省政府合署办公办法后，即积极筹备实施，经两月余之时间，多次缜密之讨论，制定实施办法。其中公文处理方面规定：凡省政府一切文书均由秘书处总收总发，分交各主管厅处承办，经各厅处长核定盖章，再送秘书处覆核，呈主席判行。秘书处覆核各厅处之文稿，得为文字上之修正。若于办法有异议时，则签呈主席核定，再交各厅处覆拟。各厅处请示事件概用签呈"。② 同时，江西省政府公文运作根据中央指示，对于公文处理也做了确认和完善。1937 年江西省政府曾电内政部询问：省政府合署办公后，关于呈咨函等文书，省政府及县政府上行下行文书应否由主管厅处长暨主管科长分别副署各案，4 月 16 日行政院发第 1831 号训令解释："当以凡用政府名义之文书，其副署应以命令及处分为限，呈咨函均无庸副署。"得到行政院内政部命令后，江西省政府又训令各厅、处、会、院、局、各区行政督察专员公署，一体遵照。③又如，安徽省政府实行合署办公之制度后，各厅处一切文件，概由秘

---

　　① 《改进各机关文书处理办法》，见中国第二历史档案馆编《民国时期文书工作和档案工作资料选编》，档案出版社 1987 年版，第 303—306 页。

　　② 张景瑞：《各省合署办公之实施及其成效》，《汗血月刊》1937 年第 9 卷第 1 期，第 68—69 页。

　　③ 《行政院令解释省政府及县政府上行下行文书应否由主管厅处长》，《江西省政府公报》，江西省政府秘书处编，1937 年第 793 期，第 7 页。

书处总收总发,编号登簿,并于每日每周将收发及承办文件,分类摘由列表,分送主席暨各委员厅长处长查考。各厅及保安处承办文稿由主管厅长或处长签名盖章或会同签名盖章,经秘书长核后,送呈主席判行。① 同时,也对公文处理做了确认和修缮。1937 年 6 月 8 日安徽省政府发第 263 号令省会警察局,不仅指出省政府合署办公后,上行文书无须副署主管厅处长,而且非常明确的认为:各厅处即为省政府之一部,所有呈府文书,皆分交各主管厅处办理,尤无分呈之必要,所请应勿庸议。② 再如,1934 年 10 月 1 日福建省政府实行合署办公之后,对文书制度进行了相应改革。1935 年 3 月草拟改良公文办法大纲,召集厅处会议,决定原则三项:1. 府文总收发,厅处文各自收发,但保安处承办之府稿,仍照旧办理。2. 管卷方法,一律按照性质,交主管厅处分存,另由府置总管一人。3. 科室发函事项,由各厅处自行拟办。不久,咨议杜俊东试拟《福建省政府管卷办法大纲》,内容纯采科学管理,一切文卷,各依性质,别为类纲目,用十进法编号,另置总登记簿,分类卡片、卷卡片等。4 月,秘书处奉谕将各厅签注改良公文意见,汇集成帙;并附以台湾总督府文书处理规程作参考,召会讨论,经于 5 月正式公布《福建省政府处理公文办法》,共三十四条。7 月再公布《福建省政府官吏案卷规则》,共四十二条。8 月秘书钱宗起复拟呈改革文稿办法,内容分为:减少指令;改良催稿;利用印版稿;充实公报内容;取消府头厅尾稿件及明定办事人员责任等六项。后通令施行。③

(三) 公文寄送的改进

公文的寄送和传递快慢的情况也影响到整个公文行政处理效率的高低,"查公文递寄,固贵敏捷,而处理手续,亦应讲求"。④ 自电报

---

① 张景瑞:《各省合署办公之实施及其成效》,《汗血月刊》1937 年第 9 卷第 1 期,第 68 页。
② 《省政府合署办公暂行规程下行文书既由主管厅处长副署》,《安徽省政府公报》,安徽省政府秘书处编,1937 年第 829 期,第 26 页。
③ 陈国琛:《三年来闽省政府文书管理及人事管理之改革》,《福建县政》1937 年第 2 卷第 2 期,第 15 页。
④ 《通令各县寄递公文应与附件同时付邮饬仰遵照》,《江苏民政》1935 年第 1 卷第 3—4 期,第 34 页。

发明以后，各种政府机关之间均可用"电"。因为电报每字均计算金钱的，故内容简赅，术语较少。后为又有"代电"，其内容与"电"相同，但是以"快邮"寄递的："代电"即是"快邮代电"的简称。①

为了进一步规范公文寄送和传递，提高行政效率，省政府对公文寄送作了要求和规定。按照国民政府的邮政法规所载：查国家机关盖有正式印信公文交邮寄递，盖印文件必须挂号方能寄递。根据稿面所注邮类或递送方法，在封套面左上方，加盖"航快""单挂号""双挂号""快信"等邮类戳，或"专送""差送""限即送到"等递送方法戳。如系邮寄，应将发件过磅秤，并查照邮资表，核定该件所需邮资，用铅笔写于封套之右下角，并在发文总号簿上填注"邮类""邮资"两栏，至"邮据"一栏，则于发送邮局后补填。② 因"迩来省政府所辖各厅发寄各县署盖印公文，多不遵章挂号，甚至重件盖印公文冒充剪口刷印寄递，以致各县发寄盖印公文相率效尤"，1927 年 11 月 4 日江西省政府发出第 2350 号令，令各厅"概照普通信件贴票四分"，"公家邮件必须挂号"，重申正式印信公文交邮寄递必须挂号寄递等政令。③ 再如，1935 年 5 月 4 日江苏民政厅发出第 1179 号训令，令文如下：

> 令各县县长：嗣后各县文件，以部分寄为原则。如附件繁多，必须分寄者，亦应同时付邮，附件内，并不得夹带他项公文。至呈缴公款，除一元以下款项，准用邮票代替外，均应正式购买汇票，藉明手续，而昭郑重。此令。④

对于公文传递的迟慢，时人更以讥讽的口吻说道："由下级机关

---

① 陈之迈：《中国政府》，上海人民出版社 2012 年版，第 262 页。

② 周连宽：《公文处理法与档案管理法》，档案出版社 1988 年版，第 38 页。

③ 《江西省政府令：第 2350 号》，《江西省政府公报》，江西省政府秘书处编，1927 年第 6 期，第 37 页。

④ 《通令各县寄递公文应与附件同时付邮饬仰遵照》，《江苏民政》1935 年第 1 卷第 3—4 期，第 34 页。

呈到上级机关的文，每次传递，总得非几个月不办。不过这样一来，其中可以保持着许多人的饭碗，这倒了是民生之道。"[①]

（四）公文监督

文书代表政府运作的权力，文书就是政府，就是权力，故而有人伪造公文营私舞弊，贪赃枉法。省政府对于伪造文书者依法查办或惩处。例如，1931 年有人控告江苏省盐城县第四区第六分团长董宏文诈欺诬告、伪造文书等，获悉后江苏省政府电"县政府通传集讯，仰候依法讯办"。[②]又如，1936 年 5 月 12 日接委员长行营训令："据刘宇沇等供认伪造文书、印信，冒充特务人员，窃名约同刘运辉、周怀德诈取黄正烈现款三千元不讳"，6 月 8 日江西省政府发出秘 15 第 3717 号训令，令各厅、处、署、会、县、局一体遵照，并协缉逃犯刘运辉、周怀德归案究办。[③]

三　公文行政效能

尽管各省政府对于公文、文书进行了各方面的改革，但在实际运作中仍旧弊病繁多，执行效率低下。至 1940 年，有学者指出公文文书仍存在三大弊病："一曰多，行政长官，即镇日阅览公文，仍不能毕；二曰冗，有很多表格，于政治本身，毫无用处，而必须呈报；三曰杂，公文内容，每因格式关系，空文之叙述甚多，如有一令，由行政院至部，由部至省府，由省府至厅，由厅至县，公文前面之叙述，至为烦杂。"[④]

公文传递方面还是一如既往地弊病丛生。例如，河南省 1931 年 2 月 25 日第 677 号训令《邮寄文书包件办法》八条施行，然而"日久

---

① 《近代幽默文选：公文传递》，《摄影画报》1934 年第 10 卷第 10 期，第 10 页。

② 《本府批示一束：第七八五号》，《江苏省政府公报》，江苏省政府秘书处编，1931 年第 731 期，第 32 页。

③ 《奉行营令，通缉伪造文书印信冒充特务人员诈财犯刘运辉、周怀德等归案究办等因令仰遵照协缉》，《江西省政府公报》，江西省政府秘书处编，1936 年第 516 期，第 6—7 页。

④ 徐照：《以新生活为中心的地方政治改进的理论及实施办法》，《行政评论》1940 年第 1 卷第 4 期，第 48 页。

玩生几等具文"，"近来各县局邮递公文，或因手续不明，或为贪省邮费，每以呈文或代电潜纳于各项票根、契根或书簿表册包裹之内"，"呈文又不放明显之处，往往难于检查，遂不免贻误要公"。更加令人惊讶的是，河南省施行合署办公后，不但没有提高公文传递效率，而且更加紊乱，"自合署办公以来，各县寄发文件，更形紊乱。有将呈文寄省府，而附件寄厅者；有将呈文寄厅，而附件寄省府者，交错分投，实属不成事体"。更加令人不解的是，省政府仍是要求以后寄递公文"务必恪遵前颁邮寄文书包件办法办理"，仅此而已。① 所以，有时人说：国民政府的省政仍未"革除官僚精神"，因为政务执行，"公文的革命，决不仅仅是公文形式的改革就可以成功的；要从根本上革除官僚精神才行。如果精神如故，就是废去一切套器官腔，僵腐形式，而语体写作，写出来的东西，仍是'官样文章'，极含糊笼统敷衍塞责的能事"。②

---

① 《嗣后寄发公文应照前颁邮寄文书包件办法办理》，《河北财政公报》1936 年第 86 期，第 2 页。

② 张石樵编著：《开明实用文讲义》，开明书店 1937 年第 3 版，第 85 页。

第四章

省政府职能

　　马克思主义认为，国家不仅具有政治功能，而且还承担着履行某种社会功能，且前者的履行须建立在后者之上。恩格斯明确指出："政治统治到处都是以执行某种社会职能为基础，而且政治统治只有在它执行了它的这种社会职能时才能持续下去。"[①] 政府作为社会中的特殊组织，其职能就是"根据社会发展需要而应履行的职责及其所应起的作用与能力"。易言之，"有什么样的社会需求就会有什么样的政府职能，有什么样的政府职能，就应该有什么样的政府机构、权力、利益和政府管理"。[②] 政府职能是行政管理的基本问题，是政府一切活动的逻辑与现实起点。职能定位正确与否，是政府能不能正确行使权力、发挥相应作用的关键。[③] 同时，政府职能的具体内容及履行方式，又总是随着政治社会的变迁而发生相应的演变。前现代中国时期，地方政府组织较为简化，政府功能主要表现在办理司法诉讼和收税缴税方面，其他方面的功能则由社会组织或地方人士以私人身份履行的，其具体内容明显带有农业文明的封闭色彩。19 世纪中叶以来，伴随着中国社会近代化的缓慢历程，这种传统功能系统受到了日益严重的挑战。[④] 与此相应的是政府职能也产生巨大变化，有学者指出：政府

---

① 《马克思恩格斯选集》第 3 卷，人民出版社 1972 年版，第 219 页。
② 乔耀章：《政府理论》，苏州大学出版社 2003 年版，第 190 页。
③ 杜创国：《政府职能转变论纲》，中央编译出版社 2008 年版，第 1 页。
④ 乔志强主编：《近代华北农村社会变迁》，人民出版社 1998 年版，第 808 页。

"日趋扩张，彼之地位，已由防盗息争之警察，进为社会幸福之改进者。公路之修筑，卫生之设备，灾疫之防止，公用事业之办理"等。[①]国民政府作为一个现代民族革命建立起来的产物，其政府职能更是表现出"革命性"色彩。对此，时人指出："凡一切革命、主义、流血、奋斗之终极目的，固莫不在各地人民生活之改善。"[②]作为国民政府时期社会职能履行的主要载体，省政府需要履行"几乎所有可以想象出的国家职能"。[③]

第一节　社会治安

但凡一个政权建立后最重要的职责就是维护合乎自己意志的稳定秩序，"无论是什么性质的，都是要求稳定。谁要破坏已有的秩序，它必以强制力压迫下去"。[④]尤其是号称"革命"政权，更注重公共安全。马克思说："在任何一种尚未组织就绪的局面下，有决定意义的不是这种或那种原则，而是 salut public，即公共安全。"[⑤]因此，国民政府建立后，各省政府最主要的职责就是巩固革命政权和维持稳定秩序。"维持与重建国内秩序，既是国家的主要考虑，又是其行政力量投付最多的方面"。[⑥]诚如安徽省民政厅厅长马凌甫报告说："省府改组后，第一步的重要工作，就在求社会秩序的安定。"[⑦]

---

① 张金鉴：《政府行政之新动态》，《河南政治》1936 年第 6 卷第 2 期，第 3 页。

② 徐照：《以新生活为中心的地方政治改进的理论及实施办法》，《行政评论》1940 年第 1 卷第 4 期，第 41 页。

③ 钱端升：《中国战时地方政府》，见《钱端升学术论著自选集》，北京师范学院出版社 1991 年版，第 665 页。

④ 杨玉清：《现代政治概论》，商务印书馆 1934 年版，第 135 页。

⑤ ［德］卡尔·马克思：《危机和反革命》，中共中央马克思恩格斯列宁斯大林著作编译局编译：《马克思恩格斯选集》（第 1 册），人民出版社 2012 年版，第 437—438 页。

⑥ ［美］王国斌：《转变的中国：历史变迁与欧洲经验的局限》，李伯重、连玲玲译，江苏人民出版社 1998 年版，第 96 页。

⑦ 《厅长在省党部扩大纪念周报告一年来之施政概况》，《安徽民政公报》1934 年第 4 卷第 4 期，第 10 页。

一 治安机构及其运作

(一) 地方秩序动荡

民国建立以来，军阀割据势力混战，致使社会动荡不安，"大乱以年计，小乱以月计，以内乱大小的程度定时局安否的长久"，"小乱是大乱的导火线，大乱却不是小乱的总结束，陈陈相因"，而民众"无时无刻不在'不安'中讨生活"。① 国民政府建立后各省所面临的治安问题非常复杂，大致分为以下几个方面：

第一，匪盗祸乱。民国以来"国弱民贫，祸患横至，危机隐伏，险象环生"，"无论贫富老幼，妇人孺子，与语盗匪，莫不谈虎色变而相惊伯有者，人祸之极，固无逾于斯矣！"② 1932年蒋介石明确指出："长江一带，中枢各省，遭此匪患，正是国家腹心之患"，如果"中国内部仍无办法整理，则中国何能继续苟存！"③

第二，政治危机严峻。有时人统计说，直到1933年，国民政府统治下就发生了以下重大政治性事件：东北四省失陷了，华北局面混沌，日本随时有并吞的企图，内蒙的离心运动逐渐明显；新疆西藏情势日迫，西南对立，军阀割据，各省各自为政，中央政令不出都门等。因此，国民革命的目的"非但没有达到，而其趋势，且每况愈下"，"一般人民觉得生活痛苦而失望叹息；一般青年，觉得空气烦闷，而走入歧途；一般党内同志，觉得政治无办法，而对于党的信仰逐渐减退。时局之危急，未有如今日之甚者"。④

第三，社会秩序不稳。例如，1928年江苏省政府发出布告，要求民众切勿盲从附乱，指出："我们的国难，一天紧似一天"，"江苏全省民众间的状况，不仅缺乏那团结的精神，并且互相侵扰，深贻地方

---

① 壬：《不安的大局》，《现代评论》1925年第2卷第42期，第3页。
② 何西亚编：《盗匪问题之研究》，泰东图书局1925年版，第1页。
③ 《清剿匪共与修明政治之道》，1932年6月18日，秦孝仪主编：《总统蒋公思想言论总集》，中国国民党中央委员会党史委员会，1984年，第621页。
④ 沈清尘：《中国革命的失败与其出路》，《时代公报》1933年第45期，第8页。

之害，尤其是一般神经过敏的青年，同那无解社会主义的人们，血气未定，最易受人熏染"。① 民众失业等也造成一定的社会恐慌，"到处表现着知识份子失业恐慌"，社会的不安，"尽管大学毕业生日渐增多，就是每年有千人以上，也是无丝毫裨益于国家社会"。②

（二）治安运作

国民政府统一全国后，省治安主要任务就是防治匪患，安定秩序，负责者是省政府，执行者是民政厅及其下设的警务处等治安机构，其常设治安组织有保安队、警察队等。1928 年 4 月国民政府第四次修正公布《省政府组织法》，明确规定：省置省政府，依中国国民党党义及中央法令，综理全省政务。省政府内设民政厅，掌理警政、保卫团等事务。③ 各省政府成为地方最高警察行政主管机关，"于不抵触中央法令范围内，对于省警察行政事项，得发省令并得制定省单行条例及规程，对于所属各机关之命令或处分认为有违背法令逾越权限，或其他不当情形时，得停止或撤销之"。④ 1930 年 2 月国民政府第五次修正公布的《省政府组织法》中规定：省政府在不抵触中央法令范围内，对于省行政事项得发省令，并得制定省单行条例及规程；包括咨调省内国军，督促所属军、警、团、防和绥靖地方等在内的事务须经省政府委员会议决通过。⑤

为有效遏制祸患，塑造一个安宁的环境，各省政府积极采取各种治安措施。现将分述如下：

一是省政府承上启下，下情上达与左右协调，积极向中央寻求援助。国民政府在广州建立后，其所颁行的《省政府组织法》并无明确治安、保卫方面内容。尽管如此，但省政府还是对此采取一定措施。

---

① 《布告民众切勿肯从附乱》，《江苏省政府公报》，江苏省政府秘书处编，1928 年第 37 期，第 4 页。

② 《厅长在省党部扩大纪念周报告一年来之施政概况》，1934 年 4 月 23 日，《安徽民政公报》，1934 年，第 13 页。

③ 《国民政府公报》第 53 号第 16 册，第 5—6 页。

④ 内政部警政司编：《中国警察行政》，商务印书馆 1935 年版，第 20—21 页。

⑤ 《国民政府公报》第 388 号第 36 册，第 1—3 页。

例如,1925 年 7 月 11 日广东省政府第四次省务会议上就议决通过两个维持地方稳定秩序的议决案:一是"以省政府名义函请军事委员会及各军总司令饬驻防各军,宜负保护人民之责,勿得骚扰";二是"以省政府名义函请军事委员会对于绥靖地方、肃清匪患各计划,早日议定,以便实施"。①

二是制定和颁行治安法规。有的是由上级机关下发至省后,再由省政府训令相关治安管理机构执行。例如,1929 年 1 月江西省政府颁行《湘赣两省剿匪区域各县挨户团暂行条例》《湘赣两省剿匪区域各县挨户团服装规程》《湘赣两省剿匪区域各县挨户团饷械监理委员会组织条例》《湘赣剿匪区域各县清查户口暂行规则》等。有的省政府自己制定相关治安法制,并呈报国民政府备案。例如,1928 年 6 月 1日江苏省政府制定出《公安队区部、各县公安队官佐考成条例》,并在第六十七次省政府委员会中议决通过。② 1934 年江苏省政府又制定出《江苏省整理各县保卫团办法》,并在江苏省政府委员会第 633 次会议中议决通过。③ 再如,1930 年浙江省政府制定并公布《浙江省保卫团法施行细则》,依照县保卫团法第三条之规定,参酌县组织法及保甲旧制订定。④ 有的省政府及时修正了原先治安法制中不适内容。例如,1931 年四川省政府对本省法规《县保卫团法施行细则》第七条进行了修正公布。⑤

三是设置治安机构。根据相关法规,省设警务处,秉承民政厅长命令,掌理全省水陆警察事务。省政府为防剿盗匪、巩固治安起见,

---

① 广东省档案馆编:《民国时期广东省政府档案史料选编》(第 1 册),广东省档案馆 1987年版,第 5—6 页。

② 《军警:各县公安队区部、县公安队官佐考成条例》,《江苏省政府公报》,江苏省政府秘书处编,1928 年第 37 期,第 29—30 页。

③ 《法规:江苏省整理各县保卫团办法》,《苏声月刊》1934 年第 1 卷第 6 期,第 208 页。

④ 《法规:浙江省保卫团法施行细则》,《浙江余姚县政府公报》,1930 年 6 月 29 日,第 43期,第 1 页。

⑤ 《法规:县保卫团法施行细则再行修正条文》,《四川省政府公报》1931 年第 4 期,第 1页。

除设置公安局外，得编练省警察队，受民政厅长节制调遣；各省于省政府所在地设省清乡总局，各县于县政府所在地设县清乡局，并可设分局，总局、局、分局的组织规程及办事细则由各省政府制定；县保卫团以增进人民自卫能力、辅助军警维持治安为宗旨。[1] 例如，湖南省1928年4月设立全省清乡督办署，即令各县、区、乡、镇大办团防。1929年4月，为强化清乡机构，改清乡督办署为清乡司令部。1930年，全省团防改编为保安团和保安大队。1933年4月又成立湖南全省保安司令部，同时对全省保安团队进行整顿，以统一建制，统一指挥，统一团款收支，加强军事训练，提高作战能力，使其成为一支重要武装力量。[2]

表4—1　　　1934年全国长江流域省份设置县公安局情况简表

省别	县数	局数	科数	备考
江苏	61	36	21	此外另有一警察队
安徽	62		27	此外另有一警察队
江西	81	27	25	
湖北	69	10	11	
湖南	75	19	18	
四川	148	9	1	该省各县大部未报
浙江	75	75		

资料来源：韩延龙等：《中国近代警察制度》，中国人民公安大学出版社1993年版。

四是奖惩官员。1930年据南通县长张栋呈称，将剿匪有功人员总报告呈报省保安处。省保安处据此向省政府呈报："余营长世梅，县警队长金觉尘，实业特警第二大队队长张焕，县警队中队长王雨辰、尹日升，分队长徐先民、张光中，区长兼保卫团长顾佐卿、张魁、施毓芬，镇长严敬庄，保卫委员会委员陈友奇等十二员，剿匪出力，着

---

[1] 李国忠：《民国时期中央与地方关系》，天津人民出版社2004年版，第221页。
[2] 湖南省地方志编纂委员会编：《湖南省志》第5卷，中国文史出版社1994年版，第64—65页。

均传令嘉奖"，并将已故县警队附李汉滨误伤出缺分呈主管厅办理。对此，江苏省政府下发第8696号指令予以奖惩，并准予备案。①

二 治安职能与成效

（一）履行治安职能

省政府在维持统治的安定过程中，积极履行了一定的治安职能。兹将分述如下：

1. 消除匪患。例如，江西省政府于1929年将沿湘边的7县，沿闽粤边境的18县划为特别区，分别由新编第七师和第十二师清剿，其余50余县分为第一、第二两区，由第十八、第五十两师分任清剿，"努力迭破股匪，擒斩渠魁"。② 另据报告，1930年7月浙江省剿匪指挥部成立，"即行计划进剿限期肃清"。据瑞安县长呈称，属县陶山区于前晚突来匪共五六百人，大肆掳掠，强索巨款，人民不胜惶恐，请即派大队来陶山驻剿等语，当即电饬保安队第四团拨队痛剿，分别派队击溃。③ 再如，1933年安徽省匪患剿除也非常有效。民政厅长报告说，皖北、皖中的土匪，经去年冬季的积极兜剿，"土匪业已肃清，社会算是比较安定了"。④

2. 训练民众自卫。民众普遍不安，主要原因是"中国社会缺乏组织，中国民众缺乏团结，所以才弄得积弱至此"。"他们有了组织，所以容易共同行动，发生一种很大的力量。"⑤ 治本之法则是培养自身力量，培训民众自治力量。维持地方治安，"若专恃军队力量剿办，殊

---

① 《保安呈报处核奖南通剿匪出力人员情形》，《江苏省政府公报》，江苏省政府秘书处编，1930年第622期，第9—10页。

② 《清乡剿匪情形》，《江西省政府委员会报告》，［出版情况不详］，1929年12月，第4—5页。

③ 《浙江省政府行政报告》，浙江省政府秘书处编，第10页。

④ 《厅长在省党部扩大纪念周报告一年来之施政概况》，1934年4月23日，《安徽民政公报》，第10页。

⑤ 《厅长在省党部扩大纪念周报告一年来之施政概况》，1934年4月23日，《安徽民政公报》，第12页。

难奏效"。所以，为树立长治久安之基础，寻求治本之法，必须训练民众自卫，加强自身力量。① 例如，浙江省令饬"有关各县策动民众群起自卫"，"现本省边区各县训练民众工作已次第进行，且间有协助军警搜剿残匪者，颇奏成效"。"自普施军训以来，各地民众，无不踊跃参加。"不仅如此，浙江"呈请中央订颁统一训练办法，予以普遍之训练"，"俟将来壮丁训练开始时，分别加入或单独组织实施，以为国民总动员之准备"。同时，还筹办妇女救护训练班，"培养一般妇女之救护常识与技能"。②

3. 制止谣言传播。谣言乃是"虚构事实，语多无稽者是也"，"谬说流传，人心摇惑，社会失其安宁，贻祸夫岂浅鲜"。③ 换言之，谣言非官方规定的合法内容，必为政府所不容。例如，1927 年 8 月因蒋介石宣言辞职，造成"一般民众心理或未明政局状况，不免恐慌"。为此，江苏省政府发出训令："所有各该厅服务人员，一言一动，人民观听所系，尤宜处以镇静，安心办事，慎毋得有轻信谣言，擅离职守等事，致贻庸人自扰之讥，而失政府表率之重。"④ 又如，1927 年 12 月江西省政府作出批示：县长为政府耳目股肱，所寄民生休戚所关，职责重大。不论事务之巨细，案情之重轻，自应认真办理，庶无负此寄托。本省现入训政时期，正在积极整顿吏治，该县长尤应振刷精神，勉为循吏，本政府对于属吏贤否，自有衡鉴，何至遂以蜚语中伤为虑。古语云：止谤莫如自修。该县长其勉之，此批。⑤ 再如，1935 年四川省政府发出布告：查本省历年以来，政治失轨，法令凌夷，各地方官吏，每因筹派款项，供亿兵差，欲求捷速，动多通融，甚有不肖者流，为谋个人非法利益起见，不惜联合区团，勾结土劣，假以事权，因缘为奸。为日既深，积重难返。而一般劣绅土豪，遂借此植党营私，造

① 《浙江省政府工作报告》，浙江省政府秘书处编，第 17 页。
② 《浙江省政府工作报告》，浙江省政府秘书处编，第 14 页。
③ 汪文玑编：《现行违警罚法释义》，商务印书馆 1936 年版，第 51 页。
④ 《江苏民政厅公报》1927 年第 33 期，第 5 页。
⑤ 《江西省政府公报》1928 年第 13 期，第 64—65 页。

谣生事，鱼肉乡民，敛财肥己，稍不如意，即动辄散发传单，颠倒是非，阻扰政令，攻击官府，罔法病民，莫斯为甚，诚有如来函云者，且此种恶习，随地可见，非只一隅。现值全川统一，政令维新之际，倘不廓清积弊，丕焕新猷，其何以仰副委座夕惕朝乾，兢兢求治之至意……为此，除令饬第十二区专员公署查办外；合行出示布告，仰阖省官民人等一体周知，此后务各革面洗心，奉公守法，共臻郅治，倘敢仍前玩忽，阳奉阴违，本府职责所在，自当责成各该区专员公署、县政府，按照行营颁布惩治土劣条例，尽法以绳准，决不姑宽。……切切此布。①

4. 惩治黑恶势力。地方黑恶势力一直是政府打击和控制的对象。国民政府也不例外。例如，1928年江苏省东海县有"恶霸挟私遭害，捏造污栽"，经省政府批示：令行东海县长，并案办理可也。沭阳劣绅仲颐贤窝庇匪犯等越境架杀，经批示：令行沭阳县长查案依法办理可也。② 又如，1930年无锡"近有恶族任国俊一生横行乡里，嗜酒好赌，劣迹昭彰，人所共知，如强占宋阿茂得意园茶店，及图赖任云和工资，硬帮任玉金作恶"，"去年春间，忽藉请仙设乩为名，向各处募捐数千金，在本村河东建筑楼屋五间，两侧厢房题名性善坛，广收门徒一千余人，妖言惑众，毁谤党国，希望复清，擅用废清年号！一般愚夫愚妇，奉若神明，每当黄夜，秘密开会，无知愚民，入其彀中，居无量数，互结党羽，声气相应，其不赞成设坛者则被其无端敲诈，于是乡民怨声载道"。据此，江苏省政府训令无锡县长"查封拘究具报"。③ 再如，1931年宿迁呈报，"土豪马贤镇万恶殃民，恳请令饬宿迁县政府严缉到案，依法惩办"，江苏省政府批示："令宿迁县县长查复核夺。"④

---

① 《四川省政府布告》，《四川省政府公报》1935年第17期，第71页。
② 《江苏省政府公报》，江苏省政府秘书处编，1928年第45期，第19页。
③ 《江苏省政府公报》，江苏省政府秘书处编，1930年第355期，第3—4页。
④ 《江苏省政府公报》，江苏省政府秘书处编，1931年第755期，第26页。

（二）治安的效能

国民政府为维持安定秩序，极力对社会实行严格控制。对此，孔飞力认为：国民政府在推行地方政府官僚主义化后，地方行政制度"表现出一种偏离孙逸仙的地方自治概念，并向着更有力的官府控制体制发展的总趋向"，直到1937年"狂热追求国内治安的环境"。[①] 南昌行营秘书长杨永泰在第二次全国保安会议上，总结时说：江苏现在仅有江北的涟水、沭阳两县稍有匪患；浙江内地安靖，不过是沿海和江西、福建两省的边境尚时有盗匪的侵扰；河南过去本是匪股最多的省份，现在大股的匪已渐渐肃清了；安徽也迭次扑灭了大股匪帮，湖南的团队，不仅能够维护省内的治安，而且有一部分能够随同西路军开到省外来剿匪，现在仅有湘粤边境有一点股匪窜扰，也正在切实追剿；湖北内地很安静，只是鄂东鄂南鄂北各边区县份，仍常有零匪窜扰；江西的团队，最近一年以内参加剿匪共计二百余次，尤其是金豁左坊之役，最有成绩。这一年来各省团队剿匪的力量，比较从前确实是强得多了。[②] 由上可知，省政府在治安、保卫方面履行了一定的职能。

然而，治安的过程也是一个抑制其他方面的过程。"一个被严格控制的社会，是表面整齐壮观而内面生机窒息萎缩的社会"。[③] 就国民政府统治核心区域的江苏来说，"苏省自省保卫委员会成立以来，亦曾通令各县，依法编组正式保卫团，并限期训练完竣，就统计所得，似全省于一年之中，已增加数十余万众曾经合格训练之人民武力，宜可以匪氛肃清，宵小绝迹矣，孰知·究实在，除少数受匪盗蹂躏之县份，为切身利害所驱使，曾依法切实编组训练正式团士，稍著成绩外，

---

　　① ［美］费正清、费维恺编：《剑桥中华民国史（1912—1949年）》下卷，刘敬坤等译，中国社会科学出版社1994年版，第393页。

　　② 《杨秘书长之工作总评及意见陈述》，国民政府军事委员会委员长南昌行营编：《南昌行营召集第二次保安会议纪录》（民国二十三年），《近代中国史料丛刊》（第三编）（第53辑），文海出版社1989年版，第15—16页。

　　③ 殷海光：《是什么，就说什么——今日的问题》，见张斌峰编《殷海光文集》第1卷，湖北人民出版社2001年版，第276页。

大都皆属奉行故事，搪塞功令，乌合之众，何胜警卫，致剽劫之案时间，反动之迹潜滋，县政暗礁，莫此为甚"。① 由此可知，江苏省作为国民政府首都所在的省份，其各地治安状况并不理想，那其他省份的情况可想而知了。

第二节　县长治理

国民政府对于县长的重视，主要源于孙中山对省治和县治的重视。早在 1924 年，孙中山就已提到，建立国家要以县为自治之单位，而且只有当一省之中所有各县均达到完全自治者，则为宪政开始时期。省治是建立在县自治基础上，并立于中央与县之间，以收联络之效。②对此，民国学者也认识道："县为自治单位，载在政纲，是国政之泰否，即系乎县政之良窳。"③ 军事统一时期国民政府主要精力投入了军政，无力关注县治。至统一全国后，国民政府才真正着手开始实行孙中山的建国大纲和三民主义，重视县治。

一　县长的选任与治理

县长是县治的中心，也是县政运作的关键。蒋介石认为，县长一职"关系极为重要，际兹庶政刷新时期，各省县长人选，宜如何认真遴选，拔其真才，共襄治理"。④ 1927 年前后国民政府军事甫定，处新旧交替之过渡期间，各省多自定县之暂行组织，有采委员制者，有采县长制者，各自为政，颇不一致。⑤ 省政府作为中央的代理者、作为县长的直接管辖者和监督者，职责重大。

---

① 陈熹：《改进苏省县行政之刍议》，《新苏政》1934 年第 1 卷第 2 期，第 18 页。
② 荣孟源主编：《中国国民党历次代表大会及中央全会资料》上册，光明日报出版社 1985 年版，第 34—37 页。
③ 陈熹：《改进苏省县行政之刍议》，《新苏政》1934 年第 1 卷第 2 期，第 17 页。
④ 《国民政府行政院院长蒋饬内政部转行各省慎选县长之原令》，《四川县训》1936 年第 3 卷第 8 期，第 69 页。
⑤ 钱端升等：《民国政制史》下册，商务印书馆 1946 年版，第 538 页。

（一）选任县长制度

县长的选任权关键在省。例如，1927 年 7 月江苏省政府省务会议修正通过了《暂订江苏省县政府组织条例》《暂订江苏县长任免条例》《江苏民政厅吏治讨论委员会简章》等。[①] 同年，江苏省政府又制定了《县长任免条例》，规定县长任用资格，分考试、荐举、遴选三项。考试、荐举合格人员由民政厅存记，任用县长时，由民政厅长遴选，荐请省政府任用。任用县长不分性别，任期 3 年。[②] 而此时国民政府作为中央政府，仍未重视对县长法规的制定。直至 1928 年 9 月 15 日国民政府才公布《县组织法》，该法明确规定：县政府设县长一人，由省政府任用之。[③] 也就是说，国民政府只是在有些省已实行县制改革之后，才制定出县组织制度，同时从中央的角度再次确认了县长的任用权由省政府决定。至 1929 年 6 月 5 日国民政府才在修正公布的《县组织法》中规定：县长由民政厅提出合格人员二人至三人，经省政府议决任用。[④] 县长任用前，先由省政府咨内政部转咨荐叙部，经审查合格后，再由内政部呈行政院，再转呈国民政府任命。[⑤] 此后，国民政府又修正公布《县长任用法》，并对县长任用资格作了详细规定和限定，但县长的主要决定权仍在省政府。从上述法制规定来看，省政府已经控制了县长的任免大权。

（二）县长考试

1. 孙中山的县长考试思想。国民政府实行县长考试制度，主要源于孙中山提倡的县长考试思想。孙中山认为，实行官吏考试有两种功

---

① 《省政府第二十八次省务会议记录》，《江苏省政府公报》，江苏省政府秘书处编，1927 年第 3 期，第 16 页。

② 《江苏省县长任免条例》，《江苏民政厅公报》1927 年第 31 期，第 4—6 页。

③ 《县组织法》，1928 年 9 月 15 日，见徐秀丽编《中国近代乡村自治法规选编》，中华书局 2004 年版，第 84 页。

④ 《县组织法》，1929 年 6 月 5 日，见徐秀丽编《中国近代乡村自治法规选编》，中华书局 2004 年版，第 91 页。

⑤ 《县长任用法》，《青海劳动人事资料》1，青海省劳动人事厅编印，［出版时间不详］，第 335 页。

能：一是可以选拔真才；二是可以杜绝吏治弊病。1906 年他在演说中提道："从前本无考试的制度，所以无论是选举、是委任，皆有很大的流弊。"选举往往选出"愚蠢无知的人"，委任往往造成"政治腐败散漫"，所以将来选任官吏"必要设独立机关，专掌考选权。大小官吏必须考试，定了他的资格，无论那官吏是由选举的抑或由委任的，必须合格之人，方得有效。这法可以除却盲从滥举及任用私人的流弊"。① 孙中山又于 1921 年 4 月 4 日演讲时说："以后国家用人行政，凡是我们的公仆都要经过考试，不能随便乱用的。""记得兄弟刚到广州的时候，求差事的人很多，兄弟亦不知哪个有才干、哪个没有才干，其时政府正要用人，又〈苦〉没有人用，这个缘因，就是没有考试的弊病。没有考试，虽有奇才之士，俱［具］飞天的本领，我们亦无法可以晓得，正不知天下埋没了多少的人才呢！因为没有考试的缘故，一班并不懂得政治的人，他也想去做官，弄得乌烟瘴气，人民怨恨"。"可知考试真是一件最要紧的事情。没有考试，我们差不多就无所适从"。如果实行官员考试，"那末必要有才、有德的人，终能当我们的公仆"。② 孙中山在《建国大纲》中明确说："凡候选及任命官员，无论中央与地方，皆须经中央考试铨定资格者乃可。"③ 因此，国民政府刚成立不久，1925 年邵元冲就认为：一旦国民政府统治全国，准备实行训政，那各省第一步的基本工作，"就是要设立各种机关，并征求各种专门人才，此种人才应该由考试的方法录用"，因为"用考试的方法，征求了一批办事人才以后，就可以将需求的机关成立起来，实行办事"。④

2. 县长考试的筹备。国民政府实行考试制度，就是践行孙中山县长考试思想的结果。国民政府定都南京不久，中央未及考虑县长考试

---

① 中国社科院近代史所等合编：《孙中山全集》第 1 卷，中华书局 2011 年版，第 330—331 页。
② 中国社科院近代史所等合编：《孙中山全集》第 5 卷，中华书局 2011 年版，第 495—496 页。
③ 中国社科院近代史所等合编：《孙中山全集》第 9 卷，中华书局 2011 年版，第 128 页。
④ 邵元冲：《训政时期地方行政计划》，民智书局 1925 年版，第 20 页。

事宜，而省政府却根据自身施政需要，参酌本省特殊情形，积极准备实行县长考试。例如，早在 1927 年 5 月 13 日江苏省政府第七次政务会议上，委员何玉书提出《确定用人标准案》，并拟定标准，准备实行考试制度，组织考试委员会。① 1928 年江苏省政府公布《江苏省县长考试条例》，规定："应县长典试者其资格除县长任用条例第三条及第六条规定外，年龄须在二十五岁以上。"应试者须取具二人以上证明书，其式："今因某某应江苏省县长考试，愿负责证明该员有《江苏省县长任用条例》第三条第几项资格，而无同条例第六条各项事实，亦无冒名顶替之情事，合具证明书如右。某机关某职，姓名，盖章，中华民国年月日。"考试内容包括笔试和口试。笔试内容：总理遗教，中国革命史，现代政治经济之大势，民刑法概论，江苏人文地理，江苏省现行施政大纲及地方财政、建设、教育、农矿工商、治安各问题。② 1928 年湖南省政府以"刷新政治、急谋用人公开"为宗旨，制定《行政官吏临时考试条例》，组织行政官吏考试，由省政府组织的考试委员会主持。该条例规定："在本省区域内的县长、公安局长、厘金征收局长、会计主任、收支员、试察员、各项专员与佐治员，得由省政府委员酌定名额，考试录用之。"并制定资格标准，如年满二十五岁以上，在国内外大学或专门学校毕业并有凭证者；曾经著有阐发本党主义或关于民政、财政、教育、建设、外交等重要著作者；旧制中学以上及其同等学校毕业或具有相当程度，曾办理行政事务两年以上确有成绩者等。③

同时，国民政府对于省政府主办县长考试持暂缓态度，而主张由考试院统一办理，理由是：依考试法所规定，县长考试属于高等考试范围；"现在属会对于高等考试各项关系法规，业经从事拟订；所有事实计划，亦经积极筹备，定期举行；此次名该省县长考试，应请暂

---

① 《省政府第七次政务会议记录》，《江苏省政府公报》，江苏省政府秘书处编，1927 年第 2 期，第 1 页。

② 吴树滋、赵汉俊编：《县政大全》（第二编）上册，世界书局 1931 年版，第 55—56 页。

③ 周正云、周炜编著：《湖南近现代法律制度》2，湖南人民出版社 2012 年版，第 978 页。

缓举行"。但最后迫于现实需要，多省呈请办理等情形，最终同意江苏、浙江、江西三省举行县长考试。1930 年 3 月国民政府行政院答复："惟查县长考试暂行条例，业奉钧府公布，通饬施行，江苏、浙江、江西三省县长考试，既经呈准举行，自应遵照条例办理。至该会对于高等考试，现既积极筹备，似应呈由钧府令行各省，除上开三省此次县长考试，准照县长考试暂行条例办理外，以后，即不得再有该项考试。统候职院举行高等考试，以资选用。"①

省政府为此制定相关考试章程，组成考试筹备机构。孙中山说："考选权如果属于行政部，那权限未免太广，流弊反多，所以必须成了独立机关才得妥当。"② 1928 年 2 月，江西省政府主席朱培德认为训政时期"所任用的官吏，都要把考试做标准，方不致才不得其任，任不当其才"，但是江西省现行所用县长、市长和公安局长，"多未经过考试"，因此朱培德于 2 月 9 日电令民政厅长，要求斟酌地方情形，"把现任的县长和公安局长分期调查考试，然后任用"。"至于在军队中服务之人员，如有政治经验，欲在行政方面图谋建白者，亦须经考试方能录用。"并强调："本省训政之成绩如何，当视此次考试成绩之良否为发端也。"③ 故而，江西省较早入手筹备县长考试工作。随后，江西省民政厅拟定《考试章程》提交省务会议决议通过。1929 年 11 月 26 日江西省政府发出训令，"查举行县长考试前，经订定实施程序呈请行政考试院鉴核，并咨行内政部查照在案"，同时，又查"举行县长考试，应用省政府名义，惟筹备事宜须由民政厅负责办理，合行令仰该厅长遵照"。④ 12 月 5 日第 239 次省务会议就通过成立江西省县长考试筹备处，并通过公布《江西省县长考试筹备处组织规程》。该规程规定：筹备处负责办理关于县长考试筹备事宜，设事务处主任一

① 《令遵例举行县长考试》，《江苏省政府公报》，江苏省政府秘书处编，1930 年第 390 期，第 7—8 页。

② 中国社科院近代史所等编：《孙中山全集》第 1 卷，中华书局 2011 年版，第 330—331 页。

③ 《中央日报》第 17 号，1928 年 2 月 17 日，第 1 张第 4 版。

④ 《江西省政府委员会报告》，[出版情况不详]，1929 年 12 月，第 21 页。

人，承筹备委员之命综理本处事务；设文牍一人，事务员四人至六人，分掌本处文书、会计、庶务等项事务；同时雇用录事三人处理缮写事务。规定该处于典试委员会成立之日撤销，文卷转交典试委员会接管。① 同年，江西省政府公布《江西县长考试实施程序》，规定第三次江西省县长考试报名日期定自 1929 年 12 月 20 日至 1930 年 2 月 20 日，1930 年 3 月 1 日起举行。筹备工作包括 1929 年 12 月 20 日成立典试委员会，并决定职员和一切事务之分配；同时向各县遍发招考布告，并登载省内各报；依部颁规定，由省政府拟定 12 人名单请国民政府核派典试委员 6 人，同时请派典试委员 2 人；并在 1929 年 10 月底以前呈请国民政府核准，并呈报考试院。②

3. 举办县长考试。从实际资料来看，省政府举办县长考试较为顺利。1928 年 10 月国民政府才公布《县长考试暂行条例》，规定在中央考试院未依法行使考试权以前，国民政府委托各省政府在各省举行县长考试。③ 江西、浙江、江苏三省正式举办县长考试。例如，江西省 1928 年 3 月间举行第一次县长考试，录取 8 名；7 月间举行第二次县长考试，取录 18 名。原规定考试县长按年举办四次，以三、六、九、十二等月为定期，至九月第三次考试期间，民政厅以考试院成立在即，且该省储备人员亦无支配缺乏之虑，经呈准省政府暂行停止。④ 1931 年江西省又举行第三次县长考试，共有廖崇珑等 27 人及格。又如，浙江省对县长考试也是比较积极，抗战前就先后举行了三届县长考试，分述如下：第一届于 1927 年 12 月举行，由民政厅拟定考试条例，经省政府委员会议决在中央未颁章程之前适用。报名应试者 625 人（经资格审查和体检后剔除 72 人），受笔试 484 人，平均分数 60 分以上者 33 人，与 59 分有奇者 7 人一起参加口试，录取 32 人。第二届于 1929

---

① 《江西县长考试筹备处组织规程》，《江西省政府公报》，江西省政府秘书处编，1929 年第 38 期，第 25 页。

② 《江西省政府委员会报告》，［出版情况不详］，1929 年 12 月，第 22 页。

③ 国民政府法制局编：《国民政府颁行法令大全》上册，商务印书馆 1929 年版，第 653 页。

④ 内政部年鉴编纂委员会编：《内政年鉴》（一）民政篇（B），商务印书馆 1936 年版，第 304 页。

年4月举行，国民政府派蔡元培等8人为典试委员、杨子毅等8人为襄校委员。应试931人，应第十试者572人，录取11名（内1人须训练一年以上，1人须训练二年以上）。1930年4月的第三届按第二届成案办理。报名404人，应第一试者262人，录取13名（其中3人须长期训练）。① 关于县长考试现场的情况，有人回忆说：1930年春季，浙江省办理第三届县长考试。经过两次笔试严格筛选之后，于5月初旬在梅花碑省政府大礼堂举行口试。口试时，考试委员朱家骅、马寅初、张乃燕、雷震等成半环形坐在上首，每次传呼二人入试，一人面对考试官进行问答，一人坐在右边小桌上写作文。笔者参与这次口试，被传入后先在小桌旁准备写作，要求写禁赌布告六言韵文一篇，限十分钟完稿。这是一桩新鲜事儿，为每个应试者初料不及。笔者照办，按时交卷，随即与另一传入者互换位置，他去写作，我做问答。写作题材不一定相同，诸如禁赌、禁鸦片烟、禁械斗和照章纳税禁止偷漏之类；问答亦由考试官随意发问，有时事形势、政治经济要闻和个人党派履历之类。这种考试，其目的除测试应对写作能力外，似乎还考察应考者的形貌、言辞、举止。传闻朱家骅重视形象仪态，故当时应试者一般都西装革履，风度翩翩，以郑重其事。这次口试，应考者19人，最后张榜公布录取13人，6人被淘汰了。② 再如，江苏省第一次县长考试于1928年8月间举行，考试结束后"录取彭国彦等11名，先后遇缺荐署各在案"。1929年准备进行第二次县长考试，由民政厅办理。③

国民政府为改进县长考试制度，于1935年颁布《县长考试条例》。据此，各省又相继举行县长考试，1936年内有江西一省举行，及格9人；1937年四川、贵州、云南三省举行考试，及格者四川9人、

---

① 内政部年鉴编纂委员会编纂：《内政年鉴》（一）民政篇（B），商务印书馆1936年版，第305页。

② 林泽：《县长考试》，见杨炳、洪昌文主编《两浙轶闻》，中华书局2005年版，第11—12页。

③ 《本省举行第二次县长考试》，《江苏省政府公报》，江苏省政府秘书处编，1929年第127期，第4页。

贵州 12 人、云南 26 人；1940 年湖南一省举行，及格 10 人；1941 年江西一省举行，及格 8 人。共录取 74 人。[①] 表 4—2 是部分省份实行县长考试的情况。

表 4—2　　　　　1936—1943 年全国部分省份县长考试统计简表

省份	考期（年）	取录人数（名）
江西	1936	9
四川	1937	12
贵州	1937	10
云南	1937	26
湖南	1940	10
江西	1942	8
湖北	1942	10
安徽	1943	2
江西	1943	6

资料来源：侯绍文：《县长考试改进刍议》，《考政学报》创刊号，1944 年，第 45 页。

4. 考试结束后的工作。县长考试完毕，省政府要将试卷等文件呈报考试院，经复核委员会复核完后公告及格人员名单，并由考试院颁发及格证书。例如，1930 年江苏省第二届县长考试结束后，省县长考试典试委员会将"考试经过情形，连同及格人员李晋芳等十九名单册"呈报考试院鉴核备案，考试后覆核后指令："呈件均悉，应准备案。"[②] 同时，也要将考试情况等咨送内政部备案。1930 年江苏省第二届县长考试结束后，省县长考试典试委员会又将"此次办理县长考试经过情形，并造送县长考试及格人员名单清册，粘附照片"等咨送内

①　国民政府行政院编：《国民政府年鉴》（中央之部）第四编考试，［出版情况不详］，1943 年，第 22 页。

②　《县长考试名单院准备案》，《江苏省政府公报》，江苏省政府秘书处编，1930 年第 545 期，第 11 页。

政部备案，并部准备案。① 又如，江西省第三次县长考试结束及成绩
出来后，江西省政府将第三次县长考试试卷等文件，报经国民政府考
试院覆核委员会复核完后公布，根据覆核委员会的要求，即于公告日
起两个月内，依照考试覆核条例各款的规定，检同原考试及格证书履
历相片及保证书，呈候转请考试院核给及格证书。② 再如，1931 年江
苏省第一、第二届县长考试结束后，又将考试试卷文件呈报考试院考
试覆核委员会。覆核完毕后省政府得到考试覆核委员会答复，并要求
公告及格人员姓名。4 月 3 日，此事报告江苏省政府第 387 次委员会
议，并以第 212 号训令转行民政厅知照。

　　　　考试覆核委员会公告：
　　　　查江苏省第一届、第二届县长考试试卷文件，业经覆核完毕；
　　合将及格人员姓名，公布周知，仰即于公告日起，两个月内，依
　　照考试覆核条例第九条各款，及第十条第一款所规定，检同原考
　　试及格证书、履历、像片及保证书，呈候转请考试院核给及格证
　　书，须至公告者：
　　　　计开：彭国彦、徐伯堂、孔充、……③

　　（三）县长荐举
　　国民政府统治初期，各省县长任用较为紊乱。江西省政府认为，
当此非常时期，"用人之方，不外选举、考试、保荐三途"，然而"选
举非目前可期，考试又非咄嗟便办"，所以目前"唯一可循之途径不
能不出于保荐"。④ 同时，时值县长人选匮乏时期。正如 1928 年江苏
省政府委员何玉书说："县政府的人选，颇感困难，县长要由三个委

　　① 《考取县长仍须照章训令》，《江苏省政府公报》，江苏省政府秘书处编，1930 年第 545
期，第 11—12 页。
　　② 胡青、林容、肖辉卷主编：《江西考试史》上卷，高等教育出版社 2008 年版，第 456 页。
　　③ 《苏省第一、二届县长考试成绩复核决定》，《江苏省政府公报》，江苏省政府秘书处编，
1931 年第 708 期，第 7—8 页。
　　④ 《江西省政府委员会报告》，[出版情况不详]，1929 年 12 月，第 18 页。

员来介绍，倘不介绍，继任就没有人了"，考试录用人数太少，"我们常常觉得有很多事没有相当的人办，同时，那边听到要谋差事的很多"。① 因此，县长荐举成为比较适合的选任路径。

1. 制定任用资格标准。例如，江西省 1928 年就制定出荐任官和委任官标准：前者为国立大学或高等专门学校及教育部承认或立案大学，或高等专门学校毕业得有文凭者；曾任国民政府统治下荐任官一年以上或高级委任官二年以上，成绩昭著者；曾经国民政府核准之各地方高等考试及格者；对党国有勋劳或致力革命七年以上者。后者为教育部立案之公私立高级中学，旧制中学或中等专门以上学校毕业，得有文凭者；曾任国民政府统治下委任官一年以上，成绩昭著者；曾经国民政府核准之各地方普通考试及格者；致力革命五年以上者。同时，有下列之一者，不得任用：曾有反革命之行为者；曾受徒刑以上之刑法处分者；受褫夺公权或停止公权尚未复权者；亏空公款尚未清偿者；曾因破产宣告尚未复权者；吸食鸦片者。② 又如，1933 年 11 月江苏省为慎选县长和澄清吏治，订定《县长甄审委员会规程》，甄审标准为：国民政府颁布之修正县长任用法第一条，并参用公务员任用法第三条，豫皖鄂三省剿匪总司令部颁布之县长任用限制暂行办法第二条。撤销资格为：有反革命行为者；开除党籍或停止党权期间者；有贪污土劣之行为者；曾受撤职查明确有罪证者；曾受徒刑之宣告者；曾受破产宣告者；吸食鸦片者。如发现其有伪造资格情事时，除不予甄审或撤销具存记外，并移送法院依法办理。③

2. 审定资格机构的设置。一般来说，省政府组织独立性的审查机构，根据县长规定的标准审定出合格县长名单，登记，然后由民政厅遴选任用。例如，江西省"为免于保荐追浮滥，故设立任用官吏资格

---

① 《怎样集中人才》，《江苏省政府公报》，江苏省政府秘书处编，1928 年第 26 期，第 33 页。

② 《江西省政府任用官吏资格审查委员会审查规则》，《江西省政府委员会报告》，［出版情况不详］，1929 年 12 月，第 19—21 页。

③ 《苏省府组设县长甄审委会》，1933 年 11 月 3 日，《申报》（上海）第 2 张第 8 版。

审查委员会,此为政府用人一种不得已之过渡办法"。① 1928 年成立任用官吏资格审查委员会,负责审查荐任以下官吏任用事宜。审查委员会成员由全体省政府委员兼任,并在委员中推定三人为常务委员,处理日常事务。审查委员会的会议以省政府主席为主席,遇主席因事缺席时,由常务委员中推定一人为临时主席。② 又如,1933 年 11 月 2 日江苏省订定《县长甄审委员会规程》,继而设立县长甄审委员会,以省政府全体委员为委员,开会时,以省政府主席为主席,因事不能出席时,由民政厅长代理之。因需要,委员会向省政府秘书处、民政厅调用人员。③ 湖南省也实行对县长资格进行审定、由省政府主席主持审定工作。据湖南省政府主席何键日记记载:1931 年 7 月 8 日上午十时,"赴省府审查县长资格,得十员"。7 月 20 日上午十时至十一时四十分,"审查县长邱鹏年等十人"。④

3. 荐举县长审查的机制。例如,江苏省 1928 年 3 月制定公布《江苏省任用县长荐举章程》,规定负责荐举之省政府委员,须备亲笔签名之荐举书,并附被荐举人之证明文件,封送民政厅。荐举书及证明文件,由民政厅长提出省政府委员会审查合格者,由民政厅存记。审查完竣,民政厅应将各项证明文件送还原荐举之省政府委员。已经存记之被荐举人员,如发现任用条例第六条规定各款情事之一者,即撤销存记。⑤ 1933 年 11 月江苏省成立县长甄审委员会,甄审范围包括:中央高等考试及格分发本省者,本省一二两届县长考试及格者,曾经本省甄用合格者向本会请求甄审;各方荐甄者须由省政府委员二人以上之负责介绍送会甄审。甄审程序为:凡受甄审人员经审查与本规程相符后,再由本委员会委员分别考询,并调查其平昔操守之能力,

---

① 《筹备县长考试》,《江西省政府委员会报告》,[出版情况不详],1929 年 12 月,第 18 页。
② 《江西省政府任用官吏资格审查委员会组织规程》,《江西省政府委员会报告》,[出版情况不详],1929 年 12 月,第 18 页。
③ 《苏省府组设县长甄审委会》,1933 年 11 月 3 日,《申报》(上海)第 2 张第 8 版。
④ 湖南省档案馆编:《何键王东原日记》,中国文史出版社 1993 年版,第 66、73 页。
⑤ 《江苏省任用县长荐举章程》,《江苏省政府公报》,江苏省政府秘书处编,1928 年第 26 期,第 9—10 页。

经本委会通过，认为足□县之选者，交由民政厅存记备用。① 至 1936 年 6 月两年多时间里，江苏省政府一共甄审 503 人，甄审合格以县长存记的 106 人，先后任用的 65 人。② 又如，江西省，1928 年审查步骤包括：审查对象：由省政府主席发交审查者和由省政府委员提交审查者。根据被审查者所提供的本人详细履历、毕业证书、委任状、其他有关系之证明文件等同时送达后才开始审查。各案审查之预备及其进行得由本会主席指定专员负责办理，但关于资格之决定须以会议方式行之。审查遇有疑义时，除依本会规程第七条向省政府及各机关调阅档卷外，并得由本人请荐任职之现任官以上三人用书面证明。③ 委员会在审查任用官吏时，向省政府及其他机关随时调阅有关系之各项文卷。每次审查的结果由主席及常务委员连署盖章，最后汇呈省府，分别发交各主管官厅酌量提出。④ 再如，1935 年安徽省依照规定，凡具有县长资格人员，由本省行政机关现任简任以上人员向省府负责保荐，交会检定。检定分两种程序：一是审核，严密审查资格与证件，并对曾任县长者调查其交代及政绩情形；二是考询，注重其学识、经验、体格及有无不堪充任县长情事。制定考询成绩表，由检定会委员，轮流施以考询，分别记分，再经委员长总考询，平均核计其成绩，以分数满六十分以上者为合格。合格后，由省府登记任用，并造册咨内政部备案。自 1935 年 4 月至 1936 年 10 月，安徽省政府办理了第一期县长检定，共交付检定人员 139 名，检定合格者 102 名，其中包括县长任用者 45 名。1937 年 6 月又办理第二期县长检定，检定委员会组织及检定办法仍照第一期，并规定凡本省府各委员保荐人员声请检定者不受名额限制；本省现任简任职人员荐请检定者，每员保荐以二人为限；

① 《苏省府组设县长甄审委会》，1933 年 11 月 3 日，《申报》（上海）第 2 张第 8 版。

② 江苏省地方志编纂委员会编：《江苏省志·人事管理志》，凤凰出版社 2007 年版，第 29—30 页。

③ 《江西省政府任用官吏资格审查委员会审查规则》，《江西省政府委员会报告》，[出版情况不详]，1929 年 12 月，第 19—21 页。

④ 《江西省政府任用官吏资格审查委员会组织规程》，《江西省政府委员会报告》，[出版情况不详]，1929 年 12 月，第 18 页。

至现任县长补行检定和省府所属各厅处现职人员呈请检定者,均免除保荐手续。考询方法分为经验、言语、态度、体格四项。检定程序:于检委会从严审定其资格后即由全体委员定期面询,依照上列四款,分别酌核记分,由主席核定其总成绩分数,以平均满六十分以上者为合格。①

4. 县长荐举的考询。资格审查完毕、名单确定之后,需要省政府委员对县长候选人进行现场考询。例如,1933 年 10 月江苏省政府成立县长甄审委员会,依照国民政府《县长任用法》《补充县长任用资格标准实施办法》公开甄审。1934 年 1 月 19 日省政府开始考询县长,王景涛、谢政等数十人应试,由陈果夫、周佛海、程天放等分别谈话。②

二 治理县长的效果

由前文可知,尽管省政府实行县长考试制度,并对县长荐举进行审查、考询等,但从实际情况来看,县长的治理仍然存在诸多弊病,治理效能并不良好。

首先,从法制规定上来看,无论是县长荐举,还是任用,都是由省政府委员决定、负责。换言之,省政府委员及其组成的省政府统揽县长大权,形成专权,没有其他组织力量可以参与或监督,故而在制度上业已造成腐败的寻租。诚如陈之迈所言,任用县长之权在中央政府而不在省政府,但事实即与此制度还相差很远。现在的事实是县长大都由省政府(省政府主席或民政厅长)遴选向中央政府(内政部)"呈荐",除非显然不合格的情事,内政部一定呈请行政院转呈国民政府任命。加之,各省政府以前还有根本不将其所遴选的县长向中央"呈荐",因此有许多县长是没有经过国民政府任命的,由此可见中央政府对于县长的人选颇少控制之权。③

---

① 《近年来本省吏治之改进》,《安徽政务月刊》1937 年第 29 期,第 1—2 页。

② 《苏省府考询县长》,1934 年 1 月 19 日,《申报》(上海)第 3 张第 9 版。

③ 陈之迈:《中国政府》,商务印书馆 1946 年版,第 559 页。

其次，省政府改组导致县长更换无常。例如，江苏省政府"七年之间，全部改组、局部改组不下六七次，每次改组之前，必更动大批县长，世人讥之为'起身砲'。最甚者，一砲放数十县，殊骇听闻！新省府成立后，又一一分别去留，'一朝天子一朝臣，朝里无人莫做官'，已成颠扑不破之流行语。县长与长官同去留，而更加繁数，县长自不能久于其任矣"。①

最后，举荐制度与社会劣根性。尽管荐举虽属"权宜办法"，但荐举途径弊端甚多，人为腐败操纵性强，"荐举人材办法，其弊甚大，亲朋戚友，托情说项，事属恒有"，所以，有省党部反对此举，极力赞成县长考试选拔制度。况荐举、考试、任用，皆由贵省政府委员负责，三种手续，同出一个机关，即使无弊，其如人言啧啧何！② 1936年4月国民政府行政院长蒋介石在考察后发现，各省无论是考试还是资格审定考询后所任命的县长中，"间有年龄过老，暮气太深，及体格懦弱，精神萎靡者"，"屡见不鲜"，他认为"此等人而为县长，其成绩与能力如何，可以想见；虽有善政，亦恐以执行不当，督率失宜，以致精意尽失"。于是，他令饬内政部转令各省：嗣后各省对于县长人选，应竭力注意以上各端；尤应选用体格健全、耳目聪明、通明治理尽忠职守之人，即由该部依此意旨通行各省查照！一面由该部会同铨叙部体察此意，将现行县长任用考试法规妥为修正，以资遵守，合亟令仰遵照办理。③

第三节　灾害救济

任何一个政府作为公共组织，其一项重要职能就是发生灾害时能

---

①　顾康伯：《改良县政之根本问题》，《新苏政》1934年第1卷第5—6期，第6页。

②　《省委会函省政府反对县长荐举并主张采用考试制度》，《河北周刊》1928年第16期，第37页。

③　《国民政府行政院院长蒋饬内政部转行各省慎选县长之原令》，《四川县训》1936年第3卷第8期，第69页。

及时有效进行救援。救灾主要是对遭受自然灾害和其他不幸事故的受害者，以及不是主观因素引起的生活在贫困线以下的困难户提供物质帮助的赈济性活动。[①] 因为它既有利于消解社会矛盾，也有助于维护社会稳定。国民政府时期，政府的救济机制因现代转型特殊情形而相应发生了变化。

一　救灾制度与机构

民国以来，各地多灾多难，战乱频仍，饥荒不断，充斥着大批灾民、难民、边缘人群、失业群体、老弱病残、城市贫民等需要救助的民众。国民政府时期各省灾情程度各有不同，受灾范围广泛，但灾况均较严重，有的甚至极度惨烈。有统计说：国民政府统治时期，各省处于"内忧外患之中，灾象之惨，亦为近年来所罕见"。据赈务委员会迭次发表文件统计，1933 年各省灾害的种类有水、旱、风、雹、蝗、匪、黑霜、雪、鼠、地震、疫疠 11 种，受灾呈报登记有案的省包括安徽、江西、江苏、浙江等 16 省，灾区范围已达 515 县。[②] 各省相继发生各种不同的灾情。例如，1928 年江西省高安、上高等 6 县发生积谷害虫灾。1935 年 5 月江西省湖口、彭泽等县发生严重蝗灾，同时湖北、安徽也相继发生了蝗灾。同年冬，江西省吉安、永丰、吉永等 10 县又发生积谷害虫灾情，"大肆猖獗"，后陆续发生，以致扩大到 16 县之多。[③] 灾害持续威胁着民众，因此，"治理灾害自然成为地方政府的一项不可避免的职责"。[④]

国民政府定都南京前，对救济未曾重视，但有中央委员在地方行政计划中提到"在各区广设工艺厂，收容流民、残废、普通罪犯，授以感化教育及普通常识、职业教育、手工艺，使将来成为善良之公民，

---

① 吴增基等主编：《现代社会学》，上海人民出版社 2014 年版，第 374 页。

② 《一年来之赈务》，《时事大观》下册，1934 年，第 239 页。

③ 刘治乾主编：《江西年鉴》（第一回），江西省政府统计室，1936 年 10 月，第 740—741 页。

④ 瞿同祖：《清代地方政府》（修订译本），范忠信等译，法律出版社 2011 年版，第 252 页。

且各能有相当职业，可以自给"。① 1928 年 4 月国民政府第四次修正公布《省政府组织法》，才明确规定民政厅负责赈灾及其他社会救济事项。② 此后，民政厅成为省办理救济的最高职能机构。至于如何办理赈灾与救济，并未详细规定，同时，民政厅人力单薄，事务繁多，无法承担涉及全省灾情深重的赈济事务。因而，还需其他专门性组织协助。

对此，国民政府逐渐成立了专业性的赈灾机构。1928 年 7 月 27 日中央政府公布《国民政府赈务处组织条例》，正式成立救灾专门机构——赈务处，直接隶属于国民政府，掌理灾区赈济与慈善事宜，内设赈款委员会，"由国民政府特派若干人组织之，就委员中指定常务委员五人以其中一人为主席"。③ 1930 年 1 月 25 日国民政府又在临时救灾机构和赈务处基础上合并成立赈务委员会，赈务委员会主要负责灾民救济以及难民救济，其组织领导中以内政、外交、财政、交通、铁道、实业各部部长为当然委员。④ 5 月《各省赈务会组织章程》，该章程规定：凡被灾省份为办理本省赈务得设省赈务会，省赈务会由省政府聘任省政府委员二人、省党部委员二人、民众团体三人至五人组成。各委员互推一人为常务委员，由省政府在常务委员中指定一人为主席。⑤ 6 月国民政府核准施行章程，规定省赈务委员会之职务为统一全省赈灾事宜，有调查、放赈、采运、视察、审计之责。凡关于调查灾区及赈务状况，筹募赈款及赈品，发放赈款赈品，统计罹灾人数，筹备农赈工赈，确定赈灾方针，准驳请赈，筹备急赈，发行省赈公债，临时处理特殊灾况，随时稽查、审核、视察赈款人员及各县市分会之动情及有无弊端等事项皆属委员会职务之内。⑥

---

① 邵元冲：《训政时期地方行政计划》，民智书局 1925 年版，第 25 页。
② 《国民政府公报》第 53 号第 16 册，第 5—6 页。
③ 徐百齐编：《中华民国法规大全》第 1 册，商务印书馆 1936 年版，第 312 页。
④ 徐百齐编：《中华民国法规大全》第 1 册，商务印书馆 1936 年版，第 312—313 页。
⑤ 徐百齐编：《中华民国法规大全》第 1 册，商务印书馆 1936 年版，第 799 页。
⑥ 曹余濂编著：《民国江苏权力机关史略》，《江苏文史资料》编辑部，1994 年，第 70—71 页。

依照章程，各省先后成立赈务会，各市县也根据赈务办理情况，相继设立赈务分会。例如，湖南省赈务会于 1929 年 5 月成立，"经办全省赈务，其以前所设之赈务委员会、匪灾急赈会，同时归并。各县亦先后成立赈务分会"。① 再如，河南省于 1929 年 4 月成立赈务会，采委员制，由省政府委员二人、省党部委员二人、民众团体五人组成，各互推一人为常务委员，由省政府于常委中推定一人为主席；赈务会"内部分设事务、执行、监察三处，各置处长一人"；"事务处设文牍、会计、庶务三组。执行处设调查、放赈、采运三组。监察处设视察、审计二组"，"每组各置主任一人，副主任一人，干事若干人，皆为名誉职"。此外赈务会可以聘任顾问会员及雇佣事务员、书记等。每月经费 1152 元，赈款"除由省政府及国府赈款委员会拨给外，由本会自行募捐"。② 按照规定，江苏省赈务委员会由省政府聘任省政府委员二人、省党部委员二人、民众团体三人至五人组成。各委员互推三人为常务委员，由省政府在常务委员中指定一人为主席。委员会设事务、执行、监察三处，其处长由省赈务委员会就常务委员中推定。事务处分设文书组、会计组、庶务组；执行处分设调查组、放赈组、采运组；监察处分设视察组、审计组。各组置主任、副主任各一人，干事一人至四人，事务员、书记若干人。③

与此同时，省政府根据本省特定灾情，相继成立有针对性地专门性救灾机构。例如，湖南省 1931 年发生重大水灾，于是省政府成立水灾善后委员会，成为全省的"筹赈机关"，并召集各界大会，"议决改赈为贷，呈奉国民政府水委会核准立案，并将前湖南省救济水灾委员会改为湖南水灾善后委员会，责令主持办理工、急两赈事宜；其支配之农赈贷款美麦一万吨"。④ 再如，1928 年冬江西省为防治螟虫，专门

---

① 《湖南省政府政治报告》，湖南省政府秘书处编，1931 年，第 17 页。

② 王识开：《南京国民政府社会救济制度研究》，博士学位论文，吉林大学，2012 年，第 24 页。

③ 曹余濂编著：《民国江苏权力机关史略》，《江苏文史资料》编辑部，1994 年，第 70—71 页。

④ 湖南省政府秘书处统计室编：《湖南年鉴》（1935 年），第 781—782 页。

设立昆虫局，受建设厅监督，办理"治虫事宜"。1931 年裁撤后，江西省政府在江西省立南昌农业试验场增设昆虫一部，"所有关于治虫试验及研究与治虫技术事项均由该场掌理"，治虫行政则由江西省建设厅执行。此后，江西省政府又设立农业院，专门负责研究怎样治理虫灾。[1]

除了省政府常设救济机构外，省政府还组织设立了其他官方与民间合作的救济机构，聘请当地绅士、地方精英共同参与救济。1933 年湖南省发生严重旱灾，9 月 28 日，省政府主席何键在省政府委员会第499 次常会上提出："组织湖南旱灾救济委员会，以资救济专案。"经议决通过，由省政府聘请省内外湘籍绅耆 187 人为委员，组织设立旱灾救济委员会。10 月 1 日开成立大会，推何键为委员长，彭国钧等七人为常务委员，彭允彝等五人为监察委员。并决定于常务委员之次，设秘书一人，及第一、第二、第三三股。[2]

此外还有其他由民间义士组织的社会性救济组织。例如，1931 年8 月中旬成立的江苏水灾义赈会，是由王一亭、黄涵之、成静生等"敦求海上嗜义之士，组织义赈会，筹募义款，合力赈救"。[3] 这些非官方组织得到省政府批准，并受省政府监督。

二　救灾机制

省政府面对不同灾情，根据实际情况，相应地采取积极措施和应对机制。兹分述如下：

第一，报告灾情并寻求援助。例如，1934 年四川省政府一方面向中央报告，"已报灾情，先行电呈，一俟沿江受灾各县查报齐全，再行造册，详细续报"；另一方面因"各县水旱灾情皆急待赈济"，本省无力全部承担，"实属拯救力穷"，请求中央"拨赈"，并"饬下财政

① 刘治乾主编：《江西年鉴》第一回，江西省政府统计室，1936 年 10 月，第739—741 页。
② 湖南省政府秘书处统计室编：《湖南年鉴》（1935 年），第788—789 页。
③ 《苏赈纪要》，国民政府救济水灾委员会江苏赈务办员办公室编印，1932 年，第27 页。

部筹拨巨款，派员到川查勘散放，以济灾黎"。① 又如，1934 年 8 月湖南省政府和省赈务会决定，"以本年旱灾惨重，特聘仇鳌、张炯等为驻京代表，请向中央催颁赈款"。② 所辖县府须将本县灾情及时呈报省政府，以便省政府有效赈灾救济。例如，1930 年江苏省江浦县长向省政府呈报说："连年亢旱，继以虫灾遍地，哀鸣嗷嗷待哺；迭经呈报钧府，请求设法赈济"，同时，也将因灾发生变故的情况呈报省政府：邻县安徽全椒"发现无业游民，聚众闹荒，形同抢劫，深恐影响职县"。因此，请省府"转咨安徽省政府设法制止，以利民生"。3 月 19 日江苏省政府即电安徽省政府"设法制止"。③

第二，积极商讨救济方案。例如，1931 年湖南发生重大灾难，省政府为此连续召开党政联席会议。省政府主席何键在日记中记载：1931 年 8 月 17 日 10 时 30 分，"与各委员商省城储谷及赈灾办法"。8 月 22 日 9 时，"在省政府开党政联席会议，讨论救灾办法"。8 月 24 日，"午后一时在省政府开党政联席会议，讨论救济水灾办法"。④ 又如，1935 年夏，安徽省发生重大水灾，"水势极猛，皖境沿江圩堤，无不岌岌可危"，省政府主席和各厅长、委员随时分赴上下游，"更番巡视，督促各地官绅民众竭力抢护"，一面分派委员驰赴被灾各县切实调查；一面立即遵照电令，集合本省党政军和赈务机关组织水灾救济总会，对灾区积极施行救济。⑤

第三，设置专门机构救济。例如，湖南省 1931 年发生水灾后，省政府立即成立水灾善后委员会，"订定贷款办法，分县配放，限期完成；一面将急赈划为两部，以一部散放滨湖被渍各垸，一部配发山乡各灾区，补助修复冲毁之桥梁道路。"⑥ 发生旱灾后，湖南省政府又成

① 《刘湘报告川省水旱灾情请拨款赈济电》，见中国第二历史档案馆编《中华民国史档案资料汇编》第 5 辑第 1 编财政经济（7），江苏古籍出版社 1994 年版，第 490 页。

② 湖南省政府秘书处统计室编：《湖南年鉴》（1935 年），第 931 页。

③ 《江苏省政府公报》，江苏省政府秘书处编，1930 年 396 期，第 10 页。

④ 湖南省档案馆编：《何键王东原日记》，中国文史出版社 1993 年版，第 87、89—90 页。

⑤ 《安徽民政工作纪要》（1935 年份），安徽民政厅印，第 262 页。

⑥ 湖南省政府秘书处统计室编：《湖南年鉴》（1935 年），第 782 页。

立旱灾救济委员会，"屡经会商，以其时不过季秋，上课补种杂粮，借资救济，因决定就灾情较重各县，先行办理种赈。一时款不易集，则由省政府令饬省赈务会，于盐税附捐赈款项下，拨发十万元，更益以范委员旭东募捐之 1600 元，均作为贷放杂粮种子经费。并以衡阳、邵阳，皆为灾民集中之所，复于贷放杂粮种银之外，各发补助费 1 千元"。最后，旱灾救济委员会共计发放贷款 31 县。① 又如，发生虫灾后，江西省政府令专门研究治理虫灾的农业院负责办理。面对蝗灾，令"农业院草拟江西各县治蝗实施办法凡十九条，旋经核准通饬施行"。发生严重的积谷害虫灾情，省农业院"鉴于积谷害虫为害程度如此其深，危害面积如此其广，非谋整个的彻底的防除方法，决难收澄清之效，爰拟具江西省积谷害虫防治办法，并造具经费概算，请省府拨款 1 万元，从事防除，当由省府提交第 832 次省务会议通过，其款由钨矿收入项下拨付，农业院奉令后，即依照通过办法，积极办理"。②

　　第四，减轻灾民负担。省政府鉴于灾情程度大小，有针对性地减免赋税，以恤民情。例如，江西省修水县 1928 年将灾情、请求赈济和蠲免丁漕等呈报省厅，经会核后，提交省政府会议讨论，"决议照准"。2 月 5 日省政府发出指令："该县蠲免丁漕准予特案办理，仍将蠲免之数划出若干成，由县征存调查被难寒苦之家，按其灾情轻重，分别赈恤，并撰拟布告，择要张贴，务求款不虚糜，民沾实惠等。"③再如，1930 年江苏省盐城县呈报灾情，请求蠲免忙漕。经财政厅核实后，鉴于灾情，"拟援照民三成案，上忙全征，不办流抵，下忙冬漕停征"，经过省政府委员会议决通过，并上报内政、财政两部鉴核备案。两部咨复说："此次盐城县灾歉实况报告表，其收获成数，仅得二分有奇，是其被灾成数应在十分以上，尽可按照条例请蠲正赋十分

---

① 湖南省政府秘书处统计室编：《湖南年鉴》（1935 年），第 789 页。
② 刘治乾主编：《江西年鉴》（第一回），江西省政府统计室，1936 年 10 月，第 741 页。
③ 《会呈审核修水县被灾请赈及蠲免丁漕一案情形由》，《江西省政府公报》，江西省政府秘书处编，1929 年第 6 期，第 41 页。

之五，所有已停征之下忙，自当在呈请蠲免之列。"2 月 15 日省政府令财政厅遵照办理。① 对于其他灾区，国民政府也较为理性，基本给予赋税减免批准备案。例如，1935 年 12 月广西省政府呈报："灌阳县文市区水车夏云等村二十四年被水成灾，永远不能垦复地亩，永远蠲免田赋，及该市区德里夏云等村暂时不能垦复地亩，蠲免三年田赋。"据内政、财政两部审查后，国民政府指令，此案"与例尚无不合，自应准如所请办理"，给予备案。河北省政府呈请"将平山县西沿兴存二十四年被水冲塌，永远不能垦复地亩之额数田赋，自二十五年始，全数蠲免"，也经两部审核、国民政府指令，准请办理备案。山西省政府"拟请将新绛县属南马等 21 村二十四年份秋禾被灾地亩，分别蠲缓钱粮"，最后也批准通过。②

第五，广泛宣传募捐。例如，江苏省水灾救济总会成立以来，陆续收到各地各机关、团体或个人的捐助。1935 年收到江苏省政府保安处棉大衣 2200 余件，棉衣裤 7450 余套；江苏省民政厅同仕单夹棉衣 411 件，鞋袜 8 双，帽 2 顶，围贴 1 条；江苏省建设厅同仕棉夹单衣 565 件，袜 35 双，帽 10 顶，围巾 1 条；江苏省财政厅捐赈衣 397 件；江苏省政府秘书处捐棉夹单衣 434 件；江苏省教育厅捐棉夹单衣 339 件，小毛巾小帽共 3 件等。所辖县及其属局等也积极捐助，如兴化县政府捐冬衣 13351 件；江都县政府捐男女大小棉衣裤 400 件，单衣裤 1145 件；上海县政府捐冬衣 417 件；镇江县建设局捐衣服 19 套等。省救济机构纷纷捐助，如江苏省会救济院同仕冬衣 49 件；高邮县水灾救济分会捐夹单棉衣裤 8528 件，棉被 68 条；句容县水灾救济分会捐冬衣 171 件等。省内其他机构，如学校、医院等也捐了许多物品：江苏省立扬州中学实验小学捐棉夹单衣 440 件，帽 15 顶，鞋袜 33 双；江苏省立医院同仕棉衣 12 件等。各地社会性团体也积极捐赠赈灾物品：世界红十字会镇江分会捐棉衣 100 套；上海筹募各省水灾义赈会拨捐

---

① 《盐城灾歉蠲免忙漕案》，《江苏省政府公报》，江苏省政府秘书处编，1930 年第 371 期，第 36 页。

② 《国民政府公报》第 1945 号第 102 册，第 9、11 页。

时疫水 3000 瓶，万金油 2000 盒，退热止痛片 500 支等。还有个人捐赠，如无名氏表 54 件；中西药房黄子祥捐衣 17 件。上述赈灾物品，"除经原捐赠机关指拨某地者已运灾区散发外，余出本会统筹分配"。[1]

三　灾民救济

（一）难民收容

因发生灾情后，各地灾民纷纷向外地逃难。有资料统计：江西省兴国、雩都难民逃至赣县者 10 万人，逃至南昌者 437 人。武宁县难民逃至该县城者六七万人。宜黄难民逃至该县城者 4000 余人。宜丰难民逃至该县城 1536 人等。共有逃难人数约为 22 万。[2] 省政府作为全省政务的主导者，必须安置难民。有的省政府布置难民收容场所。例如，湖南省"逃省难民，颠沛流离，惨不忍睹"，民政厅一面呈请省政府颁发急赈四千余元，"会同长沙县政府委派专员经理其事，并指定麓山各公屋及开福寺、三湘学校、朱家花园等处为收容地点"；另一面则"饬知各团团总募集衣被数万余件分给难民"。不到一月内收容难民一万余人，放赈四千三百余元。[3] 有的省政府积极变价拨款，收容灾民，或以工代赈，将难民安置，从事防卫工作。例如，皖西满目疮痍，办理善后，在在需款，当经省府会议议决，将民食调节委员会存余赈粮七千七百余石，变价移充皖西办理善后之用，又查其他散存各处仓库赈粮……亦经呈准遴派妥员，会同接管仓库之各地县局，一律变价呈解，即以所变价款，拨交皖西善后办事处，并先规定由皖西办事处督率收容匪区灾民，从事建碉筑寨，以工代赈，以期一举两得，于防务民生俱有裨益。[4]

（二）外来难民安置

因灾情严重，灾民纷纷逃出省外。如河南省政府申告江西省政府

① 《江苏省水灾救济总会鸣谢振品启事》，1935 年 11 月 14 日，《申报》（上海）第 2 版。
② 《赣省难民数可惊》，《兴华》1931 年第 28 卷第 29 期，第 39—40 页。
③ 《湖南省政治年鉴》（1930 年），湖南省政府秘书处编印，1931 年，第 89 页。
④ 《安徽民政工作纪要》（1935 年），安徽民政厅印，第 268 页。

说："近年以来，兵燹匪患，民不聊生，重以旱魃为灾，饥民遍野，目击状况忧心如焚，虽经举办平粜，设计救济，而灾情重大，难期普遍。现在灾民分赴各省谋食者络绎不绝。"① 因此，省政府为有效管理难民，维持秩序，拟定办法，妥为安置。例如，1928 年江苏省吴江县长报告说："难民迭次过境滋事。"民政厅接报告后，拟定《取缔难民入境办法》八条，经省政府委员会第 47 次会议讨论，决议修正通过。规定难民进入江苏省时，应受该管公安局检查，由公安局询问清楚人数、籍贯、经过地点，并与县政府会商暂为安置，酌筹给养。入境后，应由公安局会商所在地行政机关，"禀陈县政府筹给川资，派警押送出境"。② 再如，江西省政府接河南省政府电告："现在灾民分赴各省谋食者络绎不绝，除通令各县发给灾民执照，并分电外，特电请贵省政府查照，遇有此项难民到达，准予通过入境，无任企祷等。"于是，1928 年 11 月 20 日江西省政府令民政厅、各市县政府"自应暂予通融办理"，同时"分别良莠及有无执业本能，随时注意"。③

（三）施行多元化救助

有的省政府拨款给予援助。例如，江苏省政府鉴于 1932 年发生上海"一二八抗战"，造成大批苏籍难民纷纷逃回，故省政府委员会第 474 次会议讨论决议：特令"财政厅拨助自沪回籍江北难民救济费一千元，交镇江商会具领"。3 月 17 日财政厅具报省府已办理。④ 又如，江西省政府"督饬赈务会收容流亡遣送回籍者，约七万人，急赈获甦者约十八万人"，同时向社会各界寻求支持和援助。省政府"兼筹并顾，力绌心瘝，乃向世界红十字会、上海筹募各省旱灾义赈会呼吁，

① 《准河南省政府冬电遇有该省难民到达准予通过入境由》，《江西省政府公报》，江西省政府秘书处编，1928 年第 45 期，第 55 页。

② 《通过取缔难民入境办法八条》，《江苏省政府公报》，江苏省政府秘书处编，1928 年第 27 期，第 12 页。

③ 《准河南省政府冬电遇有该省难民到达准予通过入境由》，《江西省政府公报》，江西省政府秘书处编，1928 年第 45 期，第 55—56 页。

④ 《厅报遵令拨发难民救济费千元》，《江苏省政府公报》，江苏省政府秘书处编，1932 年第 1005 期，第 10 页。

虽然获分赈银米，无如杯水车薪，鲜克有济赈"。于是，省政府一方面妥筹防护，期策安全；另一方面"令赈务会、水利局、民财两厅会同派员查勘"。[①] 再如，1934 年 8 月 1 日，湖南省赈务会"派员查勘各县旱灾；并召集会议，讨论救济办法"。8 月 3 日湖南省政府建设厅长"对救济旱灾治标办法，决照沪市先例，利用救火机抽水灌救。已令长沙市政府，召集消防团体。商定办法进行"。[②]

四　救灾的成效

省政府尽管力图进行救灾，但效果并不良好。时人指出，直到 1934 年年底，"严冬已至，春耕瞬届，灾区千万民众衣食两缺，种籽全无，老弱填于沟壑，少壮挺走四方，农村问题之严重，诚恐有甚于今日者？"可谓"救灾大计之不立，即民族灭绝之由来，可为忧惧"。[③] 省政府救济低效的主要原因有以下三个方面：

首先，灾难的发生主要是人为造成。有时人指出，1931 年江苏省高邮县水灾发生的原因主要有：一是因官员懈怠、疏忽造成。"保墙之际，省令饬全省水利局、各县县政府加高子埝三尺"，但"水利局掉头不顾，仅恃某商会凑集少数银钱以为一时补苴之计，虽曰天灾，人实为之"。二是因官员渎职造成。"本年水灾，消费甚巨……公家吝惜经费，对于加埝敷衍从事，甚至互相推诿，使工作开始时，主办者实事求是，款不虚糜，何至紧急？抢险时山穷水尽，无米可炊"。三是官员贪污造成。"局长均不问轻重，仅吞金钱"，"本年堵开水关，城门划归公家经办，发款逾昔，而办者从中偷削肥己，以致水至水关，即立崩溃"。[④] 对于赈款被贪污侵吞，有人甚至发出呼吁："谁捐助赈

① 《江西省政府报告水旱灾情严重请赈济的代电》，1935 年 5 月 15 日，见中国第二历史档案馆编《中华民国史档案资料汇编》第 5 辑第 1 编财政经济（7），江苏古籍出版社 1994 年版，第 490—491 页。

② 湖南省政府秘书处统计室编：《湖南年鉴》（1935 年），第 931—932 页。

③ 《·年来之赈务》，《时事大观》下册，1934 年，第 239 页。

④ 《灾荒汇报：苏高邮难民述成灾原因》，《兴华》1931 年第 28 卷第 35 期，第 34—35 页。

款，谁算尽了人类的天职；谁侵吞赈款，谁就是人类的蟊贼。"① 诚如孙中山早在1897年指出的那样："中国所有一切的灾难只有一个原因，那就是普遍的又是有系统的贪污。这种贪污是产生饥荒、水灾、疫病的主要原因，同时也是武装盗匪常年猖獗的主要原因。"他还指出："这些事情主要是官吏贪污的结果。懒惰和无知也是促进这些事情的原因之一，但是，懒惰和无知本身在很大的程度上也是官吏贪污所造成的结果。"②

其次，政府无力顾及救济。国民政府时期内忧外患，危机重重，中央财政无力顾及地方救济。"惟今年以来，政府因集中注意于御侮剿匪二事，同时财政亦濒匮乏，于赈灾事业，竭蹶以赴，似未能继续往日之设施，予灾区同胞以充分之救济"。③ 不仅如此，国民政府还挪借省政府救济款用于军费，无款归还。例如，1929年湖南省赈务会公函致财政部特派员李凤耀说："湘灾惨重，待赈孔殷，函准湖南财政厅复以敝署前在省库杂部所存赈款项下，挪借三十余万元，转请如数拨还，财厅发交，以资接济。"然而，却收到答复说："查敝署前因军需紧急，先后出据向湖南财政厅于省库存款项下挪借五十七万元，既准函称内有赈款三十余万元"，但是"当此作战期间，供支军费，仍属不足，前项借款委实无由筹还"④。再如，1934年四川省报告说：各县灾情严重，"急待赈济"，然而去年"曾受旱灾，筹办赈济，罗措已穷"，赈济费已用始尽，加上"今年复水旱并至，来日方长，灾区甚广"，"军需浩繁，支绌万端，殊难为继"，"实属拯救力穷"。⑤

最后，救济政策机构未能制度化和常态化。这种行政制度弊病必然在一定程度上加重灾害。据《江西年鉴》记载："水利行政，在鼎

---

① 《蓝天月刊》（水灾专号），1935年，第44页。
② 《中国的现在和未来》，1897年3月1日，中国社科院近代史所等编：《孙中山全集》第1卷，中华书局2011年版，第89页。
③ 《一年来之赈务》，《时事大观》下册，1934年，第239页。
④ 《财政特派员复知暂筹筹还赈款公函》，《湖南省赈务会汇刊》1929年第7期，第10页。
⑤ 《刘湘报告川省水旱灾情请拨款赈济电》，1934年8月21日，中国第二历史档案馆编：《中华民国史档案资料汇编》第5辑第1编财政经济（7），江苏古籍出版社1994年版，第490页。

革以前，虽有专司，然兴革无常，未遑久远。"国民政府建立后，"江西水利局重行成立，拟具整理全省水利甲乙两种分期进行激活，呈准施行，欲以有限之经费，标本兼治，冀于二十年内消弭未来水旱之灾，振兴各河无穷之水利。惟以后匪祸日烈，库帑如洗，至十九年春，奉令停发事业经费，裁撤测量队，原定计划，因以停辍。不惟测研各河之治本工程无法推进，即整理各圩之急救工程，亦不能依法施行，一切修防工事，完全责诸困苦颠沛之民力，自不能不因陋就简，勉为补苴罅漏之策，驯至遭遇民廿大水，及民二十三干旱之巨灾，虽水旱之成因，由于气候之变化，尚非现时人力所能操纵，然苟能按照原定计划分年整治堤防，疏浚沟渠，则至少必可减轻灾情之一部分"。①

第四节　社会保障

社会保障是政府一项不容推卸的责任。现代社会保障制度，在一定程度上是"一个社会道德水准高低的体现"，"也是一个社会能否安全稳定运行的必要条件"。传统社会保障事业，"或由政府主持，或由绅民组合，或由政府为之发起，而由地方士庶成之；分工合作，遂得被覆穷黎，使之各得其所"。主要包括育婴、慈幼、恤嫠、养老等。②这主要体现在对社会"弱势群体"的救助，特点是被动性、主观随意性和临时性，是政府作为施救者处于居高临下的地位，施救者与被救者乃是"卑躬屈膝的恩赐与被恩赐的关系"，而非现代社会文明制度的社会保障内容。③民国以来，由于"各省县地方已办有此种事业者，多承旧日习惯，无统一之准则，虽为辅助贫民而未得其道"。例如，北洋政府内务部于1915年12月间公布游民习艺所章程，专门办理游民教养和不良少年之感化。但由于社会救助事务极为广泛，战乱频繁，地方动荡不安，因而社会保障的效果比较低下。

---

① 刘治乾主编：《江西年鉴》（第一回），江西省政府统计室，1936年10月，第621页。
② 湖南省政府秘书处统计室编：《湖南年鉴》（1935年），第759页。
③ 郭小东：《社会保障：理论与实践》，广东经济出版社2014年版，第362页。

一　社会保障机构

(一)　社会保障的依据

孙中山的保障思想是国民政府实施保障的根本依据。孙中山早在1912年《中国之铁路计划与民生主义》中提出:"将供给国家政费之需要而有余,然后举其余额,以兴办教育及最要之慈善事业,如养老恩俸、收养残废跛瞎之人。吾人应注意青年之养育与衰老羸弱者之安抚。"[①] 他的社会保障思想主要体现在《建国大纲》,其中明确提出:"建设之首要在民生。故对于全国人民之食衣住行四大需要,政府当与人民协力,共谋农业之发展,以足民食;共谋织造之发展,以裕民衣;建筑大计划之各式屋舍,以乐民居;修治道路、运河,以利民行。"[②] 尤其是《建国大纲》第十一条指出:地方政府要经营和办理地方人民之事业,育幼、养老、济贫、救灾、医病等公共之需。[③] 1920年11月,广东革命政府发布《内政方针》,提出设立社会事业局,办理育孤、养老、救灾、卫生防疫、收养废疾、监督公益及慈善各团体等事宜;设立粮食局,管理国内粮食,核定并监督粮食之输出入等事宜。[④] 1921年1月,孙中山自兼广州军政府内政部长,制定《新官制》,并下令设立内政部,管理地方自治、社会事业、劳工等行政事务,其中涉及社会保障的事务包括育孤、养老、收养废疾、监督慈善团体事项、管理粮食事项等。[⑤]

---

① 《中国之铁路计划与民生主义》,见中国社科院近代史所等编《孙中山全集》第2卷,中华书局2011年版,第490页。

② 《国民政府建国大纲》,中国社科院近代史所等合编:《孙中山全集》第9卷,中华书局2011年版,第126页。

③ 《国民政府建国大纲》,中国社科院近代史所等合编:《孙中山全集》第9卷,中华书局2011年版,第128页。

④ 《内政方针》,中国社科院近代史所等合编:《孙中山全集》第5卷,中华书局2011年版,第432—433、435页。

⑤ 《内政部新官制》,中国社科院近代史所等合编:《孙中山全集》第5卷,中华书局2011年版,第454页。

（二）保障机构的建立

政府设立救济院的目的是"以救济贫苦无告之民众为职志"，"虽为社会事业，实涵慈善性质"。[1] 社会救济主要以政府为主导，社会慈善事业则是以社会团体和个人捐助为主。国民政府成立后，逐步实施了孙中山的社会保障思想。1928 年 5 月 23 日内政部便公布了《各地方救济院规则》，要求"各省区、各特别市、各县市政府，为教养无自救力之老幼残废并保护贫民健康，救济贫民生计，于各该省区、省会、特别市政府所在地依本规则规定设立救济院"。[2] 同时，各省"或改进之准绳，俾得斟酌情形，择要举办养老所、孤儿所、残废所、育婴所、施医所、贷款所等。嗣以各地方原有之慈善机关或各地方特殊需要之救济事业，有非上列各所所能包括者，复经内政部遵令各省民政厅应即因地制宜，分设妇女教养所、游民感化所、贫民习艺所、施材掩埋所之类，同隶于救济院，合并管理"。

1928 年 10 月内政部咨令各省政府及民政厅转饬依法筹设。1930 年 5 月、1931 年 3 月、1932 年 11 月，多次催促"各省市政府转饬从速依法举办，并将办理情形报部"。[3] 在国民政府催促之下，各省政府依照规定，相继整理和成立了社会保障类组织。例如，1928 年 10 月间，江西省政府先是将江西慈善总会所有的仓圣庙房屋改组，在此基础上成立救济院。成立后不久救济院又接收原慈善机构豫章善堂，改作救济院下的养老所和残废所，并将从原慈善机构清节堂演变而来的孤儿院改为孤儿所，又在孤儿所下附设妇女教养所，以容纳原清节堂80 余名无家可归的节妇。后又将育婴局改为育婴所，并设立实医所，以救贫病。同时，江西省政府还积极给予财政支持和规划设计。一方面，省政府第 236 次省务会议议决，向救济院拨发维持费 3 千元；另

---

① 《江西省民政厅工作报告》，《江西省政府委员会报告》，[出版情况不详]，1929 年 12 月，第 12 页。

② 《民众运动法规方案汇编》下，中央民众运动指导委员会编印，1934 年，第 695 页。

③ 内政部年鉴编纂委员会编纂：《内政年鉴》（一）民政篇（B），商务印书馆 1936 年版，第 384 页。

一方面民政厅又将救济院各所组织及所需经费妥善规划，并制定出整理方案，"呈请省政府核示，俟奉准后，当即积极进行，务使救济事业期得充分之发展"。[①] 再如，湖南省会救济院是在"长沙原有之养济院、保节堂、保恤学校、惠老院、育婴堂、救生局、同仁小补堂"等慈善团体基础上合并而成，于1929年9月正式成立，并将原有各慈善团体之财产合并作为基金，"依法组织设立基金管理委员会，全权管理，并支配用途"。同时，除安化、靖县、永兴等五县，"以连年天灾人祸，筹款维艰，已暂行停顿外"，其他各县先后设立救济院，并"分别整饬，现在其余仍均能保其现状，努力进行，地方贫黎，多食其惠"。[②] 截至1936年，各省县设立了省县级救济院。例如，安徽省成立了安庆市救济院，天长、休宁、怀远等7个县救济院。江西省成立了江西省区救济院，贵溪、清江、南城等14个县救济院。湖北省成立了湖北省区救济院，宜昌县救济院：养老所、孤儿所、残废所、育婴所、施医所、贷款所等6个所，荆门县救济院，江陵县救济院：孤儿所、残废所、育婴所、施医所等四个所。[③] 其他各省县均有成立救济院。

二　社会保障机制

国民政府时期省政府针对不同群体，积极施行不同的社会保障。兹分述如下：

第一，妇女群体的改造。据江苏省会救济院报告说：妇女救济所收容品行堕落、遭受压迫、生活孤苦无依三类妇女，"品行堕落，先施以体格检查，倘有宿疾，分别轻重，施以治疗，及其痊愈，然后普施以文字教育与实物教育，至相当阶段，举行考试测验，以分别其学

---

① 《江西省民政厅工作报告》，《江西省政府委员会报告》，[出版情况不详]，1929年12月，第12—13页。

② 湖南省政府秘书处统计室编：《湖南年鉴》(1935年)，第763、806页。

③ 内政部年鉴编纂委员会编纂：《内政年鉴》(一)民政篇(B)，商务印书馆1936年版，第387—388页。

习成绩之优劣，优者嘉奖，劣者惩罚，藉资鼓励。经考试测验结果，各所女率多进步。至有少数生性恶劣、不堪造就之所女，于该所东邻红梅阁设立分所，专司个别训练及隔离施教工作，开始以来，尚著成效。此外，对于所女新生活之指导，于整齐清洁之平时训练，亦尚认真。每日生活，上午上课，下午学习工艺，课程有家政、语文、常识、卫生、修身及珠算等，工艺有织袜、刺绣、缝纫及扎花等"。①

第二，乞丐群体的收容。对此，时人说道："中国不仅为世界上贫穷的国家，而且是世界上乞丐最多的贫民国。所以在今日的中国，救济乞丐，实在是一个最重要的问题。"② 有人分析说："我国天灾人祸，交相而来，一般生活无路者，率皆托钵沿门，从事乞讨，藉图苟延余生，省会交通便利，市尘鳞次栉比，遂为一般乞讨者角逐之场所，大街小巷，蓬首垢面者，触目皆是，哀苦乞怜之声，不忍耳闻，为整饬市容计，是项乞讨者应加取缔，就救济事业之本身言，实有广为救济之义务与必要。"③ 对此，有省政府通令各县办理乞丐收容。例如，1927 年江苏省政府接到条陈："乞丐同一人民，似不忍其乞食于市，应请通饬各县兴办收容所，即将境内乞丐悉数收容，分别学习技能，以重人道。"8 月 18 日训令各县"即便查照地方情形，分别酌核办理"，设立乞丐收容所。④ 又据江苏省会救济院报告说：收容街市乞丐，"第以本院各所，收容有限，心余力绌，进退为难，但职责攸关，不甘落后，遂于去年夏冬两季，商同镇江县政府、省会公安局，决予取缔省会乞丐，假三官塘东岳庙为临时收容所，所内职员，完全由本院职员调充，所捕之乞丐，择其有家可归者，资遣回籍，其孤苦流荡、无家可归者，由本院残老游民两所酌量收纳留养，结果成绩尚佳"。⑤

第三，伤残人士的救济。有的省政府接到来自基层的报告情况后，

① 《江苏省会救济院工作概要》，《江苏民政》1935 年第 1 卷第 2 期，第 13—19 页。

② 健庵：《乞丐问题之根本原因及其解决方法》，《节制》1928 年第 7 卷第 1 期，第 5 页。

③ 《江苏省会救济院工作概要》，《江苏民政》1935 年第 1 卷第 2 期，第 18 页。

④ 《令各县县长暂设因利局兴办乞丐收容所维持贫民生活》，《江苏民政厅公报》1927 年第 40 期，第 1 页。

⑤ 《江苏省会救济院工作概要》，《江苏民政》1935 年第 1 卷第 2 期，第 13—19 页。

即令民政厅办理相关盲人残疾人士救济。例如，1931 年江苏省政府接到省党部函："窃以人生之苦，莫过于盲，尤莫苦于盲而贫。处此畸形社会之中，救济盲人之专设机关，尚付缺如，以致各地贫盲，或在街头乞化，或走江湖算命，藉资糊口，情实堪怜。矧街头乞化，时遭警察干涉，江湖算命，将在取缔之中，若不设法救济，殊有悖乎人道。"因此之故，省政府令民政厅"转饬酌核办理"，民政厅奉令后于1931 年 3 月 13 日训令省会救济院院长、各县县长转饬酌核办理矣。①1935 年江苏省会救济院报告说：残废养老所"平时除训练其修身养性、乐终天年外，并无文字教育；其物质饮食方面，较他所为厚，以故该所所民等甚感乐趣。其平时生活的指导，设有训导员，专司其事，互助精神之养成，秩序整齐清洁艺术等等之陶冶，均有相当训练，工艺学习，则以衰老残废之故，仅有结绳、结草鞋、糊火柴盒之轻便手工，尚须视其残废之程度如何，而行施教"。②

第四，无业游民的训练。例如，1928 年 3 月江西省民政厅"向省务会议提议，移粥厂经费开办江西平民习艺所，经决议通过后，旋即筹备成立，招收十五岁以上、三十岁以下，身体健全之男女为艺徒，开办以来，尚著成绩"。同时，民政厅又改组江西平民习艺所，加强对该所的管理，拟具办法如下：1. 改用所长制，以一事权；2. 裁员加薪，以资鼓励；3. 增加艺能科目；4. 就原有经费修改章程及预算。全所共分手织、毛巾、布匹、织袜、木工、篾工、肥皂、干电、粉笔各部，男女艺工计 266 人。③再如，1935 年江苏省会救济院报告说：习艺所"施以个别训诲或隔离施教，其平日生活的指导，如严守公共秩序，讲求整齐清洁，养成互助精神等等，尤谆谆诲教，不稍松懈，教育设施，稍有成就，即训练其工艺技能，教学藤柳竹麻各种品器之编

---

① 《令知慈善机关尽量收容盲人》，《江苏省政府公报》，江苏省政府秘书处编，1931 年第692 期，第3—4 页。

② 《江苏省会救济院工作概要》，《江苏民政》1935 年第 1 卷第 2 期，第 13—19 页。

③ 《江西省民政厅工作报告》，《江西省政府委员会报告》，［出版情况不详］，1929 年 12月，第12 页。

制，庶使技艺有所成就者，藉资谋生。所民如体格粗壮，但其智力极差、不能学习技艺者，与省会卫生事务所接洽，令其充当清道伕役，以服务公众，施行数月，颇著成效"。①

第五，社会慈善的整顿和支持。以往慈善事业"向无一定办法，或徒具明目，无裨实际；或主办非人，发生流弊；甚焉者，此项固有之款产，由他项机关任意挪用侵占，以致事业废弛，尤非维护公益之道"。② 因此，在国民政府督促下，各省政府根据规定，结合本省的实际情势，逐渐对社会慈善进行整顿。例如，1928 年江苏省政府按照"颁定规则"，对公私立慈善机关"分别整顿"：一是办理毫无实效的慈善机关，"必予以切实指正督饬，限期改良，并随时加以考查，勿令发生任何流弊"；二是对办理确著成绩的慈善机关，"其固有款产，无论何项用途，一概不许藉词挪支，至其所有之房屋，亦不得假借名义，自由占用，务使藉公肥己者失所保障"。③ 同时，省政府还给予慈善组织以支持。例如，江苏省政府自 1929 年 7 月份起，按月由财政厅拨给江苏省会救济院辅助费洋 880 元。④ 江苏铜山县救济院"遵照部章，于公安街设立职院，收容无告妇女、孤儿婴儿以及残废一切贫民，供给衣食住，施以相当教养，并逐日贷款救济贫民生计，施医施药，保护贫民健康。开办以来，贫民颇感便利"。但当地驻兵可能占据该院，故请求免予驻兵，并予以保护等。据此，江苏省政府要求铜山县长查核清楚，如果属实，则必须免予驻兵，并予以保护。⑤

---

① 《江苏省会救济院工作概要》，《江苏民政》1935 年第 1 卷第 2 期，第 13—19 页。

② 《各地慈善机关概由民厅整理》，《江苏省政府公报》，江苏省政府秘书处编，1928 年第 41 期，第 12 页。

③ 《各地慈善机关概由民厅整理》，《江苏省政府公报》，江苏省政府秘书处编，1928 年第 41 期，第 11—12 页。

④ 《省会救济院辅助费仍维原案》，《江苏省政府公报》，江苏省政府秘书处编，1930 年 3 月 23 日，第 394 期，第 4 页。

⑤ 《令查铜山救济院是否正式慈善机关》，《江苏省政府公报》，江苏省政府秘书处编，1930 年第 397 期，第 14 页。

三 粮食调控

"农业系我国立国的根本",粮食问题是中国"目前最有严重性而急求解决的社会问题之一"。① 传统社会就有粮食仓储制度。各地方设有"常平仓",仓中粮食可以在春季青黄不接粮食价格上涨时,平价出售给本地百姓;到秋季再用春季售粮回收的资金重新低价购粮补充。在饥荒时,贫穷的农民可以从常平仓借粮,在收获后无息偿还。除了常平仓外,许多县还设有社仓或义仓,主要是为了便于当地人借粮,根据收成好坏,返还时收取一定利息,收成不好时可以免息。② 只是这些并不是常设机构,效果也不好。例如,清末民初安徽省"仓储废弛,里胥舞弊,官吏侵渔,考册则盈万累千,确查实百无什一"。北洋政府时期各地谷仓空乏,官库又告枯竭,积弊难除。③

(一) 政府面临的粮食危机

国民政府尽管统一了中国,但内忧外患仍旧严峻,粮食危机尤其明显。据调查,"在全国有特殊重要的经济地位"的浙江省,虽是"较为繁荣富庶的一省",但实际上"浙江的衣食两者并不能自给"。稻米方面,全省七十五县无不产稻,据浙江省建设厅的估计每年产米约三千八百万担,而全省二千万以上的人口,每年食米消耗量需五千二百万担,所以需从外面输入一千四百万担。小麦方面,浙江省各县均有小麦种植,据主计处二十一年度的估计年产一千万担左右,而依照浙江民政厅的估计,全省消费额每年约需一千四百余万担,所以也需仰给外面的输入。④ 也就是说,在平常情况下,浙江省自身的米麦都不够,还需从外输入很多,何况遇到灾害呢? 连经济发达的浙江省粮食供给都较为缺乏,何况其他省呢? 有多个学术机构联合调查认为:

① 乔启明、蒋杰:《中国人口与食粮问题》,中华书局 1937 年版,"序",第 1 页。

② 瞿同祖:《清代地方政府》(修订译本),范忠信等译,法律出版社 2011 年版,第 248—250 页。

③ 安徽省地方志编纂委员会编:《安徽省志》(民政志),安徽人民出版社 1993 年版,第 203 页。

④ 行政院农村复兴委员会编:《浙江省农村调查》,商务印书馆 1934 年版,第 3—4 页。

"我国稻米之产量，估计虽占世界总产量中百分之三十七，但因人口众多，加以战乱频仍，产量不足以应需要。"抗战前洋米进口量平均每年需一千六百万市担，因此"积极推进增产工作，殆为改善国计民生所必须办理之事"。①

同时，各省农业生产落后，农村经济处于崩溃状态。诚如学者所言：国民政府时期"农家田场面积狭小，农业经营集约，农家资本短少，以及农业科学落后，且因近年以还，外感帝国主义的压迫，内有天灾人祸的流行，农村在如此加速度的崩溃过程中，几似怒涛澎湃，一泻千里"。因而导致粮食出现严重危机，"最基本最显著的社会病态，即在粮食供求的不等，年需大批外粮入口，藉资挹注，以大好民族血汗金钱，倒流国外，而使国内农村经济，日趋枯窘"。② 各种战乱、灾情导致粮食供应严重不足。据江苏省金山县地方人士陈情说："国以民为本，民以食为天，民食不给，关系治安，自古已然，于今为烈。本邑连年螟蝮，农民胥鲜盖藏。张泾流域，两遭兵燹东乡困苦益甚。且甲子战后，适当成熟，尚能维一线生机。今春周逆负固，驻兵之处，尽被洗劫。迨义师来樵伐，虽已解我倒悬，而乡农十室九空，饔飧不继，当东作方兴之时，已嗷嗷待哺，来日大难，不堪设想。若不代为设法，势必告贷无门，生活之不保，其何以冀秋收之可获哉。"同时，江苏省金山县长也对此进行查勘，呈报民政厅说，金邑"连年螟虫为患，盖藏本已屡空。上冬今春，复遭军事影响，民众抛弃田庐，逃亡四散，东乡松隐一带，首当其冲，被害尤甚。贫苦小民，嗷嗷待哺，情状堪怜"。③ 不仅如此，粮食管理也出现严重问题。时人指出："过去四川仓储甚为完备，预防饥馑，颇著成效；近年来，仓储废弛，仓厫多有仓无谷，形同虚设。据估计，最近四川仓厫积谷数量不过四

---

① 中国农林水利地政等二十一学术团体合拟：《中国农村复兴计划书》，1948 年，第 11 页。

② 乔启明、蒋杰：《中国人口与食粮问题》，中华书局 1937 年版，"序"，第 1 页。

③ 《陈鹭等设贷米处救济贫乏》，《江苏省政府公报》，江苏省政府秘书处编，1927 年第 3 期，第 24 页。

万石，谷款不过七千元。"① 因此，国民政府迫切需要对粮食进行调控。

(二) 粮食调控机制

1925 年国民政府刚建立不久，就有人对未来粮食调控进行设计，主张"组织粮食管理机关，将本区域以内所有全年农业的出产额和本区域全体民众对于农产的消费额对照，而储备至少须足供全地方人口一年之粮食，本地方之农产必尽先供本地方之用，再有余剩，方准运售别处"。同时，"本区域内粮食，应由粮食管理机关专营买卖，对于人民需要之食物，定最廉之价以供给之，私人不得以粮食作为商品贩卖图利。本地方之盈余粮食，亦由粮食管理机关转运，售于别处，以其盈利归地方公有，以办地方公益事业"。② 国民政府时期省政府调控粮食机制主要分为以下几个方面：

第一，设置粮食专管机构。为有效管理本省粮食及粮食存储，各省政府成立了专门负责调剂和管理粮食的机构。例如，江苏省政府于1929 年 11 月在省政府委员会上修正通过《江苏省调节食粮委员会组织办法》，成立调节食粮委员会。该委员会设委员九人，以省政府委员七人、省党部推举一人、镇江商会推举一人组成，由省政府委员七人中互推一人为主任委员。委员会设秘书一人，由省政府秘书兼任，设总务、调查、管理、运输四股，每股设股长一人、股员若干人，由民政、财政、建设、农矿四厅中调员兼充。委员会必要时得酌用雇员。委员会每星期开会一次。职责是对于省政府办理调节食粮事宜，有调查、管理、运输之责。凡关于食粮统计、调查、编制表册，食粮之操办、保管、支拨，舟车接洽、食粮起卸护运等事项皆属委员会所职掌。③ 再如，1934 年安徽省发生奇重旱灾，粮食严重缺乏，而"粮商犹复贪图私利，源源外运，若不设法调节，必致更感恐慌"。因此，省政府为救急旱荒，维持民食，特拟定《安徽省民食调节委员会组织

① 张之毅：《旱与旱灾之形成》，《国闻周报》1937 年第 22 期，第 5—6 页。
② 邵元冲：《训政时期地方行政计划》，民智书局 1925 年版，第 26—27 页。
③ 曹余濂编著：《民国江苏权力机关史略》，《江苏文史资料》编辑部，1994 年，第 70 页。

规程》《安徽省征取赈粮办法》《安徽省征取赈粮办法施行程序》和
《安徽省民食调节委员会发放赈粮规则》，"呈奉委员长行营核准，组
织民食调节委员会"。根据规定，民食调节委员会由省政府全体委员，
省党务特派员，安徽省灾区筹赈会三人，安徽省农村合作委员会委员
三人，省政府聘请热心公益、勤劳素著者五人至七人组成；设委员长
一人，由省政府主席兼任，副委员长一人，由省政府委员兼任；委员
会内设总务组，掌理会议、文书、会计等；调查组，掌理灾荒状况及
人口存粮、粮价等；调剂组，掌理采办、转运、存储、分配等。[①]

　　第二，多留粮食并禁运出境。例如，1929 年有人呈请江苏省政府
"禁酿酒，与禁运禁囤，同时施行，以为救荒要图"。省府将呈请交给
调节食粮委员会核复。经委员会总务股签注办法三项：一、着地方官
训导人民，将酿酒原料留储充饥；二、糯米应与食米一律严禁出境；
三、着地方官于下种时，指导农民多种食粮，少种酿酒原料。据此，
省政府发布训令：非奉本政府核准者，糯米一律严禁出境，同时令农
矿厅、民政厅会同办理劝告、减种酿酒原料事宜。[②] 1930 年 3 月江苏
省政府委员会议决通过调节食粮委员会与民政厅、农矿厅会商所拟的
《取缔奸商囤积及私运食粮出口及不正常消耗办法》，规定：1. 调查各
县境内产额及供给赢亏之确数（已由民政厅着手调查）；2. 调查各县
居户及米行存米若干，严禁抬价居奇；3. 由本会布告各县民众，遇有
奸商私运米粮出口者，任何人均得向县政府或民农两厅及本会报告；
4. 各县米店营业情形及米粮出入数量，应每月由商会制成简表向县政
府报告，由县汇报本会，以便稽核；5. 私运出口，仍照原定惩罚办法
办理；6. 调查各县酒坊（已由农矿厅着手调查），分期限制制酿；
7. 采办米酿酒，须将需用数量报县核准给照采办。[③]

---

　　① 《安徽民政工作纪要》（1935 年），安徽民政厅印，第 250—251 页。

　　② 《调节食粮会对于禁酿救荒案之核复》，《江苏省政府公报》，江苏省政府秘书处编，
1929 年第 323 期，第 14—15 页。

　　③ 《取缔囤积及私运食粮出口》，《江苏省政府公报》，江苏省政府秘书处编，1930 年第
394 期，第 2—3 页。

第三，粮食仓储制度。国民政府于 1928 年颁布《义仓管理规则》，1930 年颁布《各地方仓储管理规则》，通令施行，要求各地积谷数量以每户积谷 1 石为最高额，经费来自于地方公款，地方无公款者可采取派收和募捐的办法筹集。所储仓谷主要用于平粜、散放和贷借等。1932 年国民政府颁布《各地方建仓积谷办法大纲》，要求"各仓应比照县市区域内人 1∶3 总额数，积足三个月食粮为最高额"。同年 12 月，又颁布《各省建仓积谷实施方案》和《全国建仓积谷查验实施办法》，对于建仓、积谷、查验、管理提出了要求，加强了监督。[①] 根据法规，各省政府积极办理粮食仓储制度。例如，江苏省政府对于仓屋虽有，但"久已移作别用"的县份，已"分别令饬限期设法收回"；对于"向无仓屋或万难收回者"，则是"责令筹定相当房屋，按时积穀"；对于"历年积谷款项已被挪用侵蚀"的县区，则是"令县限期分别押缴"；对于未报各县，"节经分别令催，限期呈报"。[②] 又如，湖北省政府于 1931 年拟定《湖北省各县办理仓储奖惩章则》《各县仓储管理细则草案》和《各县分期举办仓储进度表》，要求各县必须参照具体情形，分期成立积谷仓。武昌等 34 县为第一期，限于 1933 年 3 月底完成；麻城等 16 县为第二期，限于 6 月底完成；阳新等 20 县为第三期，限于 9 月底完成。然而能够按期完成者不多。经过整顿，湖北积谷数量有了明显的增长。1932 年全省积谷只有 12939 石，至 1934 年时增至 11 万余石，增长了 10 余倍。[③] 再如，安徽省政府先后订定各县建仓积谷办法，保障仓穀条例，各县长办理仓储奖惩办法，通饬遵行。省政府"悉心筹虑，重立规模，定为中心工作，严申诰诫，通饬实施，绳以考成，课其殿最"。1934 年责成各行政督察专员办理各县仓储检查事宜，并订定《二十三年度分区查验仓储办法》，同时在省

---

① 姚顺东：《政府行为与农业发展：1927—1937 年湖北农业政策研究》，社会科学文献出版社 2013 年版，第 214—215 页。

② 《函复省党整委会办理恢复积谷仓情形》，《江苏省政府公报》，江苏省政府秘书处编，1930 年第 390 期，第 8 页。

③ 姚顺东：《政府行为与农业发展：1927—1937 年湖北农业政策研究》，社会科学文献出版社 2013 年版，第 215 页。

政府举行行政会议时，拟订《整理各县仓储实施办法》，通饬遵照办理。[1] 1934 年安徽全省已建县仓 58 座、区仓 73 座、乡仓 396 座、义仓 85 座，共积谷 122505 石。[2]

四　社会保障的效能

传统儒家的治国理念反复宣扬一种消除不平等的信念。尽管这些目标的实质与形式均已改变，但是国家对人民的基本责任，如创立社会的和经济的保障等，仍是悠久传统的一个部分。[3] 尽管各省的保障机构履行了保障职能，并取得了一定的成绩，但也随之产生了诸多弊病。主要表现在以下几个方面：

第一，救济机构常因经费不足，无法持续运作。例如，江西省救济院经费，"除育婴部分系由前清以来向就纸油烟谷水果各行家售出代价，抽收千分之三外，其余均无的款，一切设施甚感困难"。只有省政府对于救济院加以援助和支持。江西省救济院因经费缺乏，无法维持，故呈请省政府援助，后经第 236 次省务会议议决，拨发维持费三千元。[4]

第二，救济组织常因救济院长腐败，无法规范运作。有人控告县救济院长贪污。例如，1930 年江苏省施维垣、诸文源等人呈控"南汇救济院院长王岳屏，勾结党委陈士先等，串诈农佃，掉换票折手续费"，请求派员拘讯。[5] 有县救济院长因霸占财产，被监察院弹劾。如 1934 年 6 月 28 日，国民政府监察院在提交国民政府中央公务员惩戒委员会文中说：1929 年 4 月间江苏省邳县县政会议，"决议将其田地

---

① 《安徽民政工作纪要》（1935 年份），安徽民政厅印，第 225—226 页。

② 安徽省地方志编纂委员会编：《安徽省志》（民政志），安徽人民出版社 1993 年版，第 203 页。

③ ［美］王国斌：《转变的中国：历史变迁与欧洲经验的局限》，李伯重、连玲玲译，江苏人民出版社 1998 年版，第 139—140 页。

④ 《江西省民政厅工作报告》，《江西省政府委员会报告》，［出版情况不详］，1929 年 12 月，第 12—13 页。

⑤ 《本府批示一束》，《江苏省政府公报》，江苏省政府秘书处编，1930 年第 599 期，第 18 页。

十六顷，交由该县救济院保管收租"。然而，县救济院院长焦寅恭却"欲把持其财产"，不经法院、县政府核办，擅自使用救济院经费，实属违法渎职。① 再如，1934 年 6 月 28 日有人检控江西临川地方法院看守所所长兼临川救济院院长朱传庭一是侵占公款、二是任用私人，任其胞兄朱慧心为救济院养老所主任，亲戚傅作尧为救济院征收员。后经国民政府监察院弹劾，并查明属实，将朱传庭免职，并停止任用一年。②

第三，救济组织因地方办理救济人员的不善，致使救济难以深入基层社会，无法有效推广和深入。据浙江调查日记记载：一位当户而织的妇人曰："我家儿子死了，孙子死了，只有一把老骨头，你们还来做什么？"杨乡长曰："政府为你们穷，故来调查，要救你们。"妇人却说："你只别再同了警察来吓我们就得了，我也不想好处，有好处我也不要。"调查人员日记记载说，乡村办理救济时，"闻收门牌费时，确曾带警严催"，"办理不善，便成怨府，一般执政者，深处堂奥，宁复知之"。至于办理农村救济、实行贷款过程中，有的地方"借款以放债者有之，借款以结婚者有之，甚至由少数人化名成立，借款以游荡者亦有之"。虽然"总期不为黠者所操纵，使农民直接蒙实际的利益为目的"，但结果总是不尽如人意。③

第五节 改善民生

自清末以来至国民政府统治，有一悬而未决的社会问题未能解决，即民生问题。古语曰："先富后教"，"有恒产而后有恒心"。民生问题不解决，政治、社会、文化均无从说起。国民政府宣称其使命就是要"建设三民主义的中国"，然而"三民主义的确立，必有其物质的基

---

① 《提劾前江苏邳县历任县长黄复兴马镇邦彭国彦孙树章王兰卿》，《监察院公报》1934 年第 23 期，第 162—164 页。

② 《江西临川地方法院看守所所长兼临川救济院院长朱传庭侵占公款案》，《监察院公报》1934 年第 25 期，第 132—133 页。

③ 行政院农村复兴委员会编：《浙江省农村调查》，商务印书馆 1934 年版，第 224、226 页。

础"，如果没有相当的物质基础，那么"民族的独立，不能保障；民权的发展，不能进行；民生的衣食住行，不能解决"。① 因此，改善民生成为国民政府统一全国后的第一要务。

一　改善民生的依据

（一）孙中山的民生思想

孙中山对民国的建设有着全面而深刻的认识。他虽是革命领袖，但他认为革命不过是"所采用的一种手段"，"终生所努力的其目的全在建设"，因而他所创建的三民主义的目的其实"不在破坏，而在建设"。② 他说："国家如商业公司然，股东赢利，必无向隅之伙友，若伙友仅谋赢其私利，则股东蹶而伙友无立足地矣。" 所以，治理国政者要注意国家有四大主旨："一为国民谋吃饭；二为国民谋穿衣；三为国民谋居屋；四为国民谋走路。" 其中"衣食住为生活之根本，走路则且影响至国家经济、社会经济矣"。③ 以上述思想为基础，孙中山将其建设思想上升至国家层面的纲领。1924 年他在《国民政府建国大纲》中指出，"建设之首要在民生"，政府的责任应当满足"全国人民之食衣住行四大需要"，应当"与人民协力，共谋农业之发展，以足民食；共谋织造之发展，以裕民衣；建筑大计划之各式屋舍，以乐民居；修治道路、运河，以利民行"。④ 国民政府建立后，一直宣称遵从"总理遗教"，故统一全国后，对于建设应当"根据总理所著建国方略之实业计划为原则，集中全国财力，期于最短期间实现之"。孙中山的民生主义就是"确定我们进行的方向"，《建国方略》中的实业计划就是"诏示我们具体的大纲"。⑤

---

① 孙科：《建设大纲草案》，"铁道部"，［出版时间不详］，第 11 页。

② 朱经农：《孙中山先生学说的研究》，《晨曦》1926 年第 1 卷第 4 期，第 44 页。

③ 孙中山：《在沪尚贤堂茶话会上的演说》，中国社科院近代史所等编：《孙中山全集》第 3 卷，中华书局 2011 年版，第 322 页。

④ 《国民政府建国大纲》，中国社科院近代史所等编：《孙中山全集》第 9 卷，中华书局 2011 年版，第 126—127 页。

⑤ 孙科：《建设大纲草案》，"铁道部"，［出版时间不详］，第 1、11 页。

（二）社会凋敝

国民政府时期各省"面前最大最危险的一问题"就是"民生问题"。民国以来，"内而军阀官僚积年的摧残，外而帝国主义者积年的侵略，逐渐造成今日遍地兵匪盗贼乞丐饿殍的局面，造成全国总理所谓'大贫''小贫'的现象"。① 诚如江苏省政府主席陈果夫所言，当前中国可谓民生凋敝，处于"危恶的环境"，"这多年来我们国家，无时不在忧患之中，过着危难的日子"。所以，政府最重要的就是"必须把危害我们国家生存发展的一切障碍，予以排除"。"改进人民的生活"成为各级政府的最重要事务。②

面对国内各地军阀势力，军事政治变动隐患犹在；国外列强环伺，尤其是日本帝国主义虎视眈眈的挑衅，国民政府不得不聚焦于自身力量的集中，"一方面逐步完成中国底统一，另一方面积极从事于现代化的建国运动，努力改革内政，实现关税自主，裁撤厘金，改革币制，兴建道路，创设空军"。③ 在国民政府如此强烈建设欲求的前提下，各省政府也积极努力推行建设运动。

二 构建民生机制

省政府委员会作为省最高权力机构，由省政府委员会议决通过，并由省政府各厅执行，最终达成以省政府为发动核心的建设运动。

1. 拟订建设计划。现代化建设需要省政府作为推动者拟定好建设计划。例如，1925 年广东省建设厅成立后，"对于各种交通建设，均积极进行，尤以开筑港口为最要之急务"，所以，计划"先筑码头四座，货仓八座，堤岸马路，轻便铁路，所需工程经费，约七十余万元，再筑铁路，接驳广九路……开筑公路，以达珠村，接驳中山公路，次第进行"，"已规划妥就，刻正与政府筹商款项，着手进行"。④ 又如，

---

① 《陈果夫等请设合作运动会》，1928 年 2 月 10 日，《申报》（上海）第 2 张第 7 版。
② 陈果夫：《怎样复兴我国家民族》，《上海党声》1937 年第 3 卷第 29 期，第 464 页。
③ 殷海光：《光明前之黑暗》，光明出版社 1945 年版，第 12 页。
④ 《建设厅开筑黄埔港口之规画》，《道路月刊》1925 年第 15 卷第 3 期，第 3—4 页。

1927 年以来浙江省政府对于公路与电信之设施，"已积极进行"，对于水陆交通形成一整个计划，决定在 1929 年春间开始实行公路路线、杭江铁路线、长途电话线、无线电话、船舶事务所及分所等，"皆加以详慎之研究，密切之连络，组成一全省交通网，颁发直辖各机关顺次办理"。① 再如，1928 年湖北省政府训令建设厅，"将关于汉岳线筹办情形，暨工程计划，详细咨复，以凭参照"。奉令后，建设厅遵令"转饬湖南电话局迅即派员沿长岳路线实地勘测，并拟具工程计划及概算书呈核在案"，同时，"为应事实需要起见，并拟先沿西北省道路线分段架设，拟即依照原定计划，筹备建设武嘉通县，直达湘鄂边界"，并将建设计划呈报省政府鉴核。② 湖南省政府于 1929 年至 1930 年间，"即经决定计划，修筑湘鄂、湘赣、湘粤、湘桂、湘黔、湘川各公路干线，及省境以内之网状支线，并预定年限，计日程工"。③

2. 任命建设机构官员。在建设计划拟好后，就要开始实施。实施首先要成立建设机构，任命建设官员。例如，1925 年 7 月 7 日广东省政府刚成立第四天，就召开了第二次省务会议，议决以下议案：建设厅请任命陈耀祖为广三铁路管理局局长，任命许崇灏为管理粤汉铁路事宜，任命黎照寰为广九铁路管理局局长，任命戴恩赛为广东治河处处长，任命黄桓为广东电报局局长，任命李作荣为广东公路局局长，任命吴尚鹰为广东航政局局长，议决结果均是通过照委。④

3. 筹集和分配建设经费。现代化建设需要大量人力和财力，省政府为此筹划和分配。例如，1925 年 7 月 14 日在广东省政府召开的第六次省务会议上，建设厅长孙科提议，由建设厅委托前大本营高等顾问那文先生回美代省政府征求独立资本团投资，兴发本省交通事业，以

① 《民国十八年一周年间浙江省建设事业之回顾》，《浙江省建设月刊》1930 年第 32 期，第 1 页。

② 《呈复省政府筹设长途电话并送计划请鉴核由》，《湖北建设月刊》1928 年第 1 卷第 5 期，第 11 页。

③ 《湖南省政治年鉴》，湖南省政府秘书处印行，1932 年 12 月，第 37 页。

④ 广东省档案馆编：《民国时期广东省政府档案史料选编》第 1 册，广东省档案馆，1987 年，第 3—4 页。

一万万元为额，分配如下：一、展筑粤汉铁路二千万元，二、建筑广州潮汕铁路三千万元，三、修筑三水梧州铁路三千万元，四、建设广州外口商港二千万元。议决结果如下：由建设厅长将委托书内容提出，呈国民政府审核。① 再如，1930 年浙江省建设厅向省政府提议，"据浙江省长途电话局呈请提案，拨款购置备装自动话机房屋基地银二万四千元"，所以"事关省款临时支出"，提请省政府委员会第 283 次会议议决照准。②

4. 提供设备。例如，1925 年 7 月 14 日广东省政府召开第五次省务会议，议决通过了以下提案：建设厅长孙科提议与德商订购犬无线电机，全副价值二十五万元，以为筹设全省无线电之用。会议议决结果是由建设厅将华、洋文合同稿提出审核。③ 1928 年江苏省政府根据建设厅呈报，要筹办无线电话、播音机台，并拟具计划和概算书，经第 69 次省政府委员会议决：一是函请中央党部接发音线至省政府；二是各县收音机由建设厅令县办理等。一方面指令建设厅遵照办理；另一方面则于 6 月 12 日函请中央执行委员会宣传部查照。④

三 民生建设与服务

省政府在国民政府指导下，动员各层面努力进行现代化建设，并取得了一定成绩。兹分述如下：

（一）交通建设

发展交通建设"实为当务之急"，尤其是修治道路"为训政时期中六要政之一"。⑤ 各省完成的交通建设成绩较为出色。

① 广东省档案馆编：《民国时期广东省政府档案史料选编》第 1 册，广东省档案馆，1987 年，第 8 页。

② 《建设经费事项》，《浙江省建设月刊》1930 年第 34 期，第 67 页。

③ 广东省档案馆编：《民国时期广东省政府档案史料选编》第 1 册，广东省档案馆，1987 年，第 8 页。

④ 《筹办无线电话播音机台计划及概算书》，《江苏省政府公报》，江苏省政府秘书处编，1928 年第 39 期，第 48 页。

⑤ 湖南省政府秘书处第五科编：《湖南省政治年鉴》，1932 年 12 月，第 37 页。

1. 公路。例如，浙江省在 1929 年内完成杭绍路萧绍段等，公路共计 818.9 公里，其中省办者计 500 公里；修筑测量中之公路，属省办者为 1132.9 公里，属商办者为 143.3 公里。① 1934 年 12 月黄绍竑任职浙江省政府主席时，"境内已有二千多公里的公路，全省的公路网，大致均已完成。而且在工程方面，多是适合标准的，平时的保养，亦甚注意"。黄氏任职时期浙江省的公路"仅增加了杭州至嘉善、开化至淳安、遂昌至碧湖、吴兴至嘉兴四线"。至 1936 年卸任时，全省"已有公路三千余公里，似足适应当时之需要"。② 又如，江苏省建设厅长沈百先报告说：从 1934 年 10 月至 1935 年 10 月，江苏省完成如下公路建设：镇澄路工程，"自镇江经丹阳武进以达江阴，计长一百十五公里半。其桥梁涵洞土基完成后，续行铺筑三公尺，宽碎石路面，于二十三年十二月全部完成，通行汽车"。锡沪路工程，"自无锡经常熟太仓嘉定至上海，本省境内计长一百二十九公里。桥梁一百四十九座，涵洞六十二道，水管三百八十四道，于本年三月以前陆续完成。又全路铺筑块石基石砂路面，于本年一月开工，至七月完成通车"。苏常路工程，"自苏州至常熟，计长三十九公里。苏州境内桥梁二十五座，涵洞上一道，水管六十道，均于本年二月以前陆续筑成。常熟境内曾于二十一年筑成军用桥梁二十座，此次改建正式桥梁。又添建涵洞七道，于本年三月以前陆续完成。全路铺筑三公尺宽碎石路面，至本年七月完成通车"。苏昆路，"全段计长约四十五公里。铺筑三公尺宽煤屑路面。建筑桥梁六十一座，涵洞二百七十四道，于本年七月全部完成"。③ 再如，至 1935 年底湖南省政府完成了以下公路建设：京黔干线浏晃段：（1）浏东段：浏阳永安市至赣边东峰界止，与赣省万载公路相衔接，实测 80 公里强（合 140 华里），内计涵管 464 道，

---

① 《民国十八年一周年间浙江省建设事业之回顾》，《浙江省建设月刊》1930 年第 32 期，第 4 页。

② 黄绍竑：《五十回忆》，岳麓书社 1999 年版，第 304 页。

③ 沈百先：《一年来江苏之建设工程》，1935 年 10 月 10 日，《申报》（上海）"国庆特刊"，第 7 版。

大小桥梁 115 座。浏阳近郊轮渡一处，全段电话站屋道棚等工程，均于 1933 年 6 月继续开工，至 1934 年 11 月竣工通车。此干线在湘省东境经过之路段，已告完成，汽车可迳达南昌。（2）桃洞段：桃花坪至洞口止，实测 55 公里强（合 96 华里），内计涵管 253 道，大小桥梁 110 座（内特别大桥 3 座），又全段电话，于 1933 年开工，至 1934 年底完成，暂将土路通车。除此以外，还有湘潭西站，洛韶干线澧宜段中的宜小段、常澧段，沪桂干线茶零段等。总计共修建实测路线 1180 余公里，筑成路线约 1 千公里，修建涵管 3793 道，大小桥梁 638 座，轮渡码头 7 处，还有"站屋道棚电话等工程颇多"。①

2. 县道。例如江苏省政府督造各县级道路建设：镇溧路镇江段，长 13 公里半，经督饬镇丹金溧长途汽车公司铺筑三公尺宽碎砖路面，于 1934 年 11 月完成。武宜路，自武进至宜兴漕桥，长约 31 公里，经督饬武宜长途汽车公司铺筑碎石路面，于 1934 年 11 月完成。松泗路自松已完成。苏木路，自苏州至木渎，长约 12 公里，桥涵土基筑成后，又铺筑三公尺宽煤屑碎砖路面，已于本年 7 月完成。青泥路长约 23 公里，第一段桥梁早已完成，又将第二段桥梁五座筑成，路面工程正在进行中。②

3. 铁路。例如，浙江省的陆路交通"除了原有沪杭铁路之外，其余的铁路公路"，都是 1927 年浙江省政府成立后建设的。③ 1929 年浙江省政府委员会根据踏勘队报告，议决设立杭江铁路工程局筹备处，从事铁路兴筑，同时组织四个测量队，分段实测。④ 再如，至 1936 年，江苏省境内的铁路，就有"京沪线吴淞支线及三民路支线，沪杭甬线之沪枫段，陇海线之徐连段，津浦线二段，南京市铁路，江南铁路，

---

① 湖南省政府秘书处统计室编：《湖南年鉴》（1935 年），第 388—393 页。

② 沈百先：《一年来江苏之建设工程》，1935 年 10 月 10 日，《申报》（上海）"国庆特刊"，第 7 版。

③ 黄绍竑：《五十回忆》，岳麓书社 1999 年版，第 304 页。

④ 《民国十八年一周年间浙江省建设事业之回顾》，《浙江省建设月刊》1930 年第 32 期，第 4—6 页。

以及最近竣工之苏嘉铁路"。①

4. 航政。如浙江省于 1927 年 "设立管理船舶事务所，分全省为八区，掌司船舶之注册管理，及编给牌照等事宜，以为改进航政之初步"。两年以来，一方面查遍船舶牌照；另一方面 "对于航线之整理，码头之设置，以及各项管理规则之编制，无不逐项招集省内外专家及各区所长开会研究，分别施行"。同时，"改各所临时稽征处为分所，除就原有各处改组外，并增设分所 9 所，合计共设分所为 27 所，以期管理之周密"。"颁布各项管理规则，此外凡关于障碍河道之垃圾、竹圈、树木、水阁等之有碍航行者，一一为之取缔；又如水手、茶役、搬运夫等之虐待行客。运货船资之抬高各恶习，均随时严密侦察禁止"。"建筑公共码头之地点，已拟定全省凡 20 处，并规定测量费用，计银 3968 元，组织测量队，分三路进行"。②

各省政府的交通建设取得了一定的成绩，诚如美国考察团报告所言，"中国虽处政治、军事及经济不安之状态中，然年来颇有进展"，1921 年中国只有 "汽车路一百英里，汽车亦寥寥无几"，至 1936 年汽车路已筑成 47000 英里，而汽车之数亦达 44000 辆。③

（二）电信建设

对于电话、电报等电子通信建设，各省积极发展建设。例如，湖南省政府于 1932 年着手进行了如下建设："各县有线电报之整理，省会自动式电话之筹设，全省电话网之促成，各埠长途电话之展布，亦各稍著成绩。"④ 细述如下：

1. 长途电话。譬如，浙江省在 1927 年国民政府统治以前，"仅浙西方面，略有设置"，经过省政府大力建设后，两年内完成的路线有：杭枫线，共长 246 公里。"因商务繁盛，特加四线，俾资畅达。" 武莫

---

① 徐思子：《江苏之铁路运输》，《国民经济建设》1936 年第 1 卷第 1 期，第 19 页。

② 《民国十八年一周年间浙江省建设事业之回顾》，《浙江省建设月刊》1930 年第 32 期，第 6 页。

③ 美国远东经济考察团：《美国远东经济考察团调查中国报告书》，实业部国际贸易局摘译，实业部国际贸易局 1936 年版，第 14 页。

④ 湖南省政府秘书处第五科编：《湖南省政治年鉴》，第 37 页。

支线，长 24 里。杭长线，继续上年而完成之，共长 291 里。本年五月间接通苏省话线，杭宁已可通话。杭长线嘉湖支线，共长 171 里。杭庆线，长 340 里。还有其他各线，如：杭庆线兰金支线、杭平线、杭平线邵宁临支线等。1929 年 11 月间，"接收杭州市内电话"后，又将长途电话局改称浙江省电话局，同时，分别在嘉兴、宁波、兰溪等县成立分局，又在余杭、临安、于潜等镇成立支局。工程计划方面，"至本年亦已为第三次之修正，增加线路长三千余里，追加预算，共银 684980 元"。① 再如，1933 年底湖南省电报局有长沙、常德、洪江等 47 所，1934 年终，除华容、石门等 16 局改组为报话营业处外，并添设宁乡、株洲、东安、临澧等 8 各报话营业处，总计电报局为 31 所，报话营业处 24 所。电报线路 1932 年计长 3835 公里，1933 年增长 301 公里，1934 年复增 59 公里，截至 1934 年年底，共长 4195 公里。其中属于干线者 1703 公里；属于支线者 2492 公里。1933 年设置电报韦斯敦机 3 部，莫尔斯机 102 部；1934 年设韦斯敦机 4 部，莫尔斯机 92 部，电话机 42 部。②

2. 无线电话。例如，1929 年浙江省添置蓄电池，"以备电厂电力发生间断时，仍可继续播音"，同时，"特再添购真空管，增至 500 瓦特之电力"；又将"波长改短为 315 米突，结果尚称良好"；又分别派员视察，因地制宜重行更装各县收音机。③ 1935 年湖南长沙电台现有无线电机 1 座，电力为 1 百瓦特，其直达通报沪汉两处，"亦间以实际需要，与粤黔两台，直达工作"。④

（三）城市建设

关于城市建设方面，例如，1927 年 12 月江西省建设厅拟具发展交通、改良市政计划，经省政府第 60 次省务会议议决通过后，将该各

---

① 《民国十八年一周年间浙江省建设事业之回顾》，《浙江省建设月刊》1930 年第 32 期，第 7—8 页。
② 湖南省政府秘书处统计室编：《湖南年鉴》（1935 年），第 417 页。
③ 《民国十八年一周年间浙江省建设事业之回顾》，《浙江省建设月刊》1930 年第 32 期，第 8 页。
④ 湖南省政府秘书处统计室编：《湖南年鉴》（1935 年），第 420 页。

条例法规分别公布，并令建设厅遵照办理。① 再如，江苏省会镇江竹竿巷一带"人烟至稠密，街道至狭窄"，1930 年省政府议决拓展"拓筑马路"，规定"此项路线，既经勘定公布，自应依期实施，以利交通"。②

（四）三农建设方面

第一，水利建设。早在 1894 年 6 月孙中山就指出，中国农政"日久废弛"，"农民只知恒守古法，不思变通，垦荒不力，水利不修，遂致劳多而获少，民食日艰。水道河渠，昔之所以利农田者，今转而为农田之害矣"。③ 根据孙中山的理论，国民政府统一全国后，各省政府非常重视水利建设。例如，江苏省开始了多个水利工程建设。一是开辟导淮入海初步工程。江苏省政府与地方人士，"均以此项工程，有利害切身关系，兴办不容再缓。经省政府与导淮会商定，由苏省勉筹工款，按照初步工程计划，征工办理。全部预算，除建闸外，初估约需七百万元。由淮阴、淮安、泗阳、涟水、盐城、阜宁、江都、高邮、宝应、泰县、东台、兴化十二县，每年共征民夫十六万人，利用农隙，从事开挖。分两年完成"。1934 年 10 月 1 日，省政府主席陈果夫举行开工典礼，同时于淮阴成立导淮入海工程处，省政府委任许心武为处长、陈和甫为副处长。学者胡焕庸认为此举功绩甚大，江苏省政府"深感防灾救荒水利建设之重要，毅然以导淮入海之业自任，集资数亿金，征夫数万人，历时六月，工成过半，此固不仅苏省当今之巨工，抑亦全国千古之伟业也"。④ 二是疏浚尾闾工程。1933 年北六塘河浚治完成，1934 年度着手疏浚工程有：萧沭河、总六塘河浅段、柴米河下

---

① 《呈送江西建设厅拟具发展交通改良市政计划书并抄录江西城市之土地登记及征收条例呈请�准公布由》，《江西省政府公报》，江西省政府秘书处编印，1928 年第 13 期，第 73 页。

② 《本府批饬拆屋请愿团》，《江苏省政府公报》，江苏省政府秘书处编印，1930 年第 390 期，第 9 页。

③ 《上李鸿章书》，1894 年 6 月，见中国社科院近代史所等编《孙中山全集》第 9 卷，中华书局 2011 年版，第 10—11 页。

④ 胡焕庸：《吾人对于现办导淮入海工程应有之认识》，《社会科学研究》（上海）1935 年第 1 卷第 2 期，第 306 页。

游、烧香河,共需出土约三百万公方,需工款约二十万元。"除由省府拨助十八万元外,录由地方自筹,并由赈务盐务等机关协助"。此项工程"自二十三年十月开始筹办,至二十四年五月底先后完成,计征集工夫三万余人,江巨费艰,幸□各方热心协助,官民努力合作,故大工能如期告竣,至足感欣"。其他工程包括兴建王竹港潮水闸工程、江北运河改埽为石工程、旱灾工赈浚河工程、江南海塘工程等。①

第二,农村建设。省政府为改进农村建设,特举办农村改进机关联席会议,以促进农村改进事业。例如,1930年3月江苏省建设厅长何玉书认为:"改良农村组织,增进农民生活,载在政纲,自应亟求实现,以裕民生。"江苏建设虽略有成绩,但是"理论互殊,方法各异,意志不能统一,流弊滋多",故计划于4月12日召集全省农村改进机关联席会议,"讨论全省农村改进事业是具体方案及十九年度进行计划,藉图理论与方法之统一,以利进行"。请求省政府拨款会议经费银四百元。经省政府委员会议决通过,并于3月11日训令财政厅"拨经费四百元,以资筹备案"。② 再如,1933年江苏省政府"为谋救济农村起见,特组织农村金融救济委员会",并于11月18日至19日召开会议,省政府主席陈果夫等20人出席参加,"首由邹秉文提议建议省府呈请中央政府,即日加征食粮进口税以维民生案,经决议通过嗣讨论"。并议决通过《江苏省农业仓库组织规程草案摘要》《江苏省政府筹办农业仓库暂行办法大纲草案》《江苏省调节食粮暂行办法》。③ 再如,浙江省政府为应对"日本蚕丝改良,大量增产,出口倾销"的危机,"在改良蚕种改进缫丝技术方面,下了很大的工夫"。省政府"特设置蚕丝统制委员会,综理其事"。经过改革之后,浙江省"蚕种改良与缫丝改良的结果,在品质方面,足与日本所产者相抗衡,外销

① 沈百先:《一年来江苏之建设工程》,1935年10月10日,《申报》(上海)"国庆特刊",第7版。

② 《召集农村改进机关会议》,《江苏省政府公报》,江苏省政府秘书处编印,1930年第391期,第8页。

③ 《苏省救济农村方案》,1933年11月20日,《申报》(上海)第2张第7版。

市场亦渐恢复。这在中国蚕桑史上是值得记载的"。[1]

（五）禁政方面

第一，废除厘金等苛捐杂税。厘金制度原本属于权宜之制，但实行以后因历届政府"奉行不力，变本加厉，更有类似厘金之各项杂税筹捐，层见叠出，病国厉民，腾讥中外，浸成万恶之数"。[2] 有鉴于此，1930年国民党四中全会决定自1931年1月1日起"实行裁撤厘金及类似厘金之交通附加捐等，各省不得以任何理由请求展期"。[3] 各省政府奉令后，纷纷下令裁厘。例如，江苏省政府于1930年4月19日奉行政院两道训令后，转行训令财政厅："迅即转咨江苏财政特派员详细调查，拟具办法，由厅转呈候核。"[4] 又如，安徽省境内的铁路货捐、邮包税等均于1931年1月1日遵令撤销，"车站及邮局门首，皆张有布告。各地厘金局及糖捐、纸捐、茶税、竹木捐及坐买局等，亦均遵照定期撤销；惟因各局办理结束，稍延时日至1月底始完全一律裁竣"。同时，昔日厘金最繁盛之区，"如皖南之运漕大通和悦州、皖中之安庆沽河华阳高河埠、皖北之怀远临淮关等处，并经先后亲往调查，凡属旧有局卡，或改作印花税分处及警局团防之用，或为其他机关及地方公共团体所占有，奉行裁厘，尚属尽力"。[5] 再如，江西省政府鉴于近年以来"各县附税重叠，超过正供，动逾数倍，人民力难负担，农村濒于破产"，于1933年12月5日发出布告说："实行免除地方苛捐杂税，十成征足田赋正税，以二十二年度岁入预算外溢收之数，补助各县团队经费，订定整顿征收田赋办法，先从南昌新建两县入手

---

① 黄绍竑：《五十回忆》，岳麓书社1999年版，第304—305页。

② 《财部通电实行裁厘》，《江苏省政府公报》，江苏省政府秘书处编印，1930年第624期，第16页。

③ 《决议各项要案》，1930年11月18日，《申报》（上海）第4版。

④ 《令遵裁厘明令取缔税捐》，《江苏省政府公报》，江苏省政府秘书处编印，1930年第425期，第13页。

⑤ 《调查各省裁厘报告：参事商文立报告书》（安徽省），《监察院公报》1932年，第21—22页。

办理。"① 据财政部长孔祥熙报告说：至1937年抗战爆发前，全国各省共"废除苛杂凡七千余种，款额六千八百二十余万元，减轻田赋附加三百余种，款额三千八百七十余万元，两者合计七千三百余种，款额达一万万六百九十余万元"。②

第二，禁烟。"肃清烟毒，为复兴民族，增加生产，与经济建设之基本工作"。江苏省政府主席陈果夫认为："吾国烟毒弥漫，不特破坏生产，妨及治安，直足斫丧国脉，消灭民族而有余，故为保民计，禁烟尤为急务。"③ 国民政府对此决心全力实行，"设置禁烟总监，组织禁烟总会，复盾以严森之法规"。同时，还要求实施"两年禁毒六年禁烟"计划，各省市县成立禁烟委员会，负责"监察、纠正、检举、设计、建议、督促、调查、稽核之使命"。④ 禁烟实施方面，江苏省最为积极。"鉴于鸦片为祸之烈"，陈果夫主政江苏之初，就宣布治苏的方针，将禁烟列为要政之一。⑤ 为了更有效地办理禁烟事务，江苏省政府采取了以下措施：一是大力宣传禁烟。"为防止青年子弟沾染此种恶习起见，前曾令饬公安局及各团体学校，派员四出演讲，以资唤醒。"⑥ 二是成立专门办理禁烟事务的组织。1934年7月7日省禁烟委员会"在省府举行委员及职员宣誓典礼，到委员周佛海、余井塘、叶秀峰三人，暨各机关来宾二百余人，由陈果夫主席监誓，并报告各委员所签订的宣誓书"。⑦ 三是统一禁烟的意志。江苏省政府委员会通过议决，制定禁烟法令法规，实行全民戒烟。例如，1934年10月30日召开的江苏省政府委员会第699次会议，通过了《江苏省禁烟

---

① 《布告民众赶紧清完新旧田赋俾免除地方苛捐杂税》，《江西省政府公报》，江西省政府秘书处编印，1933年第71期，第89页。

② 孔祥熙：《财政部长孔祥熙任内政绩交代比较表》（1933年11月至1944年11月），[出版情况不详]，1944年，第112—113页。

③ 陈果夫：《苏政一年之回顾》，1934年10月12日，《申报》（上海）第3张第11版。

④ 史紫忱：《中国禁烟实施之检讨》，《国闻周报》1936年第13卷第50期，第15页。

⑤ 江苏民政厅编：《江苏省禁烟概况》，江苏民政厅印1936年版，第1页。

⑥ 《严禁青年吸食卷烟》，1934年9月22日，《申报》（上海）第2张第8版。

⑦ 《苏禁烟会委员及职员行宣誓礼》，1934年7月8日，《申报》（上海）第3张第9版。

治罪暂行条例》，并呈军事委员会核示。① 1935 年 2 月 7 日省政府发布命令，公布《江苏省禁烟治罪暂行条例》，对禁烟实行严厉监督和惩处。② 1935 年 3 月 19 日召开省府常会，议决《禁烟治罪条例》，全省定一日施行。③ 四是经费方面向禁烟倾斜。原先各县禁烟委员会六七八三个月的经常费，原编列概算九万元，"以经费无着，至今无从拨发"，1934 年 10 月 30 日江苏省政府委员会第 699 次会议议决："准暂在征收照证费项下动支，仍以九万元为范围。"④ 最后，江苏省禁烟取得良好成绩。1935 年全省登记领照吸烟之烟民共 173267 人，申请戒绝者 5348 人，申报无力领照者 1648 人，共计烟民 180263 人。全省戒烟机关，由原来的 24 所，新设或加以扩充至 60 所。最后估算，全省烟民每年可省下原先耗竭于鸦片方面的不下于三千万元。⑤ 有学者指出，各省市登记烟民事项中以江苏省的成绩为最佳，全省总人口3221450 人中登记烟民 303549 人。"禁烟经费充足，戒烟设备完善，工作紧张，社会信仰，禁烟之举，将首先获得理想之效果"。⑥

四　改善民生的成与败

各省政府积极进行建设，取得了一定成绩，但也存在诸多问题。对此，有时人记载说：江苏省镇江"各项事业，积极建设；因水陆交通方便，自省府迁来，市面日见繁荣"，沿江边"船舶辐辏，马路宽阔；建厅所办长途汽车，总站即设于此"，西门外大街"市肆栉比，商业颇盛"，省府路至中正路一带路基，"均为拆城建筑之细砂碎石路，面积宽广"；但同时也存在问题，如"因系旧时街道，石块轩轾，

---

① 《苏省府会议决议案》，1934 年 10 月 31 日，《申报》（上海）第 3 张第 9 版。

② 《公布江苏省禁烟治罪暂行条例》，《江苏省政府公报》，江苏省政府秘书处编印，1935年第 1888 期，第 1 页。

③ 《苏省府常会决议案》，1935 年 3 月 20 日，《申报》（上海）第 2 张第 8 版

④ 《苏省府会议决议案》，1934 年 10 月 31 日，《申报》（上海）第 3 张第 9 版。

⑤ 陈果夫：《江苏省一年来之省政》，《苏声月刊》1935 年第 2 卷第 1 期，第 11 页。

⑥ 史紫忱：《中国禁烟实施之检讨》，《国闻周报》1936 年第 13 卷第 50 期，第 16 页。

路面甚隘。入西门，店户渐感零落"等。① 浙江省于 1927—1928 年间，"属经始时期，初基仅立，成绩难言"。至 1929 年，表现稍有进步，"对于已办事业，勤求猛晋；未办事业，随时扩充"，最终收获却是"亦有限"。② 1934 年有游客比较江苏无锡前后十年的变化时说："两度来锡，相距十年，一切情况，大非昔比：物质建设，繁华景况，进步固觉迅速；但营业清淡，可说已尖锐化"，"近年因丝市不振，外粉倾销，工厂已多停歇"，因此他的印象是"表面虽觉热闹，实际上恐怕还不如十年前了！"③

上述成绩不佳有其客观原因。例如建设本身属长期事业。诚如浙江省建设厅长所言："建设事业，经纬万端，兼程并进，犹虞不及！又以事多新创！每一事业，必须经过长时间之调查与计划，始克着手进行；即或因袭旧业，加以改进，亦必几度经营，方能就绪。"④ 再如，建设时常收到时局变动的影响。浙江省建设厅长曾养甫指出："近来因时局非常严重，负责进行之各项建设，大受影响；因进行建设，先须有计划，次须有经费，又次须有时间，并非立刻所能成功。当此经济困难，时局又急不及待之时，虽有建设之计划，每以为远水不能救近火。"⑤ 同时，建设成绩不良也与经费短缺、人事变更有很大关系。浙江省的建设事业，"虽具有局部整理计划，第以人事变迁，经费支绌，无形消灭，迄未有引起地方人士之注意"。⑥ 湖南省交通建设迟缓，也是如此。轻便铁路"迟迟莫决，后以路款异常支绌，延未发给，致未能如限完成"，"阅时既久，成绩殊少，实因经费不足，有

---

① 饶桂举：《六省纪游》，[出版情况不详]，1935 年，第 153 页。

② 《民国十八年一周年间浙江省建设事业之回顾》，《浙江省建设月刊》1930 年第 32 期，第 1 页。

③ 饶桂举：《六省纪游》，[出版情况不详]，1935 年，第 166 页。

④ 《民国十八年一周年间浙江省建设事业之回顾》，《浙江省建设月刊》1930 年第 32 期，第 1 页。

⑤ 曾养甫：《国难时期之建设》，《浙江省建设年刊》，1933 年，第 1 页。

⑥ 杨建：《对于今后浙省建设的几点意见》，《浙江省建设月刊》，1937 年第 10 卷第 11 期，第 17 页。

以限制之；否则常德至澧县，及桃源至沅陵，洞口至洪江，均早经完成通车矣"。[1]

但是更为重要的是，建设效果不佳主要是人为原因和机制运作造成的。主要表现有：

一是建设的利用率并没有提高。例如交通建设。有学者指出，浙江省"近日之车运情形，除行驶少数公路客车以外，大宗货运仍未能利用公路，其咎不在路政当局，而在人民之未能享受"。同时，浙江省内很多桥梁取材，"洋松木料竟占十之七八，不数年势须重修，损失耗财"。[2]

二是因管理造成巨大损失。例如粮食管理方面的损害。浙江省"为我国七大产米省份之一，每年产米达四千七百余万担"，但是由于"储藏仓库之不合保管原理，每岁损失，依调查所得之结果，以最低限度5%计算，已达2百余万担之巨，数值在一千五百万元以上"。[3]

三是各县建设无法形成基础。"县为全国全省政治之单位，同时亦为经济建设之单位，故欲一省建设之健全，必先求县建设之健全"。然而，浙江省各县建设机构中"多非工程人员，关于交通、水利、建筑等工程设计，率系勉强将事"，同时建设厅由于"现有工作已甚紧张，焉有亲往各县勘察测量与代为设计之时间，故惟有饬令修正或重行计划而已"，即使指导各县，也是"指东话西，公文往复，终不得其要领"。[4]

四是建设结果加大人民负担。例如省政府为发展交通建设而加重民人负担，致使多户生机决断。时人张橚在日记中说：1932 年 11 月浙江省政府为修筑省道，要求每户捐费，"一亩加捐大洋一元，合之

---

[1]　湖南省政府秘书处统计室编：《湖南年鉴》（1935 年），第 389、393 页。

[2]　杨建：《对于今后浙省建设的几点意见》，《浙江省建设月刊》，1937 年第 10 卷第 11 期，第 17 页。

[3]　杨建：《对于今后浙省建设的几点意见》，《浙江省建设月刊》，1937 年第 10 卷第 11 期，第 17 页。

[4]　杨建：《对于今后浙省建设的几点意见》，《浙江省建设月刊》，1937 年第 10 卷第 11 期，第 17 页。

粮额八角,将近二元左右,则有田百亩之家,一年须先纳粮捐二百元,而又租减二五",致使"物价交腾","必至一家生机尽遭断绝而后已"。① 换言之,人民生活并没有因交通建设而变得更加美好,反而更糟。

由上可知,尽管国民政府积极推行社会发展,"中国的各届政府开始企图把政府同国家生活的这些方面和其他方面以一种新的方式联系起来",中国政府的作用"从消极的改变为积极的表现了一种主动的兴趣"。因此,"中国政府将关心于交通的发展、农业状况的改进、工业企业和工业发展以及社会关系的方向"。②

---

① 俞雄选编:《张謇日记》,上海社会科学院出版社2003年版,第480页。
② 费纳克:《论第一次国内革命战争时期国民党的统治》,见商务印书馆编辑部编《外国资产阶级对于中国现代史的看法》,商务印书馆1962年版,第36—37页。

结　语

权力在静止状态是无能的，只有处于运作状态中才能发挥效能。"不管权力差异大还是小，只要人们之间存在着功能上的相互依赖，权力平衡就会出现。……权力不是一个人有而另一个人无的护身符，它是人际关系——一切人的关系——结构性特征"。有效解决权力问题的办法就是"我们应该毫不含糊地把权力看作是一种关系的结构性特征，它到处弥散着"。① 从长时段来看，人类发展史可以说是一部人类生存能力的发展史。"人类求解决生存问题，才是社会进化的定律，才是历史的重心"。② 既然人类历史主要是生存和发展能力的问题，那怎样才能实现此目的呢？

自国家诞生后，政治权力的主要目的就在于解决国家社会中人民的生存能力问题。从宏观来看，政治权力的运作主要体现在行政运作和社会治理能力方面。有人总结政治与社会之关系时说："政治者，至伟大，至纤悉，至繁难，至危险，之事业也。以言其伟大，举凡经国卫民之事，无所不包，无所不容。比之社会中任何事业，无如其伟大也。以言其纤悉，虽衣服饮食之微，起居习惯之末，无不在其职责之中。比之社会中任何事业，无如其纤悉也。以言其繁难，万千之事，

① ［德］诺贝特·埃利亚斯：《游戏模型》，见［德］斯蒂芬·门内尔、［德］约翰·古德斯布洛姆编《论文明、权力与知识——诺贝特·埃利亚斯文选》，刘佳林译，南京大学出版社2005年版，第111、124页。

② 朱采真：《中山政治ABC》，世界书局1929年版，第43页。

无不应为，众庶之情，无不责备。比之社会中任何事业，无如其繁难也。以言其危险，国命所讬，民生所系，偶有失败，覆亡堪虞，比之社会中任何事业，无如其危险也。"① 因此，孙中山认为："政是众人之事，集合众人之事的大力量，便叫做政权；政权就可以说是民权。治是管理众人之事，集合管理众人之事的大力量，便叫做治权；治权就可以说是政府权。"② 归根结底，一国之内"人民的一切幸福都是以政治问题为依归的。国家最大的问题就是政治，如果政治不良，在国家里头无论什么问题都不能解决"。③ 英国学者迈可·曼区分了两个层面的国家权力：一是国家的专制权力，即国家精英可以在不必与市民社会各集团进行例行化、制度化讨价还价的前提下自行行动的范围。二是国家的基础性权力，即国家能力。它指的是国家事实上渗透市民社会，在其统治的领域内有效贯彻其政治决策的能力。④ 国家的盛衰兴亡主要在于国家权力转化为国家能力，即国家（政府）的权力与能力的博弈与互动关系。

　　本书关注的是国民政府时期省制演变、省政府权力的运作以及对社会治理和渗透能力互动等方面的问题。本书认为，国家（政府）权力与能力的互动与变异为我们深入剖析国民政府省制提供了一个十分有利的切口。因此，笔者力图将国民政府的省制作为一个可分析的"文本"，通过对它的解读来深刻认识、把握现代中国转型过程中政府制度的本质与特征。毫无疑问，这种认识和把握，乃是我们对中国行政制度现代化转型问题进行思考、探讨和阐述的真正出发点。

---

① 陈占甲：《政治人才论丛》，天津人文书社 1934 年版，"自序"，第 5 页。

② 孙中山：《三民主义》，魏新柏选编：《孙中山著作选编》下，中华书局 2011 年版，第 824 页。

③ 孙中山：《三民主义》，中国社科院近代史所等编：《孙中山全集》第 9 卷，中华书局 2011 年版，第 297 页。

④ 李强：《国家能力与国家权力的悖论》，张静主编：《国家与社会》，浙江人民出版社 1998 年版，第 18 页。

一　传统地方政治运作利弊

先秦主要实行封建制度，同时也是宗法制度最盛行的时代。[①]　如果引用"国家与社会"的理论范式来阐释，先秦社会政治体制可以说是"社会主导型"。社会主导型下的地方制度和运作主要表现在分封制。当时在宗法制、分封制下，天子虽为一国元首，但可供其直接驱使者，只是一个很小的中央政府；王畿地区之外，几乎非其治权可及。当时国家的各种权力和资源，主要操控于"社会"（由诸侯、卿、大夫组成的贵族社会）。[②]　国家专制尚未形成，国家能力主要体现在社会方面。然而，分封制运作本身存在一个不可克服的悖论：一方面是中央王室不断集权；另一方面又"授予各地方诸侯高度的民政和军事自治权"，因而在西周国家的政治结构中铺下了一个基本的矛盾。随着地域的扩展和时势的变迁，这一矛盾"从西周中期开始，这种矛盾演化成一股较大的离心力，裂解了周的政治统一体"至周朝灭亡，这也"标志着中国早期王朝式国家之政治体系的最终崩溃，这样的政治体系以王室的中心地位为特征，并借助各地行政独立的地方君主们的权威来实施对一个相对庞大的地域的政治控制"。同时，也预示着"一个为达到政治一统的新控制体系只有在一系列政治和军事的争斗中才会诞生。帝国就是最后的答案"。[③]　分封制从盛至衰是时势之变的结果，"封建之制所以能行者，以其地广人稀，交通不便，王室制驭之力不及，而列国亦不相接触故也。及其户口日繁，土地日辟，交通日便，则制驭之势既易，接触之事亦多。制驭易，则宅中图治者，务求指臂之相联。接触多，则狡焉思启者，不容弱小之存在。封建至此，遂不能不废矣"。[④]

---

①　朱伯康：《中国封建制度之史的考察》（续），《新生命》1930 年第 3 卷第 11 期，第 5 页。

②　魏光奇：《今天与昨天：中国社会历史问题散论》，河南人民出版社 2012 年版，第 79 页。

③　［美］李峰：《西周的灭亡：中国早期国家的地理和政治危机》，徐峰译，上海古籍出版社 2007 年版，第 337 页。

④　吕思勉：《中国制度史》，上海教育出版社 2002 年版，第 344 页。

秦统一全国后，实行废分封、行郡县，社会政治体制从此转为"国家主导型"，即所谓君主专制、国家专制。在这种体制下，君主依靠中央和各级地方的官僚组织来统治社会，而后者自身也在运作中成为一个利益集团。君主和官吏人数虽然不多，但却构成了整个国家的重心，垄断着国家的权力和资源。① 罢分封、置郡县是建立中央集权制的重要标志。美国学者卡尔·A. 魏特夫将中国归纳为"治水社会"。他认为这种国家社会具有一种极强的扩张和控制能力，"权力核心地区征服和控制边远地区的能力超过其他所有农业国家"，而且"在机会允许的情况下，这种核心地区就逐步扩展其领土规模或国家规模"。然而，它不一定具有制度和文化的发展能力，如中国关于"道"、社会、政府、人类关系等所有伟大思想"都是在春秋战国的古典时期和帝国初期形成的"。②

秦至明清，帝制中国经过长期不断的浸染和耦合后，逐渐形成超稳定结构下的中央集权官僚体制，至清代更加完备。这种政治社会制度造成国家与社会畸形的演变，从而形成两大方面的表现：一方面是国家日趋集权，国家控制和吞噬社会机体的能力极为强大，造成国家对社会打击能力巨大，专制能力愈来愈强；他方面则是社会呈现愈来愈散弱、国家的治理体制自身和社会能力低弱或低效等弊病。两者互为联系，相互统一又相互排斥，成为中国政治社会特有的两面特征。兹分述如下：

（一）国家权力日趋专制

国家权力不断集权，形成超强的专制能力。秦国改革者商鞅说："民弱国强，国强民弱。故有道之国，务在弱民。"秦统一中国，建立帝制以来，逐渐在全国推行"废封建，设郡县"，建立起中央集权的官僚制度国家。孟德斯鸠说："一个幅员广袤的帝国的统治者必须握有专制权力。由于路途遥远，送达君主的决定颇费时日，所以君主必

---

① 魏光奇：《今天与昨天：中国社会历史问题散论》，河南人民出版社 2012 年版，第 79 页。

② ［美］卡尔·A. 魏特夫：《东方专制主义：对于极权力量的比较研究》，徐式谷等译，中国社会科学出版社 1989 年版，第 445—446 页。

须当机立断；必须让远离宫廷的总督和其他官员们有所畏惧，藉以防治懈怠；法律必须出自单独一人，并且不断变换，犹如意外事件，而国土越广袤，意外事件也就越多。"① 因此，秦朝为了进一步巩固中央集权，便于有效统合各地方，全面推行郡县制，并以郡统县，成为国家地方行政体制上的重要变革。② 至清代，"因了版图，人口的增大、增多，因了落后异族统治大文化国，需要动员以往一切社会文化统治手段作为更包罗的典章制度，尤其因了经济愈来愈见发达活跃。而促使其发展到最高峰的传统专制官僚政治体制，却竟也在清代末期表现得最悲惨、最不可收拾了"。③

对于秦制及其以后的国家专制的评述，已有众多学人深刻揭露。例如，谭嗣同痛斥说："二千年来之政，秦政也，皆大盗也；二千年来之学，荀学也，皆乡愿也；惟大盗利用乡愿，惟乡愿工媚大盗。"④ 严复则指出："秦以来之法制，如彼韩子，徒见秦以来之君。秦以来之君，正所谓大盗窃国者耳。国谁窃？转相窃之于民而已。既已窃之矣，又惴惴然恐其主之或觉而复之也。于是其法与令蝟毛而起，质而论之，其什八九皆所以坏民之才，散民之力，漓民之德者也。斯民也，固天下之真主也，必弱而愚之，使其常不觉，常不足以有为，而后吾可以长保所窃而永世。"结果便是国民"其卑且贱，皆奴产子也"，非自由之人也。⑤ 在国家与社会方面，秦制确立后，从一开始就以打散、削弱社会（商周宗法社会）为鹄的，具有一种不断吞噬自身之外其他社会机体的本能。在历史发展中，它首先吞噬的是各种血缘性的社会机体，如西汉时期的六园贵族、东汉时期的豪强地主、魏晋直至隋唐时期的门阀世族等。至隋唐之际，则进一步废除了具有古典"民主"色彩的乡官制度。"乡官"以本乡人管理本乡事务，其任用程序包括

---

① ［法］孟德斯鸠：《论法的精神》上卷，许明龙译，商务印书馆 2012 年版，第 149 页。
② 李孔怀：《中国古代行政制度史》，复旦大学出版社 2006 年版，第 181 页。
③ 王亚南：《中国官僚政治研究》，商务印书馆 2010 年版，第 163 页。
④ 蔡尚思、方行编：《谭嗣同全集》（增订本），中华书局 1998 年版，第 337 页。
⑤ 严复：《辟韩》，见王栻主编《严复集》，中华书局 1986 年版，第 35—36 页。

自下而上的推举环节。隋统一后，统治者认为官"理民间词讼"，判断"闾里亲戚"事务，往往"党与爱憎，公行财货贿"，因此予以废止。除十族、乡官外，其他一切有可能对国家构成威胁的社会机体，也全在吞噬之列。总之，秦汉至明清的君主专制体制，崇官抑民、强国家而弱社会，即如梁启超所说，"愚其民，柔其民，涣其民"；（对于民）"挫其气，窒其智，消其力，散其群，制其动"，使之不能形成丝毫冒犯官威、与国家相抗衡的能力。① 换言之，地方政治制度变革的主旨就在于发挥中央集权有效统合地方的能力，配合国家政治统一。这种在县制基础之上建立一级地方行政的运作模式成为后世历届王朝和政府普遍借鉴的蓝本。德国哲学家黑格尔认为：东方人"不自由"，"只知道一个人是自由的"，"唯其如此，这一个人的自由只是放纵、粗野、热情的兽性冲动。或者是热情的一种柔和驯服，而这种柔和驯服自身只是自然界的一种偶然现象或者一种放纵恣肆。所以这一个人只是一个专制君主，不是一个自由人"。②

（二）国家治理能力日趋衰弱

商周时期，因国家权力主要集中在诸侯贵族手中，在一定程度上存在分权机制，因而统治时间较漫长，共持续一千多年。然而，随着统治区域的扩大和社会发展的繁杂，商周日趋衰落，以致最后灭亡。自秦统一全国后，历代王朝的君主"操治乱之权，而不尽治之责，致有乱日多而治日少。为君者以天下为私产，知有所征有所取于民，而人民之生活如何不计焉"。③ 秦代所建立中央集权的国家和君主专制，成为后世历朝历代均延续其统治制度和经验的源头。于是，在历届的王朝兴亡更替过程中，我们可以发现，统治者最初是为了权力的统一和集中，适度地放权，需要、利用政治和社会能力，以达到专制国家的建立和王权的统一；一旦这一目的达到之后，国家和君主为了统治的需要和秩序的稳定，则力图保持政治和社会稳定，铲平各个层面能

---

① 魏光奇：《今天与昨天：中国社会历史问题散论》，河南人民出版社 2012 年版，第 79 页。

② ［德］黑格尔：《历史哲学》，王造时译，上海书店出版社 2006 年版，第 16 页。

③ 张君劢：《中国专制君主政制之评议》，弘文馆出版社 1986 年版，第 196 页。

力的发展以及带来的各种波动，压制制度、社会、政治等方面的能力，并设法加以破坏之。诚如孟德斯鸠指出的那样，中国是"一个以畏惧为原则的专制国家"，专制权力呈现此起彼伏状态，"在最初那些王朝统治时期，疆域没有现在那样辽阔，专制精神可能略为逊色。可是，如今已非昔日可比了"。一旦专制权力完全建立后，国家制定的法规推行逐渐无效，因为"任何东西一旦与专制主义沾边，就不再有力量。专制主义在无数祸患的挤压下，曾经试图用锁链束缚自己，然而却是徒劳无益，它用锁链把自己武装起来，从而变得更加骇人"。① 在如此国家专制之下，整个国家和社会的治理均无法得到实质性的提高。

首先，社会组织方面，专制造成的社会就是无秩序和无组织。对此，孙隆基指出："中国人的个体无力作自我组织，必须由他人去组织；中国的社会也无力作自我组织，必须由国家去组织。""至于中国社会，则是由'亲民'式的专制主义去组织的。这种统治具有很浓厚的家长式统治的味道——在统治者与被统治者之间，不只是一种行政上的管理关系，前者对后者还有教化之功能"。这正是中国统治者"弱民之术"的一个主要内容，目的就是"为了保证国家强大于社会"，"国家与社会是对着干的，不是你死就是我亡。为了保证国家强大于社会，就必须使人民弱化。所用的办法，就是不要去投其所好，并羞辱之以刑，务必使他们'去私'而处于贫贱朴素的地位，才会为国家所用"。②

其次，社会文化方面，专制政体导致民众精神颓废，道德沉沦。德国哲学家黑格尔指出：在专制运作之下，中国人不喜欢精神层面，远离"绝对没有束缚的伦常、道德、情绪、内在的'宗教'、'科学'和真正的'艺术'"，人民"把自己看作是最卑贱的，自信生下来是专给皇帝拉车的。逼他们掉到水深火热中去的生活的担子，他们看作是不可避免的命运，就是卖身为奴，吃口奴隶的苦饭，他们也不以为可

---

① ［法］孟德斯鸠：《论法的精神》上卷，许明龙译，商务印书馆2012年版，第152页。
② ［美］孙隆基：《中国文化的深层结构》，广西师范大学出版社2004年版，第299、309页。

怕。因为复仇而作的自杀，以及婴孩的遗弃，乃是普通的、甚至每天的常事"，"只有一种顺服听命的意识"。[①]

再次，政治制度方面，中央政府对地方政治的控制和监督越来越严密，以致弊病丛生。夏曾佑认为自宋至明代为中国的"退化之期"，这一时期"教殖荒芜，风俗凌替，兵力、财力逐渐摧颓，渐有不能独立之象"。至清代，国家更是日趋专制。清代为"学问、政治集秦以来之大成，后半世局人心，开秦以来所未有"。[②] 马端临曾指出：古代中国的地方"监司"制度已形成多重演变和制度沿革，成为后世省制之重要制度来源，正是沿袭前世制度之缘故，造成"唐宋中世以后，监司尤多"，"事少员多，人轻权重"，更成为"病民之本源"，同时又有"倥偬之际，因事置官"之特点。[③] 于是，统治者上台后，"最急切的工作就是尽先利用执政期间所特有的种种优越，放肆地扩充其权力或巩固其政权，凡是一切足以加强其'政治控制'的，皆不惜耗费巨大的金钱及动员众多的人力"。[④] 同时，为监督和控制更加有效，对地方行政层级实行增多，以治官之官多于治民之官，"以行政阶级复杂为最相宜，并藉此以表示无上之尊严，故专制愈甚，其行政阶级亦愈多，上下隔阂，而其弊害，亦愈显著"，行政层级增多后，"逐层节制，转辗行文，即有良法善政，亦难迅速实施，时过境迁，势必酿成因循敷衍之习惯"。[⑤]

最后，人民生活方面太过自由，以至于无法形成有秩序有组织的能力。中国历代政治，虽在专制名义之下，但实际上人民的生活却是全世界最放任的、最自由的。因为几千年来在政治上极端放任，过分自由的结果，几至于使全国人民除了赋税和诉讼两件事之外，丝毫不知道有团体的关系。[⑥] 传统中国统治者奉行"无为而治"，对于民众主

---

① ［德］黑格尔：《历史哲学》，王造时译，上海书店出版社 2006 年版，第 128 页。
② 夏曾佑：《中国古代史》，河北教育出版社 2000 年版，第 12 页。
③ （元）马端临：《文献通考》卷 62·职官 16，中华书局 1986 年影印版，第 564—565 页。
④ 储安平：《英人·法人·中国人》，观察社 1949 年第 5 版，第 97 页。
⑤ 凌士钧：《地方行政制度之商榷》，《河南政治》1936 年第 6 卷第 1 期，第 1 页。
⑥ 楼桐苏：《法治与自由》，独立出版社 1939 年版，第 50 页。

张不干涉，乡村公共建设大多由士绅等地方精英以私人力量主办，至多也只是官督而已。君主专制和中央集权的官僚体制的本意就是要形成"人民地位之低下，能力之不发展"① 的大一统局面。因而，对于民众及其相关的一切生活状况则采取不干涉、少关注，甚至放任自流之态度。中国统治者主要是"以天下太平为治国的主要目标"，因为"俯首听命是维持天下太平的有效手段"，故而"他们要求老百姓服从和安定，又要求他们勤奋和吃苦耐劳"。② 民国学者储安平指出："我们实未见到一般人民的健康情形及卫生知识有何长足的改进，保健事业毫不发达，公共卫生的设施几等于零；民间的死亡率依然很高；国民平均寿命在下跌的趋向中；一般人民饮食的材料及方法也还是与一世纪前无所分别；建筑房屋对于日光及空气的观念依然墨守陈法；优生的理论仅见之于一二学者教授的论著之中，政府对于国民体格的品质问题似乎从不发生任何兴趣；老弱残废仍得不到国家的救恤，乞丐仍到处皆有；无论城市乡镇，房屋的建筑依然不合市政的原则，街道湫狭，火巷很少，没有隙地；土地制度未见作合理的改革；耕耘的方法及工具一仍其旧；宴会的方式仍是费钱费时而又浪费物力，但始终缺少革命性的改革；旅馆及澡堂里的陋习迄未禁绝；报纸在数量上略有增加，但在公民教育及道德的效果上贡献仍少；交通除军事的及政治的以外，纯粹属于人民生活所需要的道路甚少改善，无论城乡，一经下雨，无不泥浆四溅，民间的交通工具还是原始的轿子、板车及小木船；民众教育困于经费及人才，仅有其表，而无真正的效果；人民的娱乐方法及内容无新的充实；种种迷信仍流行于民间"，"为国脉所寄的大多数老百姓，他们生活的方式，生活的环境，生活的能力，生活的苦痛，以及生活的观念，与一世纪前相较，固一无改善的痕迹"。③

　　由上可知，传统社会中国家（政府）权力的专制是全面且无限

---

① 张君劢：《中国专制君主政制之评议》，弘文馆出版社 1986 年版，第 196 页。
② ［法］孟德斯鸠：《论法的精神》上卷，许明龙译，商务印书馆 2012 年版，第 367—368 页。
③ 储安平：《英人·法人·中国人》，观察社 1949 年第 5 版，第 97—99 页。

的，而国家（政府）渗入社会的能力方面则是无序且低弱的，因而均无法适应现代中国的转型。因此，学者秦晖将秦以来中国的政治制度称为"帝制"，并呼吁要"走出帝制"。[1] 近代中国历届政府无不在这些方面积极改革和努力，力图适合现代情势的发展和需要。

二 省制运作的得失

自 19 世纪中叶开始，中国政治社会日渐受到欧风美雨的侵袭和洗礼，逐渐产生社会结构的解体和裂变，可谓"数千年未有之变局"（李鸿章语）。为克服传统地方制度之弊病，近代中国历届政府需增强两大方面之能力：一方面鉴于清末以来中央权威坠落，必须重新加强中央集权，以抗击外来侵略和控制社会纷乱之局面；另一方面则改变传统时期国家与社会各方面的弊病，积极推行社会各个方面的建设。前者体现在中央集权的努力和延续，同时也要防止中央集权制的弊病；后者则是根据自身实际情势，实行政治改革，提高行政效率，同时也要防止行政运作弊病。简言之，国家（政府）的权力要集中，国家（政府）的能力要提高。诚如民国学者所言："一方面需要做事有效率、强有力的政府，而另一方面要集合全国人民的力量以增强政府之后盾，实为绝无疑义之铁则。"[2] 省制的良性运作，主要体现在中央集权的政治统一功能和地方社会建设功能即一方面有利于地方社会治理成绩的提高；另一方面有助于中央的政治统一。对于中央集权，"不偏重政治力量的统治，而同时着重于建设成绩的领导。假使中央能把它势力所及之区，加紧建设，得有很好的成绩，可作各省的模范，各省自必心悦诚服地跟上来，这大可以帮助中央的统一政策"。这也是现代中国转型过程中历届政府所面临的重大历史和实际问题。

（一）国家（政府）集权化和制度化

时人认为近代中国落后的主要原因在于中央统治力不强，政治权

---

① 关于"秦制"的详细历史阐释，请参见秦晖《走出帝制：从晚清到民国的历史回望》，群言出版社 2015 年版。

② 甘乃光：《中国行政新论》，商务印书馆 1948 年再版，第 24 页。

力未能有效集中，"我国政治未上轨道，经济破产，文化落后以及教育不发达，其最大原因，由于中央统治力不强，中央统治力不强，又由于政制不良，未能发挥其最大行政效率所致"。① 就连英国哲学家罗素也说："我一直假设中国应当建立起一个有序的政府，这是必不可少的，否则任何旨在抵御侵略的政策都只能是空谈。"② 中央政府权威从清末开始逐渐坠落，故而清政府在新政改革中，就着手提高中央权威，加强中央集权，以巩固统治。这一集权趋势，中经北洋政府、国民政府持续下降，直至 1949 年中国共产党建立中华人民共和国后，才宣告中央集权重新建立起来，甚至可以说，中央集权的努力仍延续至今。在这一百余年的时间里，近代中国历届政府均为中央集权的努力而作出相应的尝试和贡献。国民政府面临内外危机，国难严重，必须加强政府力量，"以维持国家之统一与生存"。③ 其实，从中国大历史角度来看，中国政治的特点就是政府权力的集中化和统一化，中央集权制是自秦以来中国政治的巨大遗产。托克维尔说："我坚持认为这并非大革命的成就。相反，这是旧制度的产物，并且我还要进一步说，这是旧制度在大革命后仍保存下来的政治体制的唯一部分，因为只有这个部分能够适应大革命所创建的新社会。"④ 所以，继续维持中央集权制，形成政府集权，就成为近代中国政治社会发展的趋向。

国民政府实行新省制的确立主要目的在于维护中央和政府集权，同时，还有中央政制和基层政制的改革，也是同省制相一致，都是一脉相承的改革。国民政府自 1925 年在广州成立后，就积极推行具有自己特色的新省制——委员合议制，一方面形成集权的省政府体制，一方面则强调省政府。国民政府定都南京和统一全国后，对中国政治制度作了重大变动。省制历经多次的修订和完善，不断加强政府权力。例如，由委员制到主席制。同时，国民政府在中央政府方面，最主要

① 张锦帆编著：《中国政制问题》，［出版情况不详］，1937 年，第 2 页。
② ［英］伯特兰·罗素：《中国问题》，秦悦都译，学林出版社 1996 年版，第 189 页。
③ 甘乃光：《中国行政新论》，商务印书馆 1948 年再版，第 23 页。
④ ［法］托克维尔：《旧制度与大革命》，冯棠译，商务印书馆 1992 年版，第 74 页。

的就是实行"训政"，推行五院制，从而在形式上结束了漫长的军阀割据，为国民政府统一全国奠定了合法性基础。"近几年来，以国难严重，需要强力的政府，以维持国家之统一与生存……故于二十一年初，将运用五院的政权机关，即中央政治会议扩大为全体执监委员会议。……组设国防会议。二十五年春，五全大会后……更确定缩小……使其责任更为专一"。与此同时，国民政府对省级行政体制的变革，既承袭了中国历史上设置省一级行政建制的许多作法，又吸收了西方地方制度的某些经验。有着由传统的、封建的地方行政体制，向现代地方行政体制过渡的时代烙印。① 基层政权方面，"更设行政督察专员制以为省府辅助之机关，以收指臂的效果。于县则裁局改科，使事权集中于县长。更分区设署，使为县之辅助机关，取消自治之区公所……凡这一贯的主张，都是想组织集中，权力集中，责任确定，以增加行政效率，而应付当前的时局"。②

（二）国家（政府）能力的成效

国民政府对省制进行了具有自身特色的构建和改革，既取得了一定的成效，又有其弊病的一面。大致说来，其主要成效如下：

1. 建立起具有现代性质的省行政组织。国民政府前的历届政府对省制均采取首长制或独任制，以至于省行政首脑大权独揽，尤其是民国建立后的北洋政权更是军阀割据。国民政府对省制重新设计并改革后，省制法规越来越完备和详细，建立起民政厅、财政厅、建设厅、教育厅和秘书处等职能机构，并逐步在各厅处实行科层制，省级机构整体上愈来愈制度化。同时，鉴于民国以来的地方军阀割据势力和行政效能低下等弊病，国民政府的省制对此加以有意地限制和克服，实行省政府主席委员制，一方面限制省行政长官独裁；另一方面则提高行政效率。

2. 对基层政权的整治和监督。民国以来县长和基层吏治早已腐败

---

① 陈小京：《国民政府时期省级行政体制的演变》，《江汉论坛》1990 年第 9 期，第 71 页。

② 甘乃光：《中国行政新论》，商务印书馆 1948 年再版，第 23 页。

不堪，国民政府时期各省政当局均对其进行了有效的改革和整治，主要表现有：对县长实行考试制度等、实行交代制度、积极整顿吏治、颁行各种公务员法制规定等。这些均有利于近代中国基层行政和政权的建设，在一定程度上，有效地遏制了地方军阀割据势力的形成，维护了国家统一，在一定程度上整合了中央地方和国家社会。

3. 对集权行政与民主制度的结合进行了积极探索。强势国家行政是中国传统政治文化的优势，实行民主监督机制又是省制现代化所无法回避的问题。国民政府时期省制及其运作在这方面进行了良好的探索。其主要做法在实行委员合议制的基础之上，积极采取主席制，以补委员制之缺陷，使二者有效结合起来，建立起既有行政方面的主席制，又有对权力进行限制的委员合议制度：一方面建立起省政运作机制以委员合议制为原则；另一方面则规定省政府主席执行委员会的议决案，力图使二者有机结合起来。

4. 一定程度上实现了整个国家社会的动员能力。国民政府时期各省政府在省内实施重大建设工程过程中，因自身力量薄弱，故特别重视动员群众力量，积极推行地方自治事业。正如美国学者佩兹研究指出，1932 年江苏省政府主席陈果夫兼任导淮委员会副委员长，江苏省政府委员兼建设厅厅长沈百先兼任导淮委员会秘书处处长，"组织地方部门有效地参与工程实施，意味着省政府成功地把地方力量和全省建设目标统一在一起"，而且，"中央政府和江苏省政府采取各种措施调动工夫的积极性，比如搞群众运动、电影和文字宣传、工地演出，都是在努力向苏北农民灌输他们和政府的建设政策之间具有共同的利益"。①

（三）国家（政府）能力的弊病

国民政府时期省制运作尽管取得了一定成效，但也存在诸多弊病，主要体现在以下几个方面：

---

① ［美］佩兹：《工程国家：民国时期 1927—1937 的淮河治理及国家建设》，姜智芹译，江苏人民出版社 2011 年版，第 123 页。

1. 未能解决省权力制约的问题。行政首长权力一头独大，造成权力腐败无法制约和约束，这是中国传统政治的弊病所在。国民政府对此进行了制度改革，力图在制度设计中加以割除。然而，从前文可知，省行政因掌握巨大的行政权力，形成一权独揽，造成各机构首脑权力无法约束，从而产生严重的贪污腐败、贪赃枉法等劣迹，致使省政难以有效运作，效能无法施展开来，严重影响政令执行和政策贯彻实施。这是典型的政府行政首长权力增大，以致无法制约的结果。"权力与责任是不可分割的统一体，任何一种权力都内含着相应的义务和责任，行使权力意味着必须履行责任，权力越大责任越重。任何权力的行使手段必须对所造成的后果承担责任，任何非法或不当行为造成的损失都必须予以救济和补偿，都必然受到另一种权力的追究"。①

2. 没有解决对省政的民主监督问题。没有民主监督机制是中国传统地方行政的主要弊病之一，它必然导致吏治的腐败。20 世纪上半期的县制改革虽然试图通过地方自治制度解决这一问题，但并不成功。原因在于一般民众缺乏政治参与意识（当时的各种地方自治制度也不利于一般民众参与），愿意积极参与地方自治事务者则多为地方豪劣，官绅勾结通同作弊的现象较为普遍。由于中国地域幅员辽阔，各省风土人情迥异，这种政府集权制的弊端造成"地方上人民远隔中央，其意见无由执行，结果，等于无意见，不特阻止人民参政之实权，抑且容易酿成中央独断专裁之覆辙。何况我国南北民情不同，东西之习俗各异，欲求举一事而全国皆适合无间，实非事实所能。倘利于此而害于彼，则必引起地方与地方志争执与冲突，而中央之政令不能实行贯彻，威信亦受硬性"。②

3. 省县行政仍未得到有效治理。由前文可知，省政府主席时常与各厅执行机构发生矛盾冲突，也遭到地方势力的攻击和阻碍，致使省政令难以彻底有效实行。同时，省行政人员办公不守时。有学者指出，

---

① 王月明：《地方公共权力监督制约体制研究》，法律出版社 2012 年版，第 50 页。
② 文公直：《行政浅说》，时远书局 1933 年版，第 22 页。

国民政府办公时间规定是星期一至星期六每日午前九时至十二时，午后二时至六时，然而实际上，一般事务官员"午前九时方到，十二时回去吃午饭，午后三时方到，六时自然下班"。至于省政府主席和委员这类的政务官，"来去自由，太无限制矣"。① 作为中央政府在各省的代理者，省政府对于自己的下级政府——县政府，是非常重视的。结果却是越重视问题越多，治理成绩越不好。国民政府从统一全国建立政权之初，就开始推行县自治，实行县政改革。然而，经过一二十年的改革之后，至20世纪40年代县政治理反而出现了原先并不存在的严重问题。有史料说："今日的政治，愈上层，权愈大，而统制愈严，愈下属，权愈小，所受束缚愈紧，实际上很少有机会能使县长发挥他的特长，能实施他的理想，能制订他的计划。无论施政、用人、用物，一切都受绝大的限制。县府机构犹如人的两腿，一切庶政，均赖他推行。可惜这两腿太短，上配大头之省府，细腰之专署"，"今日县以上的行政机构，却多同这个原则相反，而呈多头的现象。指挥既不统一，联系又极松懈。而公文之多，直如雪片飞来，下级虽想面面俱到，自难言彻底"，"除省府为其顶头上司外，尚有二十多个机关，都可向县府直接发布命令。而这些机关，彼此之间又毫无联系，以致发布命令非冲突即重复"，"庶政之不能贯彻到底，政令之不能深入民间"，造成了这样的结局："省府和他平行的机关，好像大头，中间专员公署，好比细腰，县府又如两条短腿，乡镇保甲则酷似小脚。"省县行政运作呈现小脚政治、盲目政治、锥子政治等病态。②

4. 未能解决民生困苦问题。孙中山的三民主义中就着重提到要解决民生问题。国民政府建立和统一全国后，在这方面作出了许多努力，也取得了一定成绩，但解决的效果和程度并不令人满意。例如，1927年2月江西省第一次全省农民代表大会的决议案说：江西省"反动军阀已经打倒了，省政府也正式成立了，然而人民的痛苦并未完全解除，

---

① 赵锡麟：《如何提高中国行政效率》，《独立评论》1934年第95期，第7页。
② 朱博能、陈国熹编：《行政经验谭》，开来出版社1946年版，第2—6页。

还有不少的贪官污吏、土豪劣绅在各处破坏农民协会，大肆反动"。①
又如，20 世纪 30 年代安徽省"克复以后，所有匪区善后，省政府本
极注意，故□财政困难，然已陆续拨款赈济，究以灾区辽阔，赈款无
多，杯水车薪，无济于事；以致灾民颠沛流离，无衣无食，触目皆是，
极为可惨！政府虽欲尽救济灾民之责，苦于力不从心，但以责任所在，
终系自诿"。② 再如，1932 年 7 月据中共党员的巡视报告说：浙江省杭
州城乡群众生活趋于衰落情势，至今年 5 月，杭市商店倒闭 551 家，
店员失业在 5000 人左右。绸缎业 206 家，倒闭二十几家；丝茧业 69
家，倒闭 29 家，丝价从前每百两七八十元，现在只 30 元；鲜茧从前
四五十元，现 20 元，尚少人要。绸缎，从原来百余家到现在只剩 59
家。机坊最多时 6000 余家，现 2400 余家。丝行最多时百余家，现 39
家。最大的丝绸厂（缫丝、捻丝、纺丝、机织四部齐全者）只剩纬
成、成章二厂，平时各有工人 2000 左右，现在大部分是关厂状态，只
有极少数工人在厂内维持。机织工人失业总数至少在 1 万以上。杭州
造币厂，也是杭市大工厂之一，现在也倒闭（因金贵银贱及其他原因
停铸），平时有千多工人，现只少数人在厂内维持。"杭市失业工人和
街头浮浪人全数，虽不知实在，但数目惊人可以断言"。至于农村状
况，"更是不堪言状"，"今年报灾者，又有二十多县"，"丝销不好，
价格低落"，今年春夏两次蚕事歉收，稻田歉收情形同样，"军阀官僚
地主富农商业高利贷剥削同时加紧，绝不饶恕，农民遂走投无路，消
极自杀的（有的全家自杀）已经成了普遍现象，积极的抢粮吃大户，
已经成了群众运动形势"。"所谓富庶的浙江农民情形，已至如此。"③
对此，有学者批判说：政府只注意到集权，而忽略了建设这一重要内
容。他说："政府更应以建设三民主义与集权二者为中心任务，处处

---

① 《江西省第一次全省农民代表大会的决议案》，《第一次国内革命战争时期的农民运动资料》，第 563 页。

② 安徽省政府秘书处编：《一年来之安徽政治》，1933 年，第 39 页。

③ 《子芬巡视杭州的报告》，见中央档案馆、浙江省档案馆编《浙江革命历史文件汇集（地县文件）》，内部发行，1982 年，第 3—4 页。

以真实性昭示于国民，以为此政治路线之忠勇卫士。盖政府之弱点，易趋于偏重'集权'，而忽略'建设三民主义'，其意乃以二者不能兼顾，欲先做到'集权'，然后进行'建设三民主义'之工程。过去之事实如此，过去之失败即在于此。只做'集权'，而不做'建设三民主义'，其结果，不能实现活跳跳的三民主义独裁，每被人误会为个人独裁，反政府者得有藉口，以兴抗命之师，民众无所是非，遂谓过去一切战争均为军阀混战，而今日制止内战呼声之来，亦由于此。"① 至 1949 年 1 月 22 日蒋介石忏悔说："此次失败之最大原因，乃在于新制度未能成熟与确定，而旧制度先已放弃崩溃。在此新旧交接紧要危急之一刻，而所恃以建国救民之基本条件，完全失去，焉得不为之失败！"他又说："当政二十年，对其社会改造与民众福利，毫无着手，而党政军事教育人员，只重做官，而未注意三民主义之实行。"②

诚如王奇生研究国民党得出结论说："国民党是一个弱势独裁政党。国民党并非不想独裁，而是独裁之心有余、独裁之力不足。"③ 国民政府时期省制运作及其改革的利弊得失，可以为我们当前的地方行政制度改革提供有益的经验和教训。

三　权能互动与省制

德国社会学家马克斯·韦伯研究认为：理论上的合法性统治有三种类型：一是合法型的统治，即"建立在相信统治者的章程所规定的制度和指令权利的合法性之上，他们是合法授命进行统治的"；二是传统型的统治，即"建立在一般的相信历来适用的传统的神圣性和由传统授命实施权成的统治者的合法性之上"；二是魅力型的统治，即建立在"非凡的献身于一个人以及由他所默示和创立的制度的神圣性，或者英雄气概，或者楷模样板之上"。现实统治中均包含这三种

---

①　程瑞霖：《政治评论的政治主张》，《政治评论》（周年纪念号）1933 年第 53 期，第 9 页。

②　曾景志编注：《蒋介石家书日记文墨选录》，团结出版社 2010 年版，第 276 页。

③　王奇生：《党员、党权与党争：1924—1949 年中国国民党的组织形态》，上海书店出版社 2003 年版，第 361 页。

统治类型，只是三种的程度不同罢了。① 由此来观之，自古以来，中国政治最大的特征就是"大一统"。然而，要注意的是，这种"大一统"并不仅仅是军事征服意义上的统一，更主要的是文化心理上的认同和统一。因此，若一个政权仅仅满足于军事征服，而未能在文化心理方面作出相应的努力，那它的统治必将不能持久。② 然而，这种文化心理上的认同又非短时间内建立起来，需要整个国家政治在良好的机制运作下不停地加大文化心理的认同和统一，否则无法形成长久的统治。

省制作为元代"在行政区划和政治制度方面留给后世的一份重要遗产"，为以后的历届中央政府所采取的高层督政区体制提供了重要历史基础。③ 从此，省制成为中国政治社会中不可忽视的重要组成部分。国民政府的统治为获得民众认同和组织效能，推行了具有自己特色的政治制度。正如当时许多人都认识到的，对于如此的选择，同样会导致非常危险的严重后果，但两害相权，国民政府不得不作出如此的选择，因为这样的决定是必然的理性选择，也是合理的选择。这个选择既是以往历史经验和政治的遗产结果，也是基于他们这样一个严峻的判断，那就是国民政府处于一个自身安全无法保证，因而必须扩大自己的权力，以绝对优势赢得全国政权的胜利。这个判断固然有其强烈的军事武装征服的考量，但也有非常实际和真实的现实依据。

首先，思想依据。根据孙中山三民主义和建国大纲等思想，国民政府应实行中央与省政实行均权制，即属于中央统一事务均归中央政府办理，属于地方事务则归地方政府办理，且以县自治为基础。采取均权制，实行地方自治的原因大概有以下几个方面：一是地域广阔，中央无法办理所有事务。"盖因国家领域广大，职事繁多，唯一之中央政府，决不能管理全国各省所有之职务"。二是地方政府办理地方事务非常有利。"各地方政府，管理其该省一切纯粹属于地方之事务，

---

① ［德］马克斯·韦伯：《经济与社会》上卷，林荣远译，商务印书馆1997年版，第241页。
② 韩毓海：《五百年来谁著史》，九州出版社2009年版，第216页。
③ 李治安：《元代行省制度》（下），中华书局2011年版，第923页。

比之利害较浅之中央政府，或他种机关，自较为亲切"。三是地方政府办理地方事务符合地方自治的要求。"地方自治须由地方人民自己治理其地方事务，始名实相符。故地方人民管理其一省之地方事务，适切合于地方自治之原理"。这种均权制"可免却分权、集权各有偏害之弊，同时，复能兼有集权、分权所特具之优点"。① 国民政府始终秉承孙中山遗教，一直在其框架内反复回旋，未能有效突破。

其次，危机意识。从所处实际情势来看，国民政府自诞生至终结，始终处于危机四伏之状态之中。国民政府作为一个政权，其生存状态非常危险，周围始终存在着各种竞争性组织和力量，因而无法有效实行中央集权制，其危机感非常明显。广东时期的国民政府，"那真是危难四面，局促一隅。蒋先生由东江回师之时，陈炯明的军队又占领了东江，重要城镇的惠州且告失陷；南路则为邓本殷所据，渐渐迫近了江门。尤其困苦的是六月二十三日的沙基惨案、省港罢工、英法兵舰云集广州，差不多随时可以惹起严重外交，颠覆政府"。② 国民政府统一全国后，中国的政治腐败，"比较满清末年更加黑暗，却是一种共见共闻的事实"。"可以说贪污也，淫靡也，营私也，不平也，以及类此者的一切一切，已经充满了全中国，而实由国民党于最短时期中一手造成也！"同时，"天天标榜廉洁，而贪污如故；天天标榜天下为公，标榜考试，而任用私人，群小充斥如故；甚至于历史告诉我们，中国没有重用亲贵重用外戚而不腐败的政治，而你们却非用亲贵，用外戚不行；历史告诉我们，同党内讧，没有不招致溃败的政党，而你们却要死死抱定一个'党外无党'的原则，而内讧不已"。③ 这种危机情状决定了国民政府实行省制往往就是为了应对危机。

最后，历史依据。李治安认为："元行省制是古代多民族统一国家发展壮大过程中中央与地方权力结构不断调整、完善的产物。它并非单纯的中央集权或地方分权。"元代所创行的省制，乃是"一种以

---

① 文公直：《行政浅说》，时远书局 1933 年版，第 9 页。
② 陈公博：《苦笑录》，现代史料编刊社 1981 年翻印本，第 19 页。
③ 纯士：《党国的危机之一：匪！》，《新路半月刊》1928 年第 1 卷第 9 期，第 32—33 页。

行省为枢纽,以中央集权为主,辅以部分地方分权的新体制"。① 也就是说元行省制实行的在维护国家统一,加强中央与地方互动方面提供了历史基础和依据。国民政府实行的省制,就是以上述省制的历史作用为依据,积极实行和改革省制,以便维持国家统一,更加适应现代中国的转型。其历史价值主要体现在对省制进行了改革,顺应近代中国的发展需要,在现代中国进程中起到了一定的历史作用。

① 李治安:《元代行省制度》(下),中华书局 2011 年版,第 923 页。

主要参考文献

一 档案

（一）未刊档案

国民政府档案，台北："国史馆"馆藏。

蒋中正总统文物，台北："国史馆"馆藏。

政治档案，中国国民党文化传播委员会党史馆藏。

（二）已刊档案

广东省档案馆编：《民国时期广东省政府档案史料选编》，广东省档案馆，1987年。

王正华编注：《蒋中正总统档案：事略稿本》第1册，台北："国史馆"，2003年。

吴淑凤编注：《蒋中正总统档案：事略稿本》第5册，台北："国史馆"，2003年。

吴淑凤编注：《蒋中正总统档案：事略稿本》第6册，台北："国史馆"，2003年。

中国第二历史档案馆编：《国民党政府政治制度档案史料选编》，安徽教育出版社1994年版。

中国第二历史档案馆编：《蒋介石年谱（1887—1926）》，九州出版社2012年版。

中国第二历史档案馆编：《民国时期文书工作和档案工作资料选编》，档案出版社1987年版。

中国第二历史档案馆编:《中华民国史档案资料汇编》第4辑(二),凤凰出版社1991年版。

中国第二历史档案馆编:《中华民国史档案资料汇编》第4辑,江苏古籍出版社1986年版。

中国第二历史档案馆编:《中华民国史档案资料汇编》第5辑第1编财政经济(7),江苏古籍出版社1994年版。

中央档案馆、广东省档案馆编:《广东革命历史文件汇集》(1923—1926),内部发行,1982年。

二 报刊

《安徽民政公报》(1934年)。

《安徽省政府公报》(1927—1937年),安徽省政府秘书处编印。

《监察院公报》(1931—1934年)。

《江苏省政府公报》(1927—1937年),江苏省政府秘书处编印。

《江西省政府公报》(1927—1937年),江西省政府秘书处编印。

《内政公报》(1935—1936年)。

《申报》(1927—1937年)。

《新生活运动促进总会会刊》(1935年)。

《浙江民政年刊》(1928年度),[出版情况不详],1929年5月。

《中央日报》(1927—1937年)。

国民政府秘书处编:《国民政府公报》,国民政府文官处印铸局印行,成文出版社有限公司1972年影印版。

中华民国政府印铸局:《政府公报》,上海书店1988年影印本。

三 资料汇编

《安徽民政工作纪要》(1935年),安徽民政厅印,1936年1月。

《第一次国内革命战争时期的农民运动资料》,人民出版社1983年版。

《国民党各级政府组织法规选编》,国家编制委员会编印,1982年。

《湖南年鉴》，湖南省政府秘书处编印，1935 年 10 月。

《湖南省政府政治报告》，湖南省政府秘书处编印，1931 年。

《湖南省政治年鉴》，湖南省政府秘书处编印，1931 年 10 月。

《湖南省政治年鉴》，湖南省政府秘书处编印，1932 年 12 月。

《江西省人物志》编纂委员会编：《江西省人物志》，方志出版社 2007 年版。

《江西省政府委员会报告》，［出版情况不详］，1929 年 12 月。

《抗战中的中国政治》，中国现代史资料编辑委员会编印，1957 年 翻印本。

《鲁主席主湘任内政治汇编》，湖南省政府秘书处编印，1929 年。

《马克思恩格斯选集》第 3 卷，人民出版社 1972 年版。

《全国矿要览》，［出版情况不详］。

《省行政法》，民国法政学会编行，1928 年。

《四川省政府委员会会议记录》第 1 辑，四川省政府秘书处编印，1935 年 9 月 15 日。

《苏赈纪要》，国民政府救济水灾委员会江苏赈务办员办公室编印，1932 年。

《张太雷文集》，人民出版社 1981 年版。

《浙江省政府工作报告》，浙江省政府秘书处编印，1936 年。

《中国国民党中央执行委员各省区代表联席会议宣言及决议案》，国民革命军总司令部政治部编印，1927 年。

《中华民国法规大全》第 1 册，商务印书馆 1936 年版。

《中华民国国民政府》，［出版情况不详］，1925 年。

安徽省地方志编纂委员会编：《安徽省志（民政志）》，安徽人民出版社 1993 年版。

安徽省政府秘书处编：《安徽省政府委员会会议汇要》，安徽省政府秘书处，1932 年。

安徽省政府秘书处编：《一年来之安徽政治》，安徽省政府秘书处，1933 年。

蔡尚思、方行编:《谭嗣同全集》(增订本),中华书局1998年版。

曾景志编注:《蒋介石家书日记文墨选录》,团结出版社2010年版。

陈果夫主编:《江苏省政述要》,沈云龙主编:《近代中国史料丛刊》续编第97辑969册,文海出版社有限公司1983年影印本。

福建省政府编:《福建省概况》,福建省政府,1937年10月。

高平叔编:《蔡元培全集》,中华书局1988年版。

高希圣、郭真:《经济科学大词典》,科学研究社1934年版。

广东省地方史志编纂委员会编:《广东省志(政权志)》,广东人民出版社2003年版。

广西省政府编:《民国二十年来广西大事记》,[出版情况不详],1939年。

国民政府法制局编:《国民政府颁行法令大全》上册,商务印书馆1929年版。

国民政府行政院编:《国民政府年鉴》(中央之部·第四编),[出版情况不详],1943年。

国民政府军事委员会委员长南昌行营编:《南昌行营召集第二次保安会议纪录》,《近代中国史料丛刊》(第三编)第53辑,文海出版社1989年版。

国民政府主计处编:《主计法令汇编》第1辑第6类,国民政府主计处,1936年。

行政院农村复兴委员会编:《浙江省农村调查》,商务印书馆1934年版。

湖北省政府秘书处编:《鄂西视察记》,汉口白鹤印刷公司印,1934年。

湖南省档案馆编:《何键王东原日记》,中国文史出版社1993年版。

湖南省地方志编纂委员会编:《湖南省志》第5卷,中国文史出版社1994年版。

江苏民政厅编:《江苏省禁烟概况》,江苏民政厅印,1936年。

江苏省地方志编纂委员会编:《江苏省志(人事管理志)》,凤凰出版社 2007 年版。

江苏省地方志编纂委员会编：《江苏省志·政府志》（上），江苏人民出版社 2005 年版。

江苏省政府民政厅：《江苏省县长任用条例》，江苏省政府民政厅，1928 年 7 月。

军事委员会委员长行营编：《军事委员会委员长行营政治工作报告》，军事委员会委员长行营，1935 年，沈云龙主编：《近代中国史料丛刊》（第三编）第 25 辑第 249 册，文海出版社有限公司 1985 年影印本。

孔祥熙：《财政部长孔祥熙任内政绩交代比较表》（1933 年 11 月至 1944 年 11 月），［出版情况不详］，1944 年。

立法院秘书处编：《立法专刊》第 2 辑，民智书局 1930 年版。

刘治乾主编：《江西年鉴》（第一回），江西省政府统计室，1936 年 10 月。

马端临：《文献通考》，中华书局 1986 年影印版。

毛思诚编：《民国十五年前之蒋介石》第 3 卷第 8 编，中央文化社 1971 年版。

梅日新、邓演超主编：《邓演达文集新编》，广东人民出版社 2000 年版。

美国远东经济考察团：《美国远东经济考察团调查中国报告书》，实业部国际贸易局摘译，实业部国际贸易局，1936 年。

内政部编：《内政法规汇编》第 2 辑，内政部公报处，1934 年。

内政部警政司编：《中国警察行政》，商务印书馆 1935 年版。

内政部年鉴编纂委员会编：《内政年鉴》，商务印书馆 1936 年版。

潘公弼：《时事新报评论集》第 2 集，四社出版部 1934 年版。

钱端升：《钱端升学术论著自选集》，北京师范学院出版社 1991 年版。

秦孝仪主编：《中国国民党九十年大事年表》，中国国民党中央委员会党史委员会，1984 年。

秦孝仪主编：《中华民国重要史料初编——对日抗战时期》绪编3，中国国民党中央委员会党史委员会，1981 年。

秦孝仪主编：《总统蒋公思想言论总集》，中国国民党中央委员会党史委员会，1984 年。

饶桂举：《六省纪游》，［出版情况不详］，1935 年。

荣孟源主编：《中国国民党历次代表大会及中央全会资料》，光明日报出版社 1985 年版。

汕头市社会科学联合会编：《周恩来在潮汕》，中央文献出版社 2004 年版。

上海市档案馆编：《陈光甫日记》，上海书店出版社 2002 年版。

［德］斯蒂芬·门内尔、约翰·古德斯布洛姆编：《论文明、权力与知识——诺贝特·埃利亚斯文选》，刘佳林译，南京大学出版社 2005 年版。

孙科：《建设大纲草案》，"铁道部"，［出版时间不详］。

王栻主编：《严复集》，中华书局 1986 年版。

魏新柏选编：《孙中山著作选编》，中华书局 2011 年版。

吴树滋、赵汉俊编：《县政大全》，世界书局 1931 年版。

奚楚明编：《国民党三全大会提案汇刊全书》，商业书局，1929 年4 月。

肖邮华主编：《井冈山革命斗争史选编》，中央文献出版社 2010 年版。

邢必信等编：《第二次中国劳动年鉴》（中）第二编，社会调查所，1932 年。

徐秀丽编：《中国近代乡村自治法规选编》，中华书局 2004 年版。

严昌洪、张铭玉、傅蟾珍主编：《张难先文集》，华中师范大学出版社 2005 年版。

杨璇熙编：《杨永泰先生言论集》，沈云龙主编《近代中国史料丛刊》正编第 98 辑第 975 册，文海出版社有限公司 1973 年影印本。

［日］一宫房治郎编：《新支那年鉴》，东京：东亚同文会，1942 年。

殷海光：《光明前之黑暗》，光明出版社 1945 年版。

俞雄选编：《张楣日记》，上海社会科学院出版社 2003 年版。

张斌峰编：《殷海光文集》，湖北人民出版社 2001 年版。

张伊总纂：《江西省人事志》，内部出版，1993 年。

赵如珩：《江苏省鉴》，新中国建设学会，1935 年。

郑自来、徐莉君主编：《武汉临时联席会议资料选编》，武汉出版社 2004 年版。

中共江苏省委党史工作委员会编：《第一次国共合作在江苏》，内部发行，1995 年。

中共中央马克思恩格斯列宁斯大林著作编译局编译：《马克思恩格斯选集》第 1 册，人民出版社 2012 年版。

中国农林水利地政等二十一学术团体合拟：《中国农村复兴计划书》，中国农林水利地政等二十一学术团体，1948 年。

中国社科院近代史所等合编：《孙中山全集》第 1—10 卷，中华书局 2011 年版。

中华民国史事纪要编辑委员会编：《中华民国史事纪要（初稿）》（1926 年），中华民国史料研究中心印行，1978 年。

中央档案馆、广东省档案馆合编：《广东革命历史文件汇集》（1923—1926），内部发行，1982 年

中央档案馆、浙江省档案馆合编：《浙江革命历史文件汇集（地县文件）》，内部发行，1990 年。

中央民众运动指导委员会编：《民众运动法规方案汇编》下，中央民众运动指导委员会，1934 年。

周秋光主编：《谭延闿集》第 1 册，湖南人民出版社 2013 年版。

朱博能、陈国熹编：《行政经验谭》，开来出版社 1946 年版。

朱汇森主编：《中华民国史事纪要（初稿）》（1934 年），"国史馆"，1986 年。

朱汇森主编：《中华民国史事纪要（初稿）》（1936 年），"国史馆"，1988 年。

四　忆述资料

《湖南文史资料选辑》第 2 集第 5 辑，湖南人民出版社 1981 年版。

《湖南文史资料选辑》第 3 集第 7 辑，湖南人民出版社 1982 年版。

陈公博：《苦笑录》，现代史料编刊社 1981 年翻印本。

陈立夫：《陈立夫回忆录：成败之鉴》，台北：正中书局 1994 年版。

黄绍竑：《五十回忆》，岳麓书社 1999 年版。

江苏人民政治协商会议江苏省委员会文史资料委员会编：《江苏文史资料》第 49、67 辑，《江苏文史资料》编辑部，1993 年、1994 年。

李宗仁口述：《李宗仁回忆录》，唐德刚撰写，香港南粤出版社 1986 年版。

齐世英口述：《齐世英口述自传》，中国大百科全书出版社 2011 年版。

钱昌照：《钱昌照回忆录》，中国文史出版社 1998 年版。

王振国：《蒋介石的"内政措施"内幕》，全国政协文史资料委员会编：《文史资料存稿选编》（第 12 册），中国文史出版社 2002 年版。

魏元晋：《何成浚与杨永泰、黄绍竑主鄂之争》，《随州文史资料》第 2 辑，中国人民政治协商会议湖北省随州市委员会文史资料研究委员会编印，1986 年。

徐树埔：《熊式辉踞赣十年的点滴见闻》，《江西文史资料选辑》第 2 辑，江西人民出版社 1980 年版。

杨炳、洪昌文主编：《两浙轶闻》，中华书局 2005 年版。

杨起田：《对〈刘镇华在安徽的反动统治〉一文的补充》，《安徽文史资料选辑》第 12 辑，1983 年。

姚甘霖：《统治江西十年的熊式辉》，《江西文史资料选辑》第 2 辑，内部发行，1982 年。

浙江省政协文史资料委员会编：《浙江文史集粹》（第 2 辑），浙江人民出版社 1996 年版。

五 学术著作

（一）民国著作

《现行行政制度》，［出版情况不详］，1939 年 3 月。

陈柏心：《地方政府总论》，广西建设研究会，1940 年。

陈柏心：《中国的地方制度及其改革》，广西建设研究会，1939 年。

陈余清：《中国应付世变意见书》，［出版情况不详］，1935 年。

陈占甲：《政治人才论丛》，天津人文书社印，1934 年。

陈之迈：《政治学》，正中书局 1944 年版。

陈之迈：《中国政府》（3 册），商务印书馆 1946 年版。

储安平：《英人·法人·中国人》，观察社，1949 年第 5 版。

戴季衡编：《现代法制常识问答》，中央图书局 1927 年版。

独立出版社编：《战时地方行政工作》，独立出版社 1938 年版。

樊希智编纂：《政府论》，商务印书馆 1926 年版。

甘乃光：《中国行政新论》，商务印书馆 1948 年再版。

桂崇基：《政治学原理》，商务印书馆 1933 年版。

何西亚编：《盗匪问题之研究》，泰东图书局 1925 年版。

黄伦编著：《地方行政论》，正中书局 1944 年版。

黄之华：《政治学荟要》下册，商务印书馆 1947 年版。

孔大充：《比较地方政府图表》，上饶战地图书出版社 1942 年版。

李剑农：《政治学概论》，商务印书馆 1934 年版。

刘佐人：《行政权责划分论》，民族文化出版社 1944 年版。

楼桐荪：《法治与自由》，独立出版社 1939 年版。

罗志渊：《中国地方行政制度》，独立出版社 1943 年版。

钱端升、萨师炯等著：《民国政制史》，商务印书馆 1946 年版。

乔启明、蒋杰：《中国人口与食粮问题》，中华书局 1937 年版。

邵元冲：《训政时期地方行政计划》，民智书局 1925 年版。

施养成：《中国省行政制度》，商务印书馆，1947 年，民国丛书第 4 编 22 册，上海书店 1992 年影印版。

孙晓村:《宪法 ABC》,ABC 丛书社 1930 年版。

汪文玑编:《现行违警罚法释义》,商务印书馆 1936 年版。

王造时:《中国问题的背景》,新月书店,[出版时间不详]。

文公直:《行政浅说》,时远书局 1933 年版。

吴经熊、金鸣盛:《中华民国训政时期约法释义》,会文堂新记书局 1937 年版。

吴裕后:《改革地方政府的理论及实施办法纲要》,[出版情况不详],1937 年。

萧文哲:《行政效率研究》,商务印书馆 1942 年版。

杨幼炯:《当代中国政治学》,胜利出版公司 1947 年版。

杨幼炯:《权能划分及均权政制》,正中书局 1944 年版。

杨玉清:《现代政治概论》,商务印书馆 1934 年版。

张季信编:《中国教育行政大纲》,商务印书馆 1934 年版。

张锦帆编著:《中国政制问题》,[出版情况不详],1937 年。

张静庐编著:《革命后之江西财政》,光华书局 1927 年版。

张石樵编著:《开明实用文讲义》,开明书店 1937 年版。

张星久、祝马鑫:《新编中国政治制度史》,武汉大学出版社 1993 年版。

张云伏:《欧美公务员制》,商务印书馆 1935 年版。

朱采真:《现代行政法总论》,世界书局 1932 年版。

朱采真:《政治学通论》,世界书局 1932 年版。

朱采真:《中山政治 ABC》,世界书局 1929 年版。

朱翊新编:《现行公文程序集成》,世界书局 1946 年版。

(二)今人著作

鲍德威:《中国的城市变迁:1890—1949 年山东济南的政治和发展》,北京大学出版社 2010 年版。

曾庆榴:《广州国民政府》,广东人民出版社 1996 年版。

陈小京:《民国时期湖北省地方政府的体制变革》,湖北人民出版社 2011 年版。

陈之迈：《中国政府》，上海人民出版社 2012 年版。

程幸超：《中国地方行政制度史》，四川人民出版社 1992 年版。

程幸超：《中国地方政府》，中华书局香港分局 1987 年版。

迟云飞：《清末预备立宪研究》，中国社会科学出版社 2013 年版。

丁文主编：《中国行政制度史》，中国人事出版社 1991 年版。

董霖：《战前之中国宪政制度》，世界书局 1968 年版。

杜创国：《政府职能转变论纲》，中央编译出版社 2008 年版。

傅林祥、郑宝恒：《中国行政区划通史·中华民国卷》，复旦大学出版社 2007 年版。

高全喜：《现代政制五论》，法律出版社 2008 年版。

关晓红：《从幕府到职官：清季外官制的转型与困扰》，生活·读书·新知三联书店 2014 年版。

郭廷以：《近代中国史纲》（上下册），香港中文大学出版社 1980 年版。

郭小东：《社会保障：理论与实践》，广东经济出版社 2014 年版。

韩毓海：《五百年来谁著史》，九州出版社 2009 年版。

胡春惠：《民初的地方主义与联省自治》，中国社会科学出版社 2001 年版。

胡青、林容、肖辉卷主编：《江西考试史》，高等教育出版社 2008 年版。

黄仁宇：《万历十五年》（增订本），中华书局 2007 年版。

黄仁宇：《我相信中国的前途》，中华书局 2015 年版。

黄仁宇：《现代中国的历程》，中华书局 2011 年版。

孔庆泰等：《国民党政府政治制度史》，安徽教育出版社 1998 年版。

李帆、邱涛：《近代中国的民族国家建设》，商务印书馆 2015 年版。

李国忠：《民国时期中央与地方关系》，天津人民出版社 2004 年版。

李进修：《中国近代政治制度史纲》，求实出版社 1988 年版。

李孔怀：《中国古代行政制度史》，复旦大学出版社 2006 年版。

李泽厚：《中国古代思想史论》，天津社会科学院出版社 2008 年版。

李治安：《行省制度研究》，南开大学出版 2000 年版。

李治安：《元代行省制度》，中华书局 2011 年版。

林炯如等编著：《中华民国政治制度史》，华东师范大学出版社 1995 年版。

罗运环、肖雨田、王准：《荆楚建制沿革》，武汉出版社 2013 年版。

吕思勉：《中国史》，上海古籍出版社 2006 年版。

吕思勉：《中国制度史》，上海教育出版社 2002 年版。

戚厚杰等编著：《国民革命军沿革实录》，河北人民出版社 2001 年版。

钱穆：《中国历代政治得失》，生活·读书·新知三联书店 2001 年版。

乔耀章：《政府理论》，苏州大学出版社 2003 年版。

乔志强主编：《近代华北农村社会变迁》，人民出版社 1998 年版。

秦晖：《走出帝制：从晚清到民国的历史回望》，群言出版社 2015 年版。

瞿同祖：《清代地方政府》（修订译本），范忠信等译，法律出版社 2011 年版。

［日］深町英夫：《近代广东的政党·社会·国家——中国国民党及其党国体制的形成过程》，社会科学文献出版社 2003 年版。

孙隆基：《中国文化的深层结构》，广西师范大学出版社 2004 年版。

王奇生：《党员、党权与党争：1924—1949 年中国国民党的组织形态》，华文出版社 2010 年修补增订本。

王奇生：《党员、党权与党争：1924—1949 年中国国民党的组织形态》，上海书店出版社 2003 年版。

王奇生：《革命与反革命：社会文化视野下的民国政治》，社会科学文献出版社 2010 年版。

王亚南：《中国官僚政治研究》，商务印书馆 2010 年版。

王月明：《地方公共权力监督制约体制研究》，法律出版社 2012

年版。

魏光奇：《官治与自治：20 世纪上半期的中国县治》，商务印书馆 2004 年版。

魏光奇：《今天与昨天：中国社会问题历史散论》，河南人民出版 社 2012 年版。

魏光奇：《清代民国县制和财政论集》，社会科学文献出版社 2013 年版。

吴相湘：《陈果夫的一生》，《民国政治人物》，东方出版社 2014 年版。

吴增基等主编：《现代社会学》，上海人民出版社 2014 年版。

夏曾佑：《中国古代史》，河北教育出版社 2000 年版。

向青等：《三十年代中国》，北京大学出版社 1996 年版。

谢国兴：《中国现代化的区域研究：安徽省（1860—1937）》，"中央研究院"近代史研究所，1991 年。

熊志勇：《从边缘走向中心——晚清社会变迁中的军人集团》，天津人民出版社 1998 年版。

徐矛：《中华民国政治制度史》，上海人民出版社 1992 年版。

杨奎松：《中国近代通史》（第 8 卷），江苏人民出版社 2007 年版。

姚顺东：《政府行为与农业发展：1927—1937 年湖北农业政策研究》，社会科学文献出版社 2013 年版。

袁成毅：《浙江通史》第 12 卷，浙江人民出版社 2005 年版。

袁继成等主编：《中华民国政治制度史》，湖北人民出版社 1991 年版。

张皓：《中国现代政治制度史》，北京师范大学出版社 2010 年版。

张静主编：《国家与社会》，浙江人民出版社 1998 年版。

张君劢：《中国专制君主政制之评议》，弘文馆出版社 1986 年版。

张希坡编著：《中国近代法律文献与史实考》，社会科学文献出版 社 2009 年版。

张宪文、张玉法主编：《中华民国专题史》第 4 卷，南京大学出版社 2015 年版。

张星久、祝马鑫:《新编中国政治制度史》,武汉大学出版社 1993年版。

张玉法主编:《中国现代史论集》第 7 辑,联经出版事业公司 1982 年版。

周连宽:《公文处理法与档案管理法》,档案出版社 1988 年版。

周正云、周炜编著:《湖南近现代法律制度》2,湖南人民出版社 2012 年版。

朱宏源:《从变乱到军省:广西的初期现代化(1860—1937)》,"中央研究院"近代史研究所,1995 年。

朱旭东:《现代国家与公安创新》,中国人民公安大学出版社 2008年版。

(三) 外文著作

[德] 黑格尔:《历史哲学》,王造时译,上海书店出版社 2006 年版。

[德] 马克斯·韦伯:《经济与社会》,林荣远译,商务印书馆 1997 年版。

[法] 卢梭:《政治制度论》,崇明等译,华夏出版社 2013 年版。

[法] 马克·布洛赫:《历史学家的技艺》,张和声、程郁译,上海社会科学院出版社 1992 年版。

[法] 孟德斯鸠:《论法的精神》上卷,许明龙译,商务印书馆 2012 年版。

[法] 托克维尔:《旧制度与大革命》,冯棠译,商务印书馆 1992年版。

[古希腊] 亚里士多德:《政治学》,吴寿彭译,商务印书馆 2011年版。

Schoppa R. K. , *Chinese Elites and Political Change: Zhejiang Province in the Early Twentieth Century*, Harvard University Press, 1982.

[美] Thomas S. Kuhn:《科学革命的结构》,傅大为、程树德、王道远译,允晨文化实业股份有限公司 1985 年版。

［美］杜赞奇：《文化、权力与国家：1900—1942 年的华北农村》，王福明译，江苏人民出版社 1996 年版。

［美］费正清、费维恺编：《剑桥中华民国史（1912—1949 年）》下卷，刘敬坤等译，中国社会科学出版社 1994 年版。

［美］费正清：《中国：传统与变迁》，张沛译，世界知识出版社 2002 年版。

［美］卡尔·A. 魏特夫：《东方专制主义：对于极权力量的比较研究》，徐式谷等译，中国社会科学出版社 1989 年版。

［美］孔飞力：《叫魂：1768 年中国妖术大恐慌》，陈兼、刘昶译，上海三联书店 1999 年版。

［美］李峰：《西周的灭亡：中国早期国家的地理和政治危机》，徐峰译，上海古籍出版社 2007 年版。

［美］鲁恂·W. 派伊：《政治发展面面观》，任晓、王元译，天津人民出版社 2009 年版。

［美］佩兹：《工程国家：民国时期 1927—1937 的淮河治理及国家建设》，姜智芹译，江苏人民出版社 2011 年版。

［美］施坚雅主编：《中华帝国晚期的城市》，叶光庭等合译，中华书局 2000 年版。

［美］王国斌：《转变的中国：历史变迁与欧洲经验的局限》，李伯重、连玲玲译，江苏人民出版社 1998 年版。

［美］易劳逸：《1927—1937 年国民党统治下的中国流产的革命》，陈谦平、陈红民等译，中国青年出版社 1992 年版。

［英］伯特兰·罗素：《中国问题》，秦悦译，学林出版社 1996 年版。

［英］哈耶克：《通往奴役之路》，王明毅等译，中国社会科学出版社 1997 年版。

六　研究论文

（一）民国时论

曹树钧：《地方官制之又一变革》，《行健旬刊》1933 年第 16 期。

陈国琛：《三年来闽省政府文书管理及人事管理之改革》，《福建县政》1937 年第 2 卷第 2 期。

陈世材：《改革中央政制刍议》，《中国新论》1935 年第 8 期。

陈熹：《改进苏省县行政之刍议》，《新苏政》1934 年第 1 卷第 2 期。

陈以令：《省制之设计》，《中国新论》1937 年第 3 卷第 1 期。

陈之迈：《行政机关的运用》（上），《新经济》1943 年第 8 卷第 9 期。

陈之迈：《论政制的设计》，《独立评论》1936 年第 199 期。

程方：《改革省制刍议》，《服务月刊》1942 年第 6 卷第 1 期。

程瑞霖：《政治评论的政治主张》，《政治评论（周年纪念号）》1933 年第 53 期。

戴铭礼：《省政府预算制度刍议》，《商学》1934 年第 35 期。

丁哗：《时事杂感》，《民众生活》1931 年第 1 卷第 30 期。

甘乃光：《文书档案连锁办法之试验——内政部初期试验之报告》，《行政效率》1934 年第 10 期。

顾康伯：《改良县政之根本问题》，《新苏政》1934 年第 1 卷第 5—6 期。

霁明：《中国省制问题》，《新西康》1946 年第 4 卷第 1—2 期。

李洁：《改革省政的三项建议》，《胜利》1939 年第 42 期。

李朴生：《改善现行委员制的必要》，《行政效率》1935 年第 3 卷第 3 期。

李廷樑：《改革省制的商榷》，《时论》1937 年第 45 期。

罗隆基：《我们要什么样的政治制度》，《新月》1930 年第 2 卷第 12 期。

梅思平讲、清生记：《中国公文书的解剖》，《清华周刊》1934 年第 42 卷第 5 期。

莫寒竹：《省政府合署办公问题的综合研究》，《汗血月刊》1937 年第 9 卷第 1 期。

丘誉：《党治下之省制》，《星期评论》1929 年第 3 卷第 21 期。

溶溶：《赶快改组江苏省政府!》，《江苏评论》1929 年第 3 期。

沈乃正：《地方自治确立前省县权限之调整》，《行政研究》1936 年第 1 卷第 3 期。

沈乃正：《中国地方政府之特质与中央政府之控制权》，《社会科学》1936 年第 1 卷第 2 期。

苏无逸：《中国中央行政制度论》，《社会科学论丛》1934 年第 1 卷第 4 期。

汪馥炎：《中国地方行政制度》，《独立评论》1936 年第 217 期。

王振钧：《国民政府基础巩固：中山先生逝世一年后之广东政绩》，《国民新报副刊》1926 年。

晓庄：《省府合署办公制之利弊》，《北平周报》1934 年第 92 期。

徐照：《以新生活为中心的地方政治改进的理论及实施办法》，《行政评论》1940 年第 1 卷第 4 期。

杨永泰：《豫鄂等十省最近施政详情》，《湖北地方政务研究半月刊》1934 年第 1 期。

张富康：《省行政制度改革之趋势》，《汗血月刊》1937 年第 1 期。

张金鉴：《政府行政之新动态》，《河南政治》1936 年第 6 卷第 2 期。

张景瑞：《各省合署办公之实施及其成效》，《汗血月刊》1937 年第 9 卷第 1 期。

张之毅：《旱与旱灾之形成》，《国闻周报》1937 年第 22 期。

章乃器：《服装革命》，《新评论》1928 年第 3 期。

赵锡麟：《如何提高中国行政效率》，《独立评论》1934 年第 95 期。

周暮霞：《贪污的"普遍防止"和"觉悟"》，《汗血月刊》1936 年第 4 期。

朱伯康：《中国封建制度之史的考察》（续），《新生命》1930 年第 3 卷第 11 期。

朱节之：《评现行省制》，《政治评论》1933 年第 69 期。

朱经农:《孙中山先生学说的研究》,《晨曦》1926 年第 1 卷第 4 期。

(二) 学术论文

白贵一:《论 20 世纪 30 年代南京国民政府的省制改革》,《河南师范大学学报》(哲学社会科学版) 2008 年第 5 期。

曾景忠:《对中华民国史研究中一些称谓的研讨》,《民国档案》1994 年第 4 期。

陈德军:《声望、人缘与地缘:以新中国成立前后的省主席为考察中心》,《史林》2009 年第 5 期。

陈兼、陈之宏:《孔飞力与〈中国现代国家的起源〉》,《开放时代》2012 年第 7 期。

陈小京:《国民政府时期省级行政体制的演变》,《江汉论坛》1990 年第 9 期。

方新德:《北洋时期地方政治制度概况》,《浙江档案杂志》1987 年第 1 期。

葛兆光:《宅兹中国——重建有关中国的历史论述》,《贵州文史丛刊》2012 年第 1 期。

黄雪垠、符建周:《民国时期省制改革过程及动因研究》,《学术探索》2012 年第 8 期。

李国祁:《闽浙两省制度、行政与人事的革新 (1927—1937 年)》,《"中央研究院" 近代史研究所集刊》(台北) 1980 年第 9 期。

林绪武、奚先来:《南京国民政府的省政府合署办公问题探析》,《南开学报》(哲学社会科学版) 2008 年第 6 期。

王海兵:《西康省制化进程中的权力博弈 (1927—1939)》,《中国边疆史地研究》2008 年第 3 期。

肖高华:《"废盟" 与 "废省":国民政府时期知识界的内蒙古省制化之争》,《北方民族大学学报》(哲学社会科学版) 2014 年第 1 期。

谢国富:《抗战胜利后国民政府划东北为九省述评》,《民国档案》

1990 年第 4 期。

张晓辉：《孙中山与国民党委员制》，《民国档案》2014 年第 4 期。

张玉法： 《民国初年山东省行政制度的变革（1912—1937）》，《"中央研究院"近代史研究所集刊》（台北）1992 年第 21 期。

招宗劲：《国民政府省政府合署办公制度概述》，《中山大学研究生学刊》（社会科学版）2003 年第 3 期。

赵希鼎：《第二次国内革命战争时期反动派对地方政制的变更及其作用》，《史学月刊》1957 年第 4 期。

（三）学位论文

陈明：《民国初期的政体选择：省制构建及其问题（1912—1928）》，博士学位论文，中山大学，2012 年。

崔夏英：《训政时期河南省政之研究》，硕士学位论文，政治作战学校政治研究所，1983 年。

黎瑛：《权力的重构与控制：新桂系政府行政机制和政府能力研究（1927—1937）》，博士学位论文，上海师范大学，2008 年。

李国瑞：《陈果夫主政江苏研究（1933 年 10 月—1937 年 11 月）》，硕士学位论文，南京师范大学，2012 年。

李继锋：《省区主义与民国省制的嬗变》，博士学位论文，南京大学，1992 年。

李伟娜：《南京国民政府时期省政府主席群体研究（1927—1937）》，硕士学位论文，南京大学，2009 年。

凌文兴：《我国省制之研究》，硕士学位论文，"中国"文化大学政治学研究所，1988 年。

彭厚文：《1928—1937 年的湖北地方政权研究》，博士学位论文，南京大学，1994 年。

土识开：《南京国民政府社会救济制度研究》，博士学位论文，吉林大学，2012 年。

王翼：《三十年代南京国民政府地方行政机构改革研究》，硕士学位论文，湖南师范大学，2009 年。

文建辉:《四川省政府的合署办公制度研究（1935—1949)》，硕士学位论文，四川师范大学，2006 年。

杨光中:《中华民国省制之研究》，硕士学位论文，政治大学公共行政研究所，1974 年。

后　记

　　本书是在笔者的博士论文基础上进行修订完成的。在博士论文付梓之际，心中不免感慨万千。笔者在考博之前，就已深知博士阶段是一个难以逾越的高峰，不仅需要丰富的知识和高深的理论素养，而且需要严密的逻辑思维、引人入胜的文笔。因此，为弥补自己上述方面的缺陷，笔者在学习期间系统地阅读了政治学、社会学和历史学等方面的经典著作，希望能从中领略到学术研究的魅力和难以企及的境界。然而，结果却并不如意。笔者虽有志于学，但苦于生性懒散、求快、不求甚解，往往读的很多，但未能形成自身独有的系统思考。虽已快到不惑之年，却发现自己离上述标准仍很遥远，所以每当拜读他人佳作之时，不免常常自叹弗如，感到学术高峰难以攀登。

　　笔者非常荣幸地忝列于迟云飞先生门下。迟先生学养深厚，敬业精神令人敬佩。在学业上，他对我的论文的思路、框架、篇章结构、初稿完成到修改成文等方面进行了细心的指导和思考，在他病重期间仍不忘叮嘱论文进展，为笔者论义的形成付出了巨大的心血。同时，他还在生活和工作方面给予我无微不至的关怀和帮助。迟先生给我留下深刻印象的有两点：第一，他给予学生最宽容的自由世界，鼓励学生多学习，不要局限于某一领域。第二，他用积极的人生态度时常鼓励学生要不停探索，勇于创新。我永远感谢迟先生，他的言传身教将伴我一生，使我终身受益。同时，感谢我的硕士生导师方敏教授。我能够步入学术的门槛，要归功于方老师，若没有他的谆谆教导和严格要求，就没有我后来的继续深造。方老师在我博士阶段时常鼓励和督促我，也为本书的框架思路和写作提供了许多宝贵的建议和意见。

在学习、论文写作和答辩过程中，我也得到了诸多师友、同学和家人的关心与无私帮助。中国社会科学院近代史所研究员邹小站、马忠文在论文答辩期间给予我深刻而又宝贵的意见，首都师范大学历史学院的梁景和、史桂芳、魏光奇、江湄、韩晓莉、余华林等老师给了我很多宝贵的指导意见和思想启发；在我国台湾省访学期间，我受到了政治大学刘维开、刘季伦和人文中心的诸位老师，"中研院"近代史所张力老师等的亲切接待和关心。此外，在博士学习生涯中我的博士同学张吉寅、徐学炳、曾德刚、张鹏、管世琳、尉佩云、刘黎、徐晨光、李志成、张斌等，同门师兄弟潘敏、周经纬、王硕、陈建成、冉彦、张印举、郭飞、刘斯齐，师姐李志毓，师妹胡林果，我的好朋友张敏、柳坤、杨善尧、林映汝等，无论是在学习还是生活中，都给予我许多关心和帮助。多年来，我的父母、岳父母、兄嫂和文梅姐等家人和亲戚给予我莫大的理解、支持和鼓励，成为我一直坚持到现在的动力。最后，要感谢爱妻毕秀美和爱女彤彤、爱子知睿，她们带给我甜蜜的家庭快乐，也陪我一起走过艰辛。

同时，本书在出版过程中得到阜阳师范大学马克思主义学院领导和诸位同仁的帮助，中国社会科学出版社安芳等编辑也为本书的出版付出了辛勤的劳动，在此一并感谢。

由于作者水平有限，书中难免出现诸多错误，敬请广大读者不吝赐教。

梁华玮

2017 年 3 月 20 日初稿

2020 年 6 月 20 日定稿